藏学大家小书

敦煌古藏文语词汇释

陈践 著

中国藏学出版社

责任编辑　季垣垣

封面设计　翟跃飞

ISBN 978-7-5211-0255-0

定价：45.00 元

序言

胡坦

2019年正值新中国成立70周年，西藏民主改革60周年之际，中央民族大学一位86周岁的资深藏学家陈践践奉上一本多年精心研究成果《敦煌古藏文语词汇释》作为献礼。

陈践践是一位汉族女教授。六十七年前，从浙江杭州西湖之滨怀着满腔热忱和好奇之心来到刚成立的中央民族学院，进入少数民族语言文学系，攻读一门一无所知的安多藏语。经过四年苦读，终以优异成绩完成学业，随后留校任教。从此便义无反顾，与藏学结下不解之缘，专心致志把藏语文工作当作毕生事业。一面在校教书育人，一面又经常不断跋山涉水、风餐露宿，走遍青藏高原，深入藏区，参加社会历史调查，投入西藏民主改革，采集藏族民间文学，搜罗古代藏文文献等。长期的教学和社会实践培育出热爱藏族、藏区和藏学的情怀，同时藏语文水平也迅速提高，藏学知识不断扩展，科研成果日趋丰硕。本书便是作者在古藏文研究领域的重要成果之一。从中可以看出作者藏学的功力和治学严谨态度。成绩来之不易，值得称道的颇多，简述以下五点：

——问题导向

众所周知，语言因时因地而异。如今阅读千年前的藏文文献（包括敦煌写卷、吐蕃简牍、金石铭刻等），首先遇到的拦路虎就是词汇。有时一字之惑，全句“断路”（甚至影响全篇之理解）。藏学大师东噶·洛桑赤列曾说：这些古代文献百分之八十可以看懂，百分之十左右多看几遍可推测其含义，其余语词看也看不懂，猜也猜不出，只好留待后人探索。① 本书作者正是针对这些难题，潜心研究，颇解“难字”“怪字”，力求言之成理，持之有故，作出自己的解读，供人参考。这种问题导向的研究和敢于啃硬骨头的精神值得称道。

——知识广博

解读古代语词涉及词的形、音、义的考证，有时需作古今对比，以贯通古今，或以今证古，因此熟悉现代藏语不同方言十分重要。此外尚需具备藏族社会历史文化等多方面知识。正如陈寅恪大师所说：“凡解释一字即是作一部文化史。”这些方面作者具有一定优势。她受过系统的现代语言学、语音学的训练，做过长期方言调查，同时又多次参加藏区社会历史文化的实地调研，因而积累了比较广博的藏学知识。这无疑对释读古藏文语词有极大助益。

---

① 王尧、陈践译注：《敦煌本吐蕃历史文书》（增订本），北京：民族出版社，1992 年，第 4 页。

——虚心请教

作为一位研究藏语文的汉族学者来说，虚心向藏族群众和学者请教学习，是增长知识、提高藏语水平必由之路。作者在长期教学和调研过程中，一贯谦虚谨慎、不骄不躁，在研究古藏文过程中，有幸得到几位一流藏族学者（如东噶·洛桑赤列活佛、喜饶嘉措大师等）的指教，受益良多。

——独立思考

作者十分尊重同事和前贤对古藏文文献的解读和研究成果，但并不墨守成规、先入为主，而是反复钻研，勇于寻根究底，在有足够证据的情况下，屡有新解，发人深思，实属难得。

——共时与历时

作者善于利用丰富多彩的现代藏语方言土语材料追溯解读某些古代语词。这是本书特点之一，是语言学上将共时（syncxonic）和历时（diacronic）相结合的一种研究方法。现代藏语方言土语众多，差异很大。正如藏族谚语所说："一个喇嘛一套经，一个地方一种话。"特别是有声调的康藏方言和无声调的方言之间，分歧之大，几乎达到难以通话的程度。方言分歧，带来交际困难，但对语言史研究来说，却是宝贵的资源、难得的语料。因为方言是历史的产物，它们有一个共同的源头，因史地等因素，分道扬镳。从词汇层面看，有时古代某些语词在现代甲方言中消失，在乙方言中可能保留。因此广泛采集不同方言土语词汇，可能挖掘出若干古语词之遗存，从而破解某些古词之所指。作者主修安多藏语，又熟悉卫藏方言。这一优势使其独具慧眼，在诠释古藏文词语时发挥很大作用，得出许多独到的见解。具体实例，见诸本书。

总之，研究古藏文文献、阐释注疏古代语词，是一件艰深费力的活儿。本书可谓作者多年来呕心沥血、聚沙成塔之作。现作者虽已退休，步入耄耋之年，依然手不释卷、笔耕不辍。这种尽心竭力、一往无前的精神，令人钦佩。相信今后还会有更多佳作问世。

2019 年 2 月 10 日

前　言

本书内容大致可分三部分，一部分为疑难语词释读，多为《藏汉大辞典》未曾收入，或虽收入，但不是同一个语词，而是同形字而已。本文是在试译吐蕃三大文献时，找出同一个语词所在之例句，根据前后文作出的解释，此解释必须在三大文献中均能讲通。所以，是经过认真思考、反复推敲的，正确与否，希望得到读者的指点。

另一部分，是运用安多方言和民俗资料释读的古藏文语词：敦煌文书中难免保留有安多藏语方言语词。各类文书中的这类语词多少不一，如 ITJ739 号骰子占卜文书，有诸多方言语词和相对应的异体字，不掌握该方言的学者，难以释读。如托玛斯在其《东北藏古代民间文学》① 一书中，过录、英译了 ITJ738 号骰子占卜文书，因其卦象为诗歌韵文，但对卦象更富文学风采的 ITJ739 号骰子占卜文书，仅拉丁转写录文，未英译原文，也未作全面的介绍，他没能打开 ITJ739 号这把最美的“诗歌锁”。本人曾学安多藏语方言专业，并深入农牧区调查藏

① F. W. Thomas, *Ancient Folk-Literature from North-Easten Tibet*, Berlin: Academia-Verlag, 1957.

族语言和生活。此次，经过近两个月的摸索，才过录、释读出 ITJ739 号占卜文书，并撰写了卷中的一些民俗语词内涵。每个民俗语词，都像是一则小故事，具有趣味性。其韵文卦象又美又长，前言韵文达 119 句，上至银河星辰，下至动物、人、神，皆一一触及。若问本人古藏文教学、科研 40 年最大的收获是什么，就是全文翻译、注释了 P. T. 1047 号①和 ITJ739 号两分占卜文书，填补了这方面的空白。

最后一部分是“温故知新”，即自我纠谬。本人退休后，曾先后去成都西南民族大学和兰州西北民族大学讲授《吐蕃文献选读》课程。2011 年，承担了教育部人文社会重点研究基地重大项目——“敦煌藏文占卜文书整理与研究”（项目编号 I JJD770001）②；2012 年，承担了国家社科基金重大项目“敦煌吐蕃文献分类整理与研究”（12ZD139）之子课题——社会经济卷③。以上教学和科研任务，倒逼自己重读20 世纪80 年代公开出版的相关研究论著，发现有错译、误译之处，为不贻误后人、为对读者负责，特撰文更正。

读者若阅读本书后有所裨益，首先要感谢改革开放的大环境，让我们这些早已退休之“老马”，又有机会再走一阵，见到了与以往不一样的“风景”，收获了新的见

① 陈践：《吐蕃卜辞新探——敦煌 PT1047 + ITJ763 号“羊胛骨卜”研究》，上海：上海远东出版社，2015 年 1 月。

② 陈践：《敦煌吐蕃文献选辑·占卜文书卷》，北京：民族出版社，2016 年 7 月。

③ 王尧、陈践：《敦煌吐蕃文献选辑·社会经济卷》，北京：民族出版社，2013 年 1 月。

解，这对读者和译者都是值得一提之逸事。

本书附有《藏汉语词对照表》，是从公开发表的三大文献（碑刻钟铭、木简、敦煌写卷）中普选的，凡带有横线的语词，前边为文献中之异体字，后边为该语词对应之正字。文献中之人名、地名若是汉译藏的古词音译，也收入"对照表"之中，因其保留了古汉语的读音，与当今音译较大不同。

"对照表"中所选语词，在藏语三大方言（卫藏方言、康方言、安多方言）中保留多寡不一，安多藏语方言中保留较多，如文献中的"བལ"（拔），在安多口语中依然存在，སོ་བལ།（拔牙），而卫藏方言"拔牙"为སོ་བཀོག。正因为有这种差异性，在安多口语中依然保留的古语词，仍收入"对照表"之中。

附加"对照表"之目的，是想给古藏文阅读者一点便捷，也想为《吐蕃古藏文辞典》添砖加瓦。

谨以《敦煌古藏文语词汇释》小书向祖国 70 周年华诞和西藏和平解放 60 周年献礼。

2019 年 2 月于丰台怡海花园寓所

目 录

吐蕃古藏文文字书写特点

吐蕃时期遗留下来的文献有三大类：1. 碑刻钟铭，主要分布在西藏境内。2. 木简，主要发掘于新疆米兰若羌地区一座吐蕃时期的古戍堡遗址。3. 敦煌藏文写卷，约万件，部分于1907—1908年间先后被英国人斯坦因和法国人伯希和窃运海外，分别藏于伦敦大英图书馆和巴黎国家图书馆东方手稿部；国内国家图书馆、甘肃省博物馆、敦煌市博物馆等也有收藏。这三大类文献，因同时产生于吐蕃王朝时期，因而，在书写方面具有相同特点。这些特点与后弘期藏文经典书籍中之文字，有所差别。若不了解其中规律，则会产生歧义。如P. T. 1047号骨卜文书中གཉན་ཀླུ།（妖龙）之ཀླུ།（龙）字，有时写作正字གཉན་ཀླུ།，有时写作གཉན་གླུ།，有时写作 གླུའི་མགོན།，而后者一词中之 གླུ།，在现代藏文中为“山歌”之意。所以，解读吐蕃三大文献，不能照搬现代的正字法，必须了解吐蕃时期文字尚未规范时的书写规律。根据写卷古文字特点的多寡，可以分辨出该卷产生时期的早晚，如PT1047号羊胛骨卜文书，古文字书写特点最多，其占卜内容也相对古朴，可能是占卜文书中最古老的写卷之一。

吐蕃古藏文中之元音གི་གུ［i］有两种写法，一为正写的“ི”，一为反写的“ྀ”。对这两种不同的写法，有的学者认为元音［i］分长短，有的学者认为是为了美观，如对称的“◌ྀ◌ི”，“◌ི◌ྀ”。本人认为，任何一种语言创造的文字，不会对同一个元音用两种不同的书写符号来表达，不会给自己添乱。但著名的《长庆和盟碑》中，为何会有 186 个正写的元音གི་གུ、203 个反写的གི་གུ？即 48% 的正写，52% 的反写。如何解释这种“乱象”？可能是这样：刚创造藏文时，参照了梵文，是用反写的元音གི་གུ，比如，敦煌写卷 P. T. 1003 号和 P. T. 1038 号，通篇元音གི་གུ 全为反写，无一个正写，说明藏文刚刚创造时，只有反写元音གི་གུ。但藏文的书写习惯是从左到右的横书，反写的元音གི་གུ 不符合藏文书写习惯，因此，有人就改为正写元音གི་གུ。《长庆和盟碑》树立于公元 823 年，说明此时两种གི་གུ 书写并存而且随意，反写的གི་གུ 还未被废除。那么，反写的གི་གུ 何时被废除？藏文史籍《贤者喜宴》《མཁས་པའི་དགའ་སྟོན།》《王统史》《རྒྱལ་རབས་གསལ་བའི་མེ་ལོང་།》《丁香帐》《ལི་ཤིའི་གུར་ཁང་།》载：吐蕃时期为了译经的需要，先后进行了三次文字厘定，对于第一次和第二次厘定时间，史学家们意见相同。第一次在赤松德赞（ཁྲི་སྲོང་ལྡེ་བཙན། 755—797 在位）；第二次在赤德松赞（ཁྲི་ལྡེ་སྲོང་བཙན། 798—815 在位）；第三次厘定时间，多数人认为在热巴巾（ཁྲི་གཙུག་ལྡེ་བཙན། 815—836 在位）时期，唯有《丁香帐》认为是在益西沃（ཡེ་ཤེས་འོད། 吐蕃赞普达磨五世孙）11 世纪。如果说第三次厘定是在热巴巾时期，为何他与大唐结盟的《长庆和盟碑》中，会有那么多：1. 反写的元音གི་གུ，2. 后加字ར། ལ། ན། 之后加ད་དྲག，3. མྱ། 可与元音འགྲེང་པོ། 和 གི་གུ 相拼写等等古藏文文字书写特点，这些都是在藏文第三次厘定时被废除的。另外 P. T. 1286 号、P. T. 134 号两份文书中达磨之名均写作乌东赞ཨུའྀ་དུན་བརྟན།（836—842 在位）“འྀ”中仍是反写的གི་གུ，因此，《丁香帐》的观点比较符合吐蕃第三次文字厘定的时间。现将古藏文书写特点胪列如下：

1. 元音གི་གུ［i］正写、反写，其读音、意义相同，现在藏文无反写གི་གུ元音。

ཆོས་ཀྱྀ་གཞྀ་འཛིན་བན་དེ་མཆོག་གི་དབང་པོ།（P. T. 997—4）①

住持沙门乔吉旺布

ལྷ་རིས་ཐང་རྩིས་མཛད་པའྀ་རིང་ལུགས་སྤྱྀ་ལ་མཆིས་པ།།(P. T. 997—6）②

（为）登录寺庙财产之僧统所公有。

2. མྱ། 带元音གི་གུ［i］和འགྲེང་བུ།［e］，即མྱ། 可以与元音གི་གུ和འགྲེང་བུ།相拼音，现代藏文མྱ།的下加字脱落，即མྱ།不能与元音གི་གུ 和འགྲེང་བུ།相拼写。

མྱི་ལ་མྱི་ལྷོད།（P. T. 1287—509）③

对于人无足轻重。

མྱེ་འབའར་བ།（P. T. 1287—512）④

着火

རྟོལ་མ་ཕོད་ན་ནི་བུད་མྱེད་དང་མཚུངས་ཞུ་ཀྱོན་ཆིག་ཟེར་བ།（P. T. 1287—431）⑤

---

① 王尧、陈践：《敦煌吐蕃文献论文集》，成都：四川民族出版社，1988 年，第 4 页。

② 同上。

③ 王尧、陈践：《敦煌本吐蕃历史文书》，北京：民族出版社，1980 年，第 91 页。

④ 同上。

⑤ 同上，第 78—79 页。

“若不敢进击则懦怯如妇人，着巴珠头饰可也。”

3. 不送气的清音ཀ、ཅ、ཏ、པ、ཙ与送气清音ཁ、ཆ、ཐ、ཕ、ཚ和浊音ག、ཇ、ད、བ、ཛ 可以无条件交替，但交替各组出现频率不一，有的很少。

（1） ཀ、ཁ、ག 相互交替

གཉན་ཀླུ་ཿམྱི་སྡིག(P. T. 1047—230)①

妖龙不来恐吓。

གཉན་ཁླུ་དང་ཏབ(ཐབ་ལྷ)་མྱིཿགནོནད(P. T. 1047—237)②

妖龙与灶神不来加害。

ནམ་ཞར་ཀྱུང་སྡེ་སྐུ་སྲུངས་སུ་གནང་བ།（碑文 67 页—48 行）③

永远为禁卫军所在之部落。

ནམ་ཞར་ཀྱུང། ཀོང་ཀར་པོའི་རྒྱལ་པོར་གཞན་གྱི་གཞུག་པར།（碑文 98 页—14 行）④

无论何时，绝不以他姓接充工布噶波之王位。

ཐོང་མྱིའི་བཀའ་ཁྲིམས་བཞིན་དུ་དགུམོཿ།།（P. T. 1071—76、77）⑤

按《对仇敌之律例》处死。

ཐོམ་མྱིག་དང་བཀའ་གྲིམས་གཅིག་གོཿ།།（P. T. 1071—69）⑥

其处置与《对仇敌之律例》一致。

(2) ཅ、ཆ、ཇ 相互交替

---

① 陈践：《吐蕃卜辞新探》，上海：上海远东出版社，2015 年，第 77 页。

② 同上，第 78 页。

③ 王尧：《吐蕃金石录》，北京：文物出版社，1982 年，第 67 页。

④ 同上，第 98 页。

⑤ 陈践、王尧：《ཏུན་ཧོང་ནས་ཐོན་པའི་གནའ་བོའི་བོད་ཡིག་ཤོག་དྲིལ》（《敦煌本藏文文献》），北京：民族出版社，1983 年，第 18 页。

⑥ 同上，第 18 页。

ངར་ཐུག་བགྱིས་པའི། ནང་དུ་གླ་རྩི། སྲང་ཅིག་མན་འཛད(ཆད)། སྲང་ཕྱེད་ཡན་འཛད(ཆད)། (P. T. 1057—108)①

或在流质饮食品内和入一两（?）以下、半两以上之麝香。

འཇང་ཕབ་པར་ལོ་གཙིག (I. O. 750—94)②

该年攻克南诏。

སེ་རིབ་ལོག་པར་ལོ་གཆིག (I. O. 750—104)③

该年悉立背叛。

ནས་ཀལ་ཕྱེད་དང་བཅུ་བདུན་དང་བྲེ་གསུམ…… (73RMF27:27)④

青稞十六蕃克半又三蕃升……

(3) ཏ、ཐ、ད 相互交替

ཁྲིད་གློ་བ་རིངས་ན་དབུ་སྙུང་ལ་མ་གཐོགས(གཏོགས)། (P. T. 1287—286)⑤

尔若有二心，则我降罪，不在破盟之列。

མདའ་ཐོགས་པའ་གུམ་དང། མྱི་སྟོང་སྲང་ཁྲི་བབསྟེ: || (P. T. 1071—10—11 行)⑥

系被箭射死，赔偿命价（银?）一万两。

---

① 陈践、王尧：《དུན་ཧོང་ནས་ཐོན་པའི་གནའ་བོའི་བོད་ཡིག་ཤོག་དྲིལ》(《敦煌本藏文文献》)，北京：民族出版社，1983 年，第 299 页。

② 王尧、陈践：《敦煌本吐蕃历史文书》，北京：民族出版社，1980 年，第 24 页。

③ 同上，第 25 页。

④ 王尧、陈践：《吐蕃简牍综录》，北京：文物出版社，1986 年，第 33 页。

⑤ 王尧、陈践：《敦煌本吐蕃历史文书》，北京：民族出版社，1980 年，第 65 页。

⑥ 陈践、王尧：《དུན་ཧོང་ནས་ཐོན་པའི་གནའ་བོའི་བོད་ཡིག་ཤོག་དྲིལ》(《敦煌本藏文文献》)，北京：民族出版社，1983 年，第 13 页。

མདའས༔ཐོག༔པའ༔གུམ༔ཛ་ཤྱི་སྲོང་དུ༔སྲང་སུམ་སྟོང་ཕབ་སྟེ（P. T. 1071—146—147 行）①

系被箭射死，赔偿命价（银?）三千两。

གཅིག་གིས༔གཅིག༔།རི་དགས་ལ༔མདའས་ཧྲུལ（ཧྲུལ）་བས་ལས་སྣོགས་པས་ཐོགས་ནའ༔།།（P. T. 1071—28—29 行）②

彼此因狩猎射中。

ཁོང་ཏ་རྣམས་ཀྱི་སུག་རྒྱ་དང་སུག་ཡིག་ཚད་ཀྱིས་བཐབ་པ།།（P. T. 1101—11）③

他们盖印并加具名。

……དཔང་རྒྱ་དང་དངོས་དང་ཁས་ལེན་གི་འཛུབ་ཚད་ཀྱིས་བཏབ་པའ།།（P. T. 1115—8）④

……立契，本人和承诺人摁指印。

（4）པ、ཕ、བ 相互交替

ཉུབ་ཕྱོགས་ཀྱི་ཏ་ཟིག（碑文 31 页—14 行）⑤

西方大食。

བཀའ་ཁོན་རྙིང་པ་ནི།སྤྱུངས་ཤིང་གསལད（སྦྱང་ཤིང་བསལ།）（碑文 34 页—35 页 40 行—41 行）⑥

旧恨消泯。

① 陈践、王尧：《ཏུན་ཧོང་ནས་ཐོན་པའི་གནའ་བོའི་བོད་ཡིག་ཤོག་དྲིལ》（《敦煌本藏文文献》），北京：民族出版社，1983 年，第 24 页。

② 同上，第 14 页。

③ 同上，第 90 页。

④ 同上，第 91 页。

⑤ 王尧：《吐蕃金石录》，北京：文物出版社，1982 年，第 31 页。

⑥ 同上，第 34 页。

ལང་འབལ་བཀྱོན་པབ་པེའི: ནོར: བརྩིས་པར་ལོ་ཅིག（B. M. 8212—16）①

该年，清点朗氏、末氏获罪遣者之财产。

ཁྲུ:མང་པོ་རྗེ་ལྷ་ཟུང་ལ:བཀྱོན་པབ།（I. O. 750—103、104）②

麴·莽布支拉松获罪。

དགུན་བཙན་པོ: སྣངས: དབྱལ（དཔྱལ）: བྲག་མར་ན་བཞུགས།（I. O. 750—126）③

冬，赞普及其眷属驻于札玛。

རྒྱའི: པོ་ཉ་ཀྭག་ཙུང་ལང་ཕྱག་འཙལད་པར: ལོ་གཅིག།（I. O. 750—244）④

唐廷使者郭中郎前来致礼。

（5）ཙ、ཚ、ཛ 相互交替

རྒྱའི་པོ་ཉ: གམ་གེན་ཕྱག་འཙལད།（I. O. 750—92）⑤

唐廷使者甘景前来致礼。

རྒྱའི: པོ་ཉ་ཡང་འདད་ཤི་ལས་སྟོགས་པ་ཕྱག: འཚལད།（B. M. 8212—46）⑥

唐廷使者杨内侍等前来致礼。

ག་ཡོར་ཆབ་དང་སྦྲར་དེ་འཁྲུངས་སྟེ།（P. T. 1057—25—26 行）⑦

---

① 王尧、陈践：《敦煌本吐蕃历史文书》，北京：民族出版社，1980年，第 38 页。

② 同上，第 25 页。

③ 同上，第 26 页。

④ 同上，第 35 页。

⑤ 同上，第 24 页。

⑥ 同上，第 40 页。

⑦ 陈践、王尧：《ཏུན་ཧོང་ནས་ཐོན་པའི་གནའ་བོའི་བོད་ཡིག་ཤོག་དྲིལ》（《敦煌本藏文文献》），北京：民族出版社，1983 年，第 294 页。

将冰片放入水中喝之则愈。

ཕྱུགས་ཀྱི་ཁྲག་དྲོན་མོ་འཐུངས་ན་ཆི། （P. T. 1057—89）①

喝热牛血也能愈。

སེར་སེར་ནི་བྱང་གི་ཛེ། （ITJ739—119）②

北风带来冰雹。

སྐྱི་བསེར་ནི་ཚེ(ཛེ)་དགོད(རྒོད)་ཀྱང་། （ITJ739—123）③

寒风刮得虽猛。

4. ད། 和 ན།，由于发音部位一致，都是舌尖音，当他们作基字和后加字时，有交替现象。

རི་ཆེད་པོའི་སྟེང་ན་བྲག།། （P. T. 1287—513）④

山之巅为岩。

རྒྱལ་པོ་ཆེན་པོ་གཉིས་ཀྱི་ནི་ཕྱག་རྒྱས་བཏབ། （碑文 12 页—73 行—74 行）⑤

二君之验证以官印。

སྡར་མ་ཝོ་རོམ་བཏགསྟེ། （P. T. 1071—385）⑥

给懦夫挂狐皮。

སྣར་མ་ཝོ་རོམ་བཏགསྟེ། （P. T. 1071—381）⑦

---

① 陈践、王尧：《དུན་ཧོང་ནས་ཐོན་པའི་གནའ་བོའི་བོད་ཡིག་ཤོག་དྲིལ》（《敦煌本藏文文献》），北京：民族出版社，1983 年，第 298 页。

② 陈践：《敦煌藏文 ITJ 739 号骰卜文书译释》，《中国藏学》2014 年第 S1 期。

③ 同上。

④ 王尧、陈践：《敦煌本吐蕃历史文书》，北京：民族出版社，1980 年，第 92 页。

⑤ 王尧：《吐蕃金石录》，北京：文物出版社，1982 年，第 12 页。

⑥ 陈践、王尧：《དུན་ཧོང་ནས་ཐོན་པའི་གནའ་བོའི་བོད་ཡིག་ཤོག་དྲིལ》（《敦煌本藏文文献》），北京：民族出版社，1983 年，第 44 页。

⑦ 同上。

给懦夫挂狐皮。

5. 后加字ར、ལ、ན后加再后加字“ད”，即ད་དྲག。

ཕྲ་མ་ཀྱི་གསྡུནྡ།（碑文 69 页—59 行）①

不听信挑拨离间。

དབུ་རྙོག་བཙནད།（碑文 96 页—8 行）②

权势巩固。

བྱམས་པའི་བཀའ་དྲིན་གྱིས་ནི་ནང་གི་ཆོས་སྤྱརད།（碑文 31 页—10 行）③

恩泽广被，内政修明。

དགྲ་ཟུན་ཀྱི་ཚུལ་དུ་བསྒྱུརད་གྱིས་ཀྱང་།（碑文 36 页—50 行）④

行将兵戎相见。

ཟླ་གོང་གི་བུ་ཚའ་རྒྱུད་འཕེལད།（碑文 68 页—55 行）⑤

大公之子孙后代。

རྒྱ་ཡུལ་གྱི་ཐེལད།（碑文 78 页—53 行）⑥

兴兵入唐（京师）。

6. 不带下加字、前加字、上加字之单字母作基字时，其后加垫音“འ”。

བྱིའུ་མང་མང་ཡང་ཁྲ་ཅིག་གི་ཏོད་པའ།（P. T. 1287—501）⑦

小鸟虽众，为一鹰隼之食物。

---

① 王尧：《吐蕃金石录》，北京：文物出版社，1982 年，第 69 页。

② 同上，第 96 页。

③ 同上，第 31 页。

④ 同上，第 36 页。

⑤ 同上，第 68 页。

⑥ 同上，第 78 页。

⑦ 王尧、陈践：《敦煌本吐蕃历史文书》，北京：民族出版社，1980 年，第 91 页。

དཔོན་དུ་བཅུག་ནའ། (P. T. 1287—294)①

若被任命为官。

གསེར་གྱི་ཡི་གེ་ལས་སྨད་རེའ། (P. T. 1287—284)②

决不低于金字告身之封赐。

7. 动词或名词后加终结词（རྫོགས་ཚིག），再加 ཅིག（ཚིག）或 འཚལ，表示“所有”“全部”“一切”之意。

བན་ཚུན་ཐུགས་ནོངས་བྱུང་ངོ་ཚིག་ན།(碑文 33 页—31—32 行)③

彼此所有怨隙。

གཞན་གྱི་འོ་ཚིག་ལ་རྗེ་བོ་ལྟག་པ་ཚོལ་རེ། (P. T. 1287—290)④

决不投靠其他人。

མནངས:བསྡུ:འོ་འཚལད། (兵律第 141 行)⑤

收缴之全部战利品。

ནོར་སྣུད་དོ་འཚལད། (兵律第 148 行)⑥

收缴之一切细软。

8. 两个音节连写时，前一个音节的韵尾（即后加字或再后加字）与后一个音节基字或前置辅音相同时，共用一个字母。

① 王尧、陈践：《敦煌本吐蕃历史文书》，北京：民族出版社，1980 年，第 65 页。

② 同上，第 64 页。

③ 王尧：《吐蕃金石录》，北京：文物出版社，1982 年，第 33 页。

④ 王尧、陈践：《敦煌本吐蕃历史文书》，北京：民族出版社，1980 年，第 65 页。

⑤ 巴桑旺堆：《一份新发现的敦煌古藏文吐蕃兵律文书》下卷，《中国藏学》，2015 年第 S0 期。

⑥ 同上。

ནད:པ:ལ་བཏབ:ན:ལྷ་ངོ(ལྷང་ངོ)། (P. T. 1047—98)①

若卜病人，遭厄难之兆。

ཕྱི་དལད་ཆུ:ངས(ཆུང་ངས):ཆོད:པའི་ངོ།།། (P. T. 1047—289)②

略阻滞（牦牛撞来）之兆。

བྱང་ཕྱོགསུ(ཕྱོགས་སུ)་འགྲོ་ན་བསམ་པ་ཐམས་ཅད་དུ་འགྱུར་ཞིང་བཀྲ་ཤིསྟེ།(ཤིས་སྟེ)་སླར་ལྡོག་གོ། (P. T. 55—51)③

若北行，所求皆获，吉利而归。

བཙན་དྲེ་ཞིག་པས་གནོདདུ་ཆས་པ:ལ:གུ:དུ(གུད་དུ)་ཡོལ་བའི་ངོ:སྟེ། (P. T. 1047—280、281)④

一赞哲鬼前去加害，（人）向一旁躲避之兆。

9. 古藏文中基字“ཙ”带上加字“ས”有不少，后来，基字“ཙ”音势减弱而脱落，由上加字“ས”替代为基字，现在仅存སྩལ། 一个字。

ལས་སྩོགས་པ།→ལ་སོགས་པ།（碑文 68 页—52 行）⑤

等等

གསྩན།→གསན་པ།（碑文 69 页—59 行）⑥

听

---

① 陈践：《吐蕃卜辞新探》，上海：上海远东出版社，2015 年，第 69 页。

② 同上，第 81 页。

③ 格桑央京：《敦煌藏文写卷 PT55 号译释》，北京：《藏学研究》，1998 年。

④ 陈践：《吐蕃卜辞新探》，上海：上海远东出版社，2015 年，第 80 页。

⑤ 王尧：《吐蕃金石录》，北京：文物出版社，1982 年，第 68 页。

⑥ 同上，第 69 页。

གསྤལ་བ→གསལ་བ། （P. T. 986—24）①

清楚

ཁྱད་དུ་མྤྱི་གསྤད་པ→ཁྱད་དུ་མི་གསད་པ། （P. T. 986—25）②

勿藐视

བསྤག་བསྤག་པ→བསག་བསག་པ། （P. T. 1283—42）③

集聚

附注：本人曾署藏名བསོད་ནམས་སྐྱིད། 于 1982 年在藏文版《知识火花》第十辑发表《བོད་ཀྱི་གནའ་རབས་ཡི་གེའི་ཁྱད་ཆོས་འགའ་ཞིག་ངོ་སྤྲོད་ཞུ་རྒྱུ།》（即《古藏文文字特点简述》）一文。文中例句出处，注明引自中央民族学院少数民族语文系藏语文教研组 1980 年油印稿讲义及其页码，未交代藏文文献代号，也无对应之汉译文，十分遗憾。故重新修改增补例句，并加汉译如上，请同行们指正。

---

① 陈践、王尧：《ཏུན་ཧོང་ནས་ཐོན་པའི་གནའ་བོའི་བོད་ཡིག་ཤོག་དྲིལ》（《敦煌本藏文文献》），北京：民族出版社，1983 年，第 116 页。

② 同上。

③ 同上，第 282 页。

安多口语中古藏文语词的保留与变化

一般来说，我国境内藏语分卫藏方言、康方言、安多方言三大方言。安多方言主要分布在牧区，因此又称为牧区方言。它与其他两大方言比较，显著的区别是在音韵方面，安多方言有浊声母、复合声母以及较多的韵尾，因此未产生后起的声调。

藏文是历史悠久的拼音文字。按照一般的说法，公元7世纪智者吞米桑布扎创造了藏文。如今能见到的古藏文文献，有敦煌写卷、碑刻钟铭、简牍三大类。本文中引用的古语词，是在公元8—10世纪三大文献中多次出现，在卫藏和康方言中基本消失，尚保留在安多方言中的语词。现就安多方言中古藏文语词的保留与变化情况，简述如下。

一、在安多口语中，古藏文语词语音（正字）、语义原封未动地保留

1. 过去在文字厘定时废除的，带元音གི་གུ（gigu，[i]）和འགྲེང་པོ་（vgreng po，[e]）的མྱ（mya），在安多口语中照样存在。

以下例句，“A”为古藏文文献，“B”为安多口语。

མྱི། （myi，人）：

A. ལྷ་མྱྀ་ཀུན་གྱྀས་ཤེས་ཤིང་དཔང་བྱས་ཏེ། （《长庆会盟碑》西面第 8 行）①

lha myI kun gyIs shes shing dpang byas te/

神人俱以证知。

B. ངའི་ཡུལ་ན་མྱི་དགུ་ཡོད།

ngavi yul na myi dgu yod/

我家有九口人。

མྱེ། （mye，火）：

A. མྱེ་རྀ་ཀ་ན་འབའར་བ། （P. T. 1287 第 515 行）②

mye rI ka na vbavr ba/

大火燃于山上。

B. སྔ་དྲོའི་སྤྲིན་དམར་མྱེ། ཕྱི་དྲོའི་སྤྲིན་དམར་ཆུ།

snga drovi sprin dmar mye/ phyi drovi sprin dmar chu/

早霞炎热，晚霞有雨。

རྨྱི་ལམ། （rmyi lam，梦）：

A. རྨྱི་ལམ་ངན་པ་ཞྀག་རྨྱིས་རྨྱིས་ན། （P. T. 55 第 194 行）③

rmyi lam ngan pa zhIg rmyis rmyis na/

若常做噩梦。

---

① 王尧：《吐蕃金石录》，北京：文物出版社，1982 年，第 5 页。

② 王尧、陈践：《敦煌本吐蕃历史文书》（增订本），北京：民族出版社，1992 年，第 65 页。

③ 麦克唐纳夫人（Ariane MacDonald）、今枝由郎（Yoshiro Imaeda）编：《敦煌藏文写本选集》（*Choix de documents Tibétains conservés à la Bibliothèque Nationale complété par quelques manuscrits de l'India Office et du British Museum*）第 1 卷，巴黎，1978 年，第 81 页。

B. རྨྱི་ལམ་ཡག་ན་རྨྱིས་ཡུལ་བདེ།

rmyi lam yag na rmyis yul bde/

好梦睡好觉。

རྨྱིག་པ།（rmyig pa，蹄）：

A. རྨྱིག་རྗེས་ནྀ་མྱིས་མྱི་མཐོང་།（P. T. 1287 第 490 行）①

rmyig rjes nI myis myi mthong/

人连马蹄印都看不见。

B. རྟ་བོ་རྒྱུག་སྲོལ་གཅིག་རུང་། རྨྱིག་པ་སྐོར་སྲོལ་མི་གཅིག

rta bo rgyug srol gcig rung/rmyig pa skor srol mi gcig/

马儿驰骋虽一，马蹄转动不一。

མྱིང་།（mying，名）：

A. བཀའ་ལ་གཏོགས་པའྀ་ཐབས་དང་མྱྀང་རུས།（《长庆会盟碑》北面第 5 行）②

bkav la gtogs pavI thabs dang myIng rus/

同平章事名位。

B. མྱི་ངན་གྱགས་གྱགས་（གྲགས་གྲགས་）མཚང་གིས་གྱགས། རྟ་བོ་གྱགས་གྱགས་མྱིང་གིས་གྱགས།

myi ngan gyags gyags （grags grags） mtshang gis gyags/ rta bo gyags gyags mying gis gyags/

坏人扬名罪恶大，马儿扬名驰骋佳。

མྱིད་པ།（myid pa，咽喉）：

---

① 王尧、陈践：《敦煌本吐蕃历史文书》（增订本），北京：民族出版社，1992 年，第 63 页。

② 王尧：《吐蕃金石录》，北京：文物出版社，1982 年，第 13 页。

A. མྱིད་པ་འགག་སྟེ་ན་བ་ལ། (P. T. 1057 第 14 行)①

myid pa vgag ste na ba la/

咽喉感到噎塞疼痛。

B. [ཡི་དྭགས་] མྱིད་པ་རྟ་རྔ། ཐོད་པ་སྒོ་ང་། ཉྭ་སྟི་ཐུར་མ།

[yi dwags] myid pa rta rnga/ thod pa sgo nga/ nywa sti thur ma/

[饿鬼] 喉如马尾，额如鸡蛋，腿细如筷。

མྱེལ་ཙེ། (myel tse，夜哨)：

A. མཚན་གྱི་མྱེལ་ཙེ་དགུ༔ དམ་དུ་ཚུགས༔ ལ༔ ། (《吐蕃简牍综录》Ⅱ447 -2 背面第 3 行)②

mtshan gyi myel tse dgu dam du tshugs la/

抓紧夜哨巡逻。

B. དོ་ནུབ་གི་མྱེལ་ཚེ་སུ་རེད།

do nub gi myel tshe su red/

今晚谁值夜哨。

དམྱིག (dmyig，眼)：

A. དམྱིག་སེར་དང་། ཆབ་སེར་སྟོད་དུ་འདུས་པ་ལ་ཕན་ཏེ། (P. T. 127 第 142 行)③

dmyIg ser dang/ chab ser stod du vdus pa la phan te/

对眼黄、黄水汇集上身诸病均有疗效。

---

① 陈践、王尧：《ཏུན་ཧོང་ནས་ཐོན་པའི་གནའ་བོའི་བོད་ཡིག་ཤོག་དྲིལ》(《敦煌本藏文文献》)，北京：民族出版社，1983 年，第 293 页。

② 王尧、陈践：《吐蕃简牍综录》，文物出版社，1986 年，第 136 条。

③ 陈践、王尧：《ཏུན་ཧོང་ནས་ཐོན་པའི་གནའ་བོའི་བོད་ཡིག་ཤོག་དྲིལ》(《敦煌本藏文文献》)，北京：民族出版社，1983 年，第 311 页。

དམྱིག་ནས་མྱེ་འབའར་བ། （I. 0. 737A 第 121 行）①

dmyig nas mye vbavr ba/

双眼喷射火焰。

B. མ་བུད་མོའི་མྱིག་དང་སྟག་ཤར་རའི་སྣ།

ma bud movi myig dang stag shar ravi sna/

姑娘的眼睛、小伙子的鼻。

2. 作“儿童”意义的古藏文བྱིས་པ（byis pa），在安多口语中，将其拆为两个音节，作བྱ་ཡིས（bya yis）。乍一看，它们似乎不是同一个语词；但仔细推敲，如“江河源头，及于雪山”，བྱ་ཡིས 就是源于古藏文བྱིས་པ。

A. བྱིས་བ་ཆུང་ངུ་ན་མའི་ལྟོ་བ་ནས་བྱུང་མ་ཐག་ཏུ་ཟ་ཤེས་འཐུང་ཤེས། （P. T. 990 第 29 行）②

byis ba chung ngu na mavi lto ba nas byung ma thag tu za shes vthung shes//

婴儿自幼一生下就会吸吮母乳。

བྱྀས་བའྀ་བྲང་ནད་ཕན་ཏེ་མྱེ་བཙའ་བདུན་བཏབ་བོ། （P. T. 127 第 82 行）③

byIs bavI brang nad phan te mye btsav bdun btab bo/

对幼儿胸疼均有疗效，灸七次即可。

B. ཁྱོད་ཡུལ་ན་བྱ་ཡིས་དུ་ཡོད། བྱ་ཡིས་གསུམ་ཡོད།

---

① 陈践、王尧：《ཏུན་ཧོང་ནས་ཐོན་པའི་གནའ་བོའི་བོད་ཡིག་ཤོག་དྲིལ》（《敦煌本藏文文献》），北京：民族出版社，1983 年，第 155 页。

② 王尧、陈践：《敦煌吐蕃文书论文集》，成都：四川民族出版社，1988 年，第 339 页。

③ 陈践、王尧：《ཏུན་ཧོང་ནས་ཐོན་པའི་གནའ་བོའི་བོད་ཡིག་ཤོག་དྲིལ》（《敦煌本藏文文献》），北京：民族出版社，1983 年，第 306 页。

khyod yul na bya yis du yol/ bya yis gsum yod/

你家有几个小孩？有三个小孩。

ཁི་སྒ（ཁོ་）བྱིས་ལུ་རེད། ང་བྱིས་མོ་ཡིན།

khi sga（kho）byis lu red/ nga byis mo yin/

他是男孩，我是女孩。

3. 在安多口语中，还有一类语音、词意与古藏文一致的语词。

ཐུ་པོ།（thu po，坏）：

A. མ་རབས་གྱང་། དེ་ལས་ཆི་ཐུའོ།（P. T. 1283 第 488 行）①

ma rabs gyang/ de las chi thuvo/

虽为下等人，哪有比此更坏。

བདག་དེ་བས་ཐུ་ན་ཡང་མྱི་དཔྱས།（P. T. 1283 第 498 行）②

bdag de bas thu na yang myi dpyas/

对比自己糟糕者，也不要讥讽。

B. ཁི་སྒ་（ཁོ་）མྱི་ཐུ་མོ་ཟིག་（ཅིག་）རེད་ཀོ།

khi sga（kho）myi thu mo zig（cig）red ko/

他是一个坏人哦！

རྟ་དེ་རྒྱུག་ལ་ཐུ། འདི་གོམ་ལ་ཐུ།

rta de rgyug la thu/ vdi gom la thu/

那匹马不善跑，这匹马步子差。

ཐུར་མ།（thur ma，筷子、小棍）：

A. སྤུ་ནི་ལྤགི་འཐུར་མ་བཞིན་དུ་སྲ་ལ་རྙོ།（P. T. 1283 第 102

① 王尧、陈践：《敦煌吐蕃文书论文集》，成都：四川民族出版社，1988 年，第 280 页。

② 同上，第 281 页。

行)①

spu ni lcagi vthur ma bzhin du sra la rno/

毛硬如铁筷，坚硬锐利无比。

B. འབྲོག་པའི་ཐུར་མ་ཐང་ན་ཡོད།

vbrog pavi thur ma thang na yod/

牧人筷子坝上有（牧人随处拾枝作筷子用）。

ང་ཐུར་མ་ཟིག་བྱིན་ན་བཏང་།

nga thur ma zig byin na btang/

请给我一双筷子。

འོ་བརྒྱལ།（vo brgyal，辛苦）：

A. བྱང་ངོས་ཀྱི་བཙན་འབངས་མང་པོ་ལ་མངའ་མཛད་པའི་ཐུགས་ཁྲལ་གྱིས་རབ་དུ་འོ་བརྒྱལ་ན།（P. T. 1189 第 4 行）②

byang ngos kyi btsan vbangs mang po la mngav mdzad pavi thugs khral gyis rab du vo brgyal na/

操劳统驭北面众多官民，辛苦备尝。

འོ་བརྒྱལ་ཐུགས་བདེ་འམ་མྱི་བདེ།（P. T. 1082 第 2 行）③

vo brgyal thugs bde vam myi bde/

辛苦了！安康否？

B. ད་ཐེངས་འོ་བརྒྱལ་ཡས་དང་ང་།

da thengs vo brgyal yas dang nga/

这次累（辛苦）得够呛！

ཁྱོད་འོ་བརྒྱལ་བཟོས་སོང་།

---

① 陈践、王尧：《ཏུན་ཧོང་ནས་ཐོན་པའི་གནའ་བོའི་བོད་ཡིག་ཤོག་དྲིལ》（《敦煌本藏文文献》），北京：民族出版社，1983 年，第 287 页。

② 王尧、陈践：《敦煌吐蕃文书论文集》，第 391 页。

③ 陈践、王尧：《ཏུན་ཧོང་ནས་ཐོན་པའི་གནའ་བོའི་བོད་ཡིག་ཤོག་དྲིལ》（《敦煌本藏文文献》），北京：民族出版社，1983 年，第 98 页。

khyod vo brgyal bzos song/

让你受累（辛苦）了！

ར་མདའ།（ra mdav，追赶者）：

A. ཤིང་སྒཾ་པང་པར་ཐོགས་ཏེ། མྱེ་ཤོར་པའི་ར་མདའ་བགྱི་བ་དང་འདྲ་སྟེ།（P. T. 1291 第 15 行）①

shIng sgam pang par thogs te/ mye shor pavI ra mdav bgyI ba dang vdra ste/

犹如抱持干木以救火。

རྒྱའི་རམ་འདའ་ཇིད་པར་དུ།（B. M. Or. 8212〈187〉第 5 行）②

rgyavI ram vdav jId par du/

唐廷之追兵于计巴。

B. བཀྲ་ཤིས་གིས་ར་མདའ་བཟུང་སོང་ཟིག

bkra shis gis ra mdav bzung song zig/

扎西抓到了追赶者。

ར་མདའ་ཐོན་ན་ཅི་བྱེད།

ra mdav thon na ci byed/

追兵到来怎么办？

སྲིང་མོ།（sring mo，妹妹）：在安多口语中，指兄称呼之“妹”，而非姐称呼之“妹”。

A. གཡགི་འོག་ནས་སྦྱུང་ན། སྦྱུང་བའི་བྱིད་གར། བུ་མོ་འམ་སྲིང་མོ་དབང་

---

① 陈践、王尧：《ཏུན་ཧོང་ནས་ཐོན་པའི་གནའ་བོའི་བོད་ཡིག་ཤོག་དྲིལ》（《敦煌本藏文文献》），北京：民族出版社，1983 年，第 130 页。

② 王尧、陈践：《敦煌本吐蕃历史文书》（增订本），北京：民族出版社，1992 年，第 29 页。

ངོ། （P. T. 1071 第 389 行）①

g·yagI vog nas phyung na/ phyung bavI byad gar/ bu mo vam srIng mo dbang ngo

若从牦牛身下被人救出，以己女或妹赏给救人者。

མདའ་ཤ་གྲི་བའི་སྲིང་མོ་པུར་པ་ལ་ཞེས་བྱ་བ། （I. O. 730A 第 119 行）②

mdav sha grI bavi sring mo pur pa la zhes bya ba/

达夏支瓦之妹名布尔巴拉者。

B. ངའི་སྲིང་མོ་འེབ་མོ་ཟིག་རེད།

ngavi sring mo veb mo zig red/

我妹妹长相不错。

ཁི་སྒའི་ （ཁོའི་） སྲིང་མོ་བོད་ཡིག་ཧྲ་གི། རྒྱ་ཡིག་ཨ་ལ་པ་ལ་རེད།

khi sgavi （khovi） sring mo bod yig hra gi/ rgya yig a la pa la red/

他妹妹藏文好，而汉文马马虎虎。

二、在安多口语中，古藏文语词语音（正字）、语义发生变化

在漫长的历史发展过程中，任何一种语言都会有大小不同的变化，这是自然规律。以下简述在安多口语中

---

① 陈践、王尧：《ཏུན་ཧོང་ནས་ཐོན་པའི་གནའ་བོའི་བོད་ཡིག་ཤོག་དྲིལ》（《敦煌本藏文文献》），北京：民族出版社，1983 年，第 45 页。

② 同上，第 155 页。

发生变化的情况：

1. 古藏文基字ཀ（ka）、ཁ（kha）、ག（ga）带下加字ར（ra）者，一部分在安多口语中演变为带下加字ཡ（ya）者。

སྐྲ།（skra，头发）→སྐྱ།（skya，头发）：

A. སྐྲ་ཐམས་ཅད་འཛིངས་ཤྀང་ས་ལ་འཇོལ་བའ།（P. T. 737A 第 120 行）①

skra thams chad vdzings shIng sa la vjol bav/

披头散发，头发拖地。

B. མགོ་ན་སྐྱ་(སྐྲ་)མེད་ན་འདྲེ་ཡིན།

mgo na skya （skra） med na vdre yin/

头上无发即为鬼。

ཁྲག（khrag，血）→ཁྱག（khyag，血）：

A. བྱ：རྒོད་ དང་ སྤྱང་ ཀི：གཉིས་ ལ：ཁྲག：ཅུང་ ཟད་ བྱུང་ བའི་ ངོ།（P. T. 1047 第 378 行）②

bya rgod dang spyang ki gnyis la khrag cung zad byung bavi ngo/

雕、狼二者觅得少许食物（血）之卦。

B. ཁྱོད་དེ་འདྲའི་ཁྱག་（ཁྲག་）ཁོལ་དོན་མེད།

khyod de vdravi khyag （khrag） khol don med/

你不必如此痛恨。

གྲོ་མ།（gro ma，人参果）→གྱོ་མ།（gyo ma，人参果）：

---

① 陈践、王尧：《ཏུན་ཧོང་ནས་ཐོན་པའི་གནའ་བོའི་བོད་ཡིག་ཤོག་དྲིལ》（《敦煌本藏文文献》），北京：民族出版社，1983 年，第 155 页。

② 王尧、陈践：《敦煌吐蕃文书论文集》，成都：四川民族出版社，1988 年，第 181 页。

A. ཟསུ། རི་དགས་གྱི། ཤ་དང་། གྲོ་མ་དང་། མོན་བུ། (P. T. 1283 第 43 行)①

zasu/ ri dgas gyi/ sha dang/ gro ma dang/ mon bu/

所食则为兽肉、人参果、蘑菇。

B. ང་དེ་རིང་གྱོ་མ་ (གྲོ་མ་) རྐོ་གི་སོང་ནས།

nga de ring gyo ma (gro ma) rko gi song nas/

我今天去挖人参果了。

2. 古藏文中的高元音 གི་གུ (gi gu, [i]) 和 ཞབས་ཀྱུ (zhabs kyu, [u]), 在安多口语中均变为央元音 [ə] (此种变化起于何时, 待考)。

A. ཁྱྀ (khyI, 狗) བཟང་པོ་ལོ་ངམ་གྱི་ལགིས་བྱུགས་པ། (P. T. 1287 第 25 行)②

khyI bzang po lo ngam gyi lagis byugs pa/

罗阿木以手抚摩犬毛。

B. ཁྱི་ [tɕhə, 狗] བཙན་པོ་རེད་ཡ།

khyi btsan po red ya/

狗真凶啊!

A. བྱ་དང་མཚུངས་ཁྱུས་ (khyus, 群) བདའ་རེ། (P. T. 1287 第 283 行)③

bya dang mtshung khyus bdav re/

决不像对待鸟一样成群追赶。

---

① 陈践、王尧:《ཏུན་ཧོང་ནས་ཐོན་པའི་གནའ་བོའི་བོད་ཡིག་ཤོག་དྲིལ》(《敦煌本藏文文献》), 北京: 民族出版社, 1983 年, 第 282 页。

② 王尧、陈践:《敦煌本吐蕃历史文书》(增订本), 北京: 民族出版社, 1992 年, 第 35 页。

③ 同上, 第 50 页。

B. ལུག་ཁྱུ་［tɕhə，群］གཉིས་འདྲེས་སོང་ཟིག

lug khyu gnyis vdres song zig/

两个羊群混在一起了。

3. 某些古藏文语词，在安多口语中语音未变，词意则发生三种变化：

（1）词义扩大。如དམེ་བོ（dme bo），在古藏文中为骨肉相残——“阋墙”之义，但在安多口语中除此含义之外，还有“肮脏”“恶劣”“恶心”等为贬义。

A. བློན་ཆེན་པོ:བཙན་སྙ:དང་། ཉེན་སྟག་ཙབ:གཉྀས། དམེའ:བྱུང་། ཤངས:གྱྀ་སུམ་ཆུ་བོར། བློན་ཆེན་ཕོ་བཙན་སྙ:གུམ།（I. O. 750 第 39 行）①

blon chen po btsan snya dang/ nyen stag tsab gnyIs/ dmev byung/ shangs gyI sum chu bor/ blon chen pho btsan snya gum/

大论赞聂与芒辗达乍布二人（亲属间）相互残杀，大论赞聂逝于“襄”之孙波河。

B. བྱི་མོ་འདི་དམེ་མོ་ཟིག་རེད།

byi mo vdi dme mo zig red/

这个女人是阋墙女。

བྱི་ལུ་འདི་དམེ་བོ་ཟིག་རེད།

byi lu vdi dme bo zig red/

这个男人是阋墙汉。

ཁྱོད་དམེ་བོ་ལས་གི་མ་འདུག

khyod dme bo las gi ma vdug/

① 王尧、陈践：《敦煌本吐蕃历史文书》（增订本），北京：民族出版社，1992 年，第 16 页。

你勿作令人厌恶之事。

མྱི་དམེ་བོ་སྐྱག་པ་འདྲ་འདྲ་ཟིག

myi dme bo skyag pa vdra vdra zig/

此人臭如狗屎。

又如ཨ་ཁུ（a khu，叔叔）一词，在古藏文中仅指“父系兄弟”之义，但在安多方言中，除指“父系兄弟”之外，词义扩大，对寺庙中一般比丘僧人也称为ཨ་ཁུ。从社会制度原因分析，由于藏族多信仰藏传佛教，每户人家不管有几个儿子，只留一个持家，其余多被送到寺庙出家为僧。持家者之子女，称出家为僧的叔叔为ཨ་ཁུ，这自然是天经地义之事。后来，为表示对僧人的尊敬，对非“父系兄弟”之比丘僧人也称为ཨ་ཁུ了。

A. བུ་ཚ་ཞིག་ཕ་ཁུའི་ཕྱི་ན་འདུག་ན། ནམ་དུ་འང་ངན་དུ་དོགས་པའི་ཕྱིར། བཏམས་ཤིང་བཆོས་པ་དང་། སྤྱོས་ཤིང་གཞུས་པ་མཁོན་དུ་བྱར་མྱི་རུངོ། (P. T. 1283 第 371 行)①

bu tsha zhig pha khuvI phyi na vdug na/ nam du vang ngan du dogs pavI phyir/ btams shing bchos pa dang/ spyos shing gzhus pa mkhon du byar myi rungo/

子侄不在父、叔跟前，无论何时，担心其变坏，教诲、批评、斥责甚至鞭打，子侄不应记恨。

B. ངའི་ཨ་ཁུ་ཞིང་འདེབས་གི་བུད་ཐ（ཐལ）།

ngavi a khu zhing vdebs gi bud tha（thal）/

我叔叔种地去了。

① 王尧、陈践：《敦煌吐蕃文书论文集》，成都：四川民族出版社，1988 年，第 268 页。

ཨ་ཁུ་སྟག་སྟག་ ཕྱིར་ར་ནུར་དྲ།

a khu stag stag/ phyir ra nur dra/

老虎叔叔，朝后挪挪。

ཨ་ཁུ་གསུམ་ཆོས་འདོན་གི་ཡོང་རྒྱུ་རེད།

a khu gsum chos vdon gi yong rgyu red/

三位僧人要来念经。

ཨ་ཁུ་ཁྱོ་སྒར་ན་ཆོས་འདོན་གོ་ཀི།

a khu khyo sgar na chos vdon go ki/

僧人们在寺庙里念经。

（2）词义缩小。如བུད་མྱེད（bud myed），在古藏文中泛指“女人”，但在安多口语中仅指“妻子”。

A. བུད་མྱེད་དེ་ལས་བཟང་ཞིང་མཚན་དང་ལྡན་པ་མྱེད་དེ།（I. 0. 730A 第 107 行）①

bud myed de las bzang zhing mtshan dang ldan pa myed de/

无人能比那女人更美更俊的了。

བུད་མྱེད་ཀུན་ཀྱི་རང་བཞིན། ཁྱོད་ལ་ཆ་ཡོད་དམ་ཞེས་ཟེར་བཱ།（I. 0. 730A 第 376 行）②

bud myed kun kyi rang bzhin/ khyod la cha yod dam zhes zer bav/

别的女人禀性你熟悉吗？

B. བུད་མྱེད་ཀྱི་ངོ་མ་ཆོད།

bud myed kyi ngo ma chod/

---

① 陈践、王尧：《ཏུན་ཧོང་ནས་ཐོན་པའི་གནའ་བོའི་བོད་ཡིག་ཤོག་དྲིལ》（《敦煌本藏文文献》），北京：民族出版社，1983 年，第 154 页。

② 同上，第 178 页。

抹不开妻子的情面。

བུད་མྱེད་མེད་སའི་ཇ་མི་འཁོལ།

bud myed med savi ja mi vkhol/

无妻之家，无人熬茶。

（3）词义转移，变成相反的意思。如ཐོན（thon），在古藏文中为“出发”“动身”之义，但在安多口语中演变为“到达”。另རྫི་མ（rdzi ma），在卫藏和康方言中为眼睑边缘的细毛——“睫毛”之义，而མིག་སྤུ（mig spu）为眉毛。但安多方言与此相反，即རྫི་མ为眉毛，མྱིག་སྤུ（myig spu）为睫毛。

A. བདག་གྱང་ཐོན་……དང་སྦྱོང་ཞིང་སློབ་དུ་གཏང་གཏང་ན།（P. T. 1283 第6行）①

bdag gyang thon …… dang sbyong zhing slob du gtang gtang na/

……派我去修炼、学习，我要出发。

B. ང་ཁ་སང་ཐོན་（སླེབས་）ཉེ་ཡིན། ཁྱོད་ནམ་ཐོན་ནེ་ཡིན།

nga kha sang thon （slebs） ni red/ khyod nam thon ni red/

我是昨天到达的，你何时到此？

A. རྟ་མྱི་གི་（མྱིག་གི）རྫི་མ་ཡང་ཆེར་ཆགས།（P. T. 1065 第26行）②

rta myi gi （myig gi） rdzi ma yang cher chags/

马眼睫毛很多黏在一起。

---

① 王尧、陈践：《敦煌吐蕃文书论文集》，成都：四川民族出版社，1988年，第233页。

② 同上，第320页。

B. རྒོད་པོས་གཤོག་ཟུང་བརྐྱངས་འདྲའི་རྫི་མ་འོག། དཀྱུས་རིང་སྤྱན་ཟུང་གཡོ་བའི་བཅུད་དེ་མཛེས།།

rgod pos gshog zung rkyangs vdravi rdzi ma vog/

dkyus ring spyan zung g·yo bavi bcud de mdzes/

在大雕展翅般双眉下，闪烁的双目多美丽！

རྫི་མ་ནག་ག་ཡ།

rdzi ma nag ga ya/

眉毛真浓啊！

以上为安多口语中部分古藏文语词的保留情况，对其中的错误和不妥之处，敬请同行专家批评斧正。

敦煌藏文 ITJ 739 号骰卜文书[①]所见繇辞解读

英藏 ITJ 739 号骰卜文书之繇辞[②]，是极富文学色彩的诗歌汇集，其内容包括：动物风景、天文星宿、9 种苯教女神、占卜仪轨、为人处世哲理，皆以繇辞来阐述，故繇辞篇幅占总行数之四分之三。本文主要分析繇辞异体字之正字及其民俗内涵。

ITJ 739 号骰卜文书，存 373 行，其繇辞占全文四分之三，与同类型的 ITJ 738 号骰卜文书比较，繇辞长短、内容难易悬殊颇大。本文上至天文星宿，下至花草鸟兽、牛羊马畜、苯教女神、仪轨，无所不包，朗朗上口，优美动听，堪称敦煌古藏文中最富文学色彩和哲理的诗歌汇集。托玛斯先生虽在《东北藏古代民间文学》中用拉丁转写过录了 ITJ 739 号骰卜文书全文，但并未解读和英

---

① 该文系教育部人文社会重点研究基地重大项目“敦煌藏文占卜文书整理与研究”（项目编号 11JJD770001）阶段性成果。

② 饶宗颐先生在《吐蕃时期的占卜研究》序中谓：托玛斯在其《东北藏古代民间文学》书中述及占卜举行之际，往往有六句或八句型之民谣，有类世俗签诗，相当于古时所谓繇辞。

译该文，反而收入了比它逊色的 ITJ 738 号骰卜文书，想必自有苦衷，这就是：本文异体字过多，苯教女神、仪轨和牧业生产内容也令人费解。笔者虽学安多藏语，并有牧区语言调查经历，但也吃了不少苦头，有的疑难句，看了多遍，句子都能背了，但却不能译。究其原因，就是对句中某个“正字异体字”未找到与其对应的“正确正字”。花了两个月的时间，才完成过录藏文原文、解题、初译、分析文化语词，供读者审阅。现将 ITJ 739 号文书书写、语音、繇辞异体字特点，简述如下：

一、文书藏文抄写特点

ITJ 739 号文书抄写的字体，既不是楷书，也不是草书，而是介于二者之间的“长脚字”，它的元音ན་རོ། 不是形如飞鸟，而是如草书ན་རོ། 的一横；它的元音གི་གུ，也是一横左端带点弯钩，由于时间长久和磨损的原因，这点弯钩就脱落了，使得གི་གུ 混同ན་རོ།，“古藏文文献在线网”（OTDO）也有将二者混淆的情况。

二、文书的安多方言语音特点

本文书有诸多异体字，有的来源不详，排除抄错的因素，某些异体字与安多藏语口语是一致的，如：

1. ཀྲ、ཁྲ、གྲ 三个书面语中之ར་བཏགས།，在安多口语中，大部分词语演变为ཡ་བཏགས། ཀྱ、ཁྱ、གྱ。如སྐྲ→སྐྱ（头发）、ཁྲལ→ཁྱལ（税）、འགྲོ→འགྱོ（走）。少量文化、宗教、法律方面词语中不变，如བཀྲ་ཤིས།（吉祥）、ཁྲིམས།（法律）、སྒྲོལ་མ།（度母）。究竟是安多口语中之ཀྱ、ཁྱ、གྱ产生在前，还是ཀྲ、ཁྲ、གྲ产生在前，尚有待进一步探索。《工布第穆萨摩崖刻石》第 5 行：དྲི་གུམ་བཙན་པོའི་སྲས་། གཅེན་ཉ་ཁྲི་དང་གཅུང་ཤ་ཁྲི་གཉིས་ལ……（止贡赞普之子，长为聂其，幼为夏其二人……）文中止贡赞普二子之名为ཉ་ཁྱི། ཤ་ཁྱི，但在后来史书中均写作ཉ་ཁྲི། ཤ་ཁྲི།。

2. 安多口语中后加字ང། 前之元音གི་གུ〔i〕和འགྲེང་བོ〔e〕屈折变化为元音〔a〕。元音ཞབས་ཀྱུ།〔u〕和གི་གུ〔i〕无后加字时，均发作〔ə〕，这种方言现象在本文书中均有出现。如第108行之སྲང། 其正字为གསིང་།（草坪）。第6行之ཕུར། 其正字为པིར།（笔）。第51行སྲུ། 其正字为སྲི།（节约）。

3. 另在安多方言的卓尼、果洛部分地区，ཉ和ན། 读音相同，也就是说，ཉི་མ།（太阳）与ནུ་མ།（乳房）读音相同，因此，第328行之ཉེའུ་སིང། 其正字为ནེའུ་སིང་།（草坪）。第319行之ཉེའུ་གཞོན། 其正字为ནེའུ་གཞོན།（年轻）。

三、异体字特点：何为异体字？即非藏文正字，是同音字，你就是从字典里查到这个语词的意义，也不是文献中之词意。或者，字典中根本没有这个语词。有人称其为俗体字，也有人认为是错字，这对古人是不公平的。在当时，人们可以这样书写沟通，随着社会制度和语音规律的演变，它离我们越来越远，进而看不见了。古藏文的魅力就是要让我们找寻当时的词意。异体字有两种类型，一种为字典中能查到的“正字异体字”，但此词之词意不是文献中之词意，若照本宣科，必误入歧途。一种是“非正字异体字”，即字典中查无此词之“怪字”，这就要从古藏文文字特点、安多方言语音特点、文献前后之语意，来剥离分析此“怪字”之词意，如若在其他语句和文献中均能贯通，这个“新意”就能成立。有时要替换几次，才能找到准确词义。现以ITJ 739号骰卜文书繇辞为例，举例如下：

1. 第6行：ཐུར་གི་ནི་རི་མོས་བཏབ། ཐུར། 字典里为：橛，小桩之意。按照正字应译为:“用橛绘上花纹。”但其前面的句子为：ཞལ་བཟང་ནི་མཚོན་བྱིས（བྲིས）① ་པས།。译文为：“俊脸涂上颜色。”试想，俊脸涂上颜色之后，如何承受得了“橛子”绘上花纹？因此，ཐུར། 一词在句中肯定不是“橛子”之意，它是个异体词，那它是哪个正字的异体字呢？根据吐蕃时期古藏文，送气的清音ཁ、ཆ、ཐ、ཕ、ཚ，与不送气的清音ཀ、ཅ、ཏ、པ、ཙ 有互换的情况，ཐུར། 可能是ཏུར།。再根据安多藏语方言中元音གི་གུ 与ཞབས་ཀྱུ། 发音相同皆为元音〔ə〕的语音现象，ཏུར། 又可能是པིར།，而པིར། 是字典里“笔（借词）”的正字，因此，ཐུར། 就是པིར། 的异体字，也就是说，ཐུར། 的正字为པིར།，前后两句译文相连为：“俊脸涂上颜色，用笔绘上花纹。”吐蕃时期的“赭面”化妆习俗，跃然眼前。

2. 第273行：ཆབ་ཐ་ནི་ལྕི་འིས་བསྐོར། 笔者第一次按照字面正字译为：“泉边布满牛粪”。但紧接着的后两句汉译文为：“行走若不当心，死将后悔莫及。”本人感到行文内容前后有矛盾。牛粪在藏区为很好的燃料，藏区农牧民常将湿牛粪做成圆形贴在墙上或置于地面晒干备用，没有什么不当心，会危及性命之险。因此，考虑ལྕི།（牛粪）可能是个异体字，它是哪个正字的异体字？可能是སྙི།（网罟）之异体字，则第273行之汉译文“泉边张布网罟”，与后面两句汉译文：“行走若不当心，死将后悔莫及”就衔接上了。

3. 第123行：སྐྱིབ་སེར་ནི་རྫེ（རྗེ）་དགོད་ཀྱང།，句中之

① 藏文后圆括号内之字为前面异体字之正字。下同。

དགོད། 为“发笑”之正字，但在句中解释不通，而དགོད། 与རྒོད།（野，未驯化的）发音相同，因此，句中དགོད། 对应之正字为རྒོད།，汉译文为“寒风刮得虽猛”。

第50行—51行：ཁུས（གིས）་བདབ་ནི་སྙན་མ་སུ། གཡབ་པོར་ནི་སྤྱན་མ་རྟུལ། ཁུ་ལུང་ནི་དབྱངས་མ་ཞན།，第50行的སུ། 字确实难倒我了。སུ། 在字典中是疑问代词“谁”，而前面的否定词མ། 必然是加在动词、形容词前面的，不会加在名词前面，那སུ། 之正字是何词？考虑到安多藏语ས། 与སྲ། 发音有时相同，而元音གི་གུ 与ཞབས་ཀྱུ། 都发作〔ə〕，因此，སུ། 之对应正字可能为动词སྲི།（俭省），则སྙན་མ་སུ（སྲི）། 可译为“耳细听”，这样与后两句སྤྱན་མ་རྟུལ། “目专注”，དབྱངས་མ་ཞན། “声宏亮”就形成对仗句了。

4. 第64行སེམས་ཅན་ནི་སོ་（སྲོག）ཆེ་གནམ་རིང་། 此句中之སོ་ཆེ། 依据前后文，不能直译为“大牙”，而应考虑其正字为སྲོག་ཆེ།（长寿），则整句汉译文为：“众生寿命天长”。

第101行：གདམ་སྨོས་ནི་སོ་ཤི་ཅན།，此句中之སོ། 也非“牙”之意，སོ། 与སྲོ། 有时发音相同，སོ་ཤི་ཅན། 之正字为སྲོ་ཤི་ཅན།（丧胆者），其汉译文为“说话人为丧胆者”。

5. 第108行：རི་བསུལ（སུལ）་〔ནི〕་སྲང་མཁས་ཏེ།，句中之སྲང་། 为量器“秤”，或“两”之正字，如若直译为：“山洼有佳秤”。这与前后文描绘风景，没有联系，此时，应考虑སྲང་། 与གསིང་། 在安多方言中读音是一致的，因此，སྲང་། 对应之正字为གསིང་།（草地），其汉译文为：“山洼青草茂密”。

6. 第29行：ནུ་མ་ནི་ལྟོང（གཏོས）་བཟངས་དང་། 句中之ནུ་མ། 为“乳房”之正字，照句中正字直译，则为：“乳房丰满”，这与占卜时用的卦具是没有关系的，此时，应考虑安多卓尼土语中ཏ། 念作ན།，则ཏུ་མ། 即ཉུ་མ།，而又因元音གི་གུ 和ཞབས་ཀྱུ། 发音为〔ə〕，则ཉུ་མ། 又等同ཉི་མ།，可能抄写人遗漏了上加字ས།，ཉི་མ། 实为སྙི་མ། 穗；则上句汉译文为："供上饱满麦穗"，作为卦具之一。

7. 第 303—306 行：རྟོལ་བུ་ནི་ལོ་ཆུ(ཆུང)་སྐར། ཆུང་ནས་ནི་རན་ཚལ་འཚལ། གཡར(དབྱར)་དུ་ནི་འཇུག(མཇུག)་མ་བཅད། སྐྱིད(དཔྱིད)་ནས་ནི་ཞིང་རྨོས་པ། གཙང(གསིང)་དུ་ནི་སྔོར་ར་རེ། བྱང་དུ་ནི་ཚ་བླངས་པས། ལྷ་གོར་ནི་རྒྱབ་ཐྱིག་རྟོལ།

汉译文："犏犊年龄尚小，该穿小牛鼻圈，夏季修剪尾毛，春季耕耘田地，很想去往草地，赶往藏北运盐，肉瘤背面穿孔。"

藏族牛畜种类颇多，有公牦牛（གཡག）和母牦牛（འབྲི），公牦牛或母牦牛与母黄牛或公黄牛杂交所生的为公犏牛（མཛོ།）和母犏牛（མཛོ་མོ།）。公犏牛力气很大，实为耕地能手，诗歌中修饰其为ཁྲུང་དཀར་མཛོ།。母犏牛和公牦牛或公黄牛交配所生之小牛，名为小犏犊，即文书中之རྟོལ་བུ།。在当今藏区，人们为了获得母犏牛（མཛོ་མོ།）之奶，常将小犏犊生下后过几天便杀了食用。极个别的也有用奶酪水拌糌粑喂养，长大干点轻活。吐蕃时期，畜牧业较发达，小犏犊产下后能喝点母乳，长大后能干些农活。小犏犊过早的繁重劳动，是当时农奴生活的真实写照。

第三句，阐述藏区牧业生产中的一种习俗，任何一种牛畜，凡年满两岁时，必须修剪一圈牛尾毛，时间是藏历五月四日。若不了解这种习俗，照字面直译应作："夏季剪掉牛尾"，这就是南辕北辙了。繇辞受字数限制，每句六个音节，无法将内涵都写全面，这也是本文的难点之一。

另一类是非正字的异体字。

1. 第 68 行：ཤ་ཡར་ནི་སྣོ་ཡར་འཛོལ། འཛོལ། 不是正字，它是安多方言中འགྲོ（行走，出来）之同音字，书面语为འགྲོལ།，因而此句译文为“鹿儿、黄羊散逸”。

2. 第 81 行：ཕྱུ་ཕྱུད་ནི་བསྐྱུད（བསྐྱོད）་མྱི་འཚལ།（出行不要随意）。第 102 行：ཀྱུ་ཀྱུད་ནི་སྐྱོད་མྱི་འཚལ།（出行不要随意），两句中ཕྱུ་ཕྱུད། 和ཀྱུ་ཀྱུད། 是书写不同的同一字，二者之对应正字为ཅི་དགར།（随便，随意）。

3. 第 319 行：མྱི་བཙན་ནི་ཉེའུ་གཞོན་ལ།，ཉེའུ། 为字典中没有的异体字，按照卓尼藏语，其对应之正字为ནེའུ། 即字典中之“岁数”，其译文为“能干而又年轻”。

4. 第 328 行：ཉེ་འུ་སིང་ནི་རྩེ་མཐ་རུ།，ཉེའུ་སིང་། 为字典中没有的异体字，按照卓尼藏语对应之正字为字典中之ནེའུ་གསིང་། 草坪。其译文为：“草坪翠绿边缘。”

5. 第 18 行：ཏོ་（ཕོ）ཟལ་ཅི་སྦལ་དང་སྡོང（སྤོང）། 在安多藏语中，相当一部分辅音ཕ། 演变为ཏ།，因此，上句汉译文为：“青蛙、蝌蚪胃离（？汉文直译‘胃、离’，请教多人无解）”。例如：ཕུག 最里面的，在口语中为ཏུག；འཕུལ། 推挤，在口语中为ཏུལ།；至于ཕོ་མོ། 男女，雌雄等词口语为ཏོ་མོ།。

6. 第 188—193 行：ཀྱི་དཀུང་ལ་ནི་བཀོད་རེ་ནོངས། སྨལ（སྨལ）་ལེ་ནི་བཟང་ཏོ་རེ། འཕོང་སྐྱེན་ནི་ཤ་〔མྱི〕་འཚལ། སྐྱེན（སྐྱེན）་དྲུག་ནི་བཟང་མོ་རྒྱལ། ཐགས་མཁས་ནི་ཕོས་མྱི་ཕྱིན། དཕྲོ་ཞེན（ཕྲོ་བཞེན）་ནི་ཕྱི་ཞེན（བཞེན）་གཉིས། དཀྱེས་ཀྱིས་ནི་གཉེན་བཀྱིས། ཀྱང་། གཏན་གི་ནི་གྲོགས་མ་ལགས།

汉译文：“啊！苍天安排大误，觜宿名桑多热，善射却不吃肉；昴宿名桑姆杰，善织却不穿衣；牛宿、女宿二宿，相爱虽结姻缘，未成终身眷属。”

上文“觜宿、昴宿、牛宿、女宿”的藏文名，皆为异体字，笔者得益于1988年翻译了南卡诺布教授著的《川康牧区行》，书中“牧民的智慧”一节中，有27星宿的藏、汉文对照名。关于汉人传说“每年阴历七月七日牛宿、女宿在鹊桥相会一次”，吐蕃人有所闻而接受了，但当今藏区，无此传说。文中似乎认为昴宿是织女星，因为她“善织却不穿衣”。上段拟人化的描述，既反映吐蕃人已有很丰富的天文知识，也说明唐蕃两大民族文化交流的相互渗透。

7. 第26—28行：རུ་སྐོང（ཀོང）་ནི་གཡས་པ་རུ།……
རུལ（རུ）་ཀོང་ནི་གཡོན་པ་རུ།……

听起来，占卜卦具中要有牛角灯。我的分析是有根据的，因为在简牍Ⅱ272号B面第2行有：གླང་ར་གཅིག（给乏马灌融化酥油之黄牛角一个）。我寻思：牛角既然能灌融化酥油，它也可以加灯芯点灯，寺庙中供养之མཆོད་མེ།（神灯）不也是用酥油点的吗？但问了几位藏族中年博士，均谓“不知道”。我只得给青海海南州贵南县鲁仓寺的格西喜饶丹代尔打长途电话咨询，没想到，他也说：“没听说过。”我仍不死心，请其向老母请教。后来，他来电话相告，其母谓：“以前不但有牛角灯，叫རུ་ཀོང་།，还有牛蹄灯，叫རྨིག་ཀོང་།。”为了感谢这位“一字之师”，我特意买了件毛衣送她。因为占卜时，“卦具齐全最为灵验”。若不齐全，就“不灵验了！”价值在每个人心中是不一样的，对我这个苦苦解读的笔者，送毛衣很值！后来，我放心地译作：在牛角灯右边……在牛角灯左边……。

8. 第1—3行：ཀྱི་ཀོ་སྟོང་ནི་རི་རི་མོ།། ཆའ་བཙུགས་ནི་རི་མོ་སྤྱན།། ཞལ་བཟང་ནི་གཡུ་མ་མཐོན།།

གཡུ། 绿松石。མཐོན་ཀ 深蓝。གཡུ་མ་མཐོན། 半绿半蓝。如：རྒྱ་མ་བོད། 半汉半藏。

汉译文：啊！草坪上的黄羊，双目如同画上，俊脸绿中带蓝。

自认为译文无误，但我见过的黄羊，毛色均为土黄色，这也是一种保护色。1957年笔者在青海牧区调查方言坐卡车转移时，见过黄羊群受惊后与汽车赛跑。而且，我还亲手给一只遗群小黄羊喂过糌粑团，这只小黄羊每天定时来到一户牧民的冬窝子要食，我还照了一张喂小黄羊的相片，可惜不知去向了。我写这些，是要说明，黄羊之皮毛，确实为土黄色。但译文却是“绿中带蓝”色，我担心，读者会不认可。因此，我一直关注中央电视台2012—2013年播放的藏羚羊专题节目，终于有一天，出现了一头“绿中带蓝”的黄羊特写镜头，真是个精灵啊！美极了，我兴奋难以言表，终于有了诠释。可能，古代这类种群较多。

9. 第53—54行

ཆེ་གསུམ་ནི་ཆེ་ལ་རྗེ། ཉ་གསུཾ་ནི་དགུ་ལ་རྗེ། ཆུང་གསུམ་ནི་ཆུང་ལ་རྗེ།

汉译文：上旬三日大人（占卜）利，中旬三日众人（占卜）利，下旬三日幼儿（占卜）利。

上文说明，占卜要选择吉日。但上旬三日、中旬三日、下旬三日具体指哪些日子？既要有文字说明，又要有现实依据。笔者颇费一番周折，得到一位藏族友人相告：果洛藏医院出版了《རྩིས་རིག་རྒྱུན་མཁོ་ཉེར་བསྡུས་ཀུན་ཕན་ནོར་

边……。

8. 第1—3行：ཀྱི་ཧོ་སྤང་ནི་རེ་རེ་མོ།། ཆའ་བཙུགས་ནི་རི་མོ་སྤྱན།། ཞལ་བཟང་ནི་གཡུ་མ་མཐོན།།

གཡུ། 绿松石。མཐོན་ཀ 深蓝。གཡུ་མ་མཐོན། 半绿半蓝。如：རྒྱ་མ་བོད། 半汉半藏。

汉译文：啊！草坪上的黄羊，双目如同画上，俊脸绿中带蓝。

自认为译文无误，但我见过的黄羊，毛色均为土黄色，这也是一种保护色。1957年笔者在青海牧区调查方言坐卡车转移时，见过黄羊群受惊后与汽车赛跑。而且，我还亲手给一只遗群小黄羊喂过糌粑团，这只小黄羊每天定时来到一户牧民的冬窝子要食，我还照了一张喂小黄羊的相片，可惜不知去向了。我写这些，是要说明，黄羊之皮毛，确实为土黄色。但译文却是“绿中带蓝”色，我担心，读者会不认可。因此，我一直关注中央电视台2012—2013年播放的藏羚羊专题节目，终于有一天，出现了一头“绿中带蓝”的黄羊特写镜头，真是个精灵啊！美极了，我兴奋难以言表，终于有了诠释。可能，古代这类种群较多。

9. 第53—54行

ཆེ་གསུམ་ནི་ཆེ་ལ་རྫོ། ཉ་གསུ་ནི་དགུ་ལ་རྫོ། ཆུང་གསུམ་ནི་ཆུང་ལ་རྫོ།

汉译文：上旬三日大人（占卜）利，中旬三日众人（占卜）利，下旬三日幼儿（占卜）利。

上文说明，占卜要选择吉日。但上旬三日、中旬三日、下旬三日具体指哪些日子？既要有文字说明，又要有现实依据。笔者颇费一番周折，得到一位藏族友人相告：果洛藏医院出版了《རྩིས་རིག་རྒྱུན་མཁོ་ཉེར་བསྡུས་ཀུན་ཕན་ནོར་

བྱ་ཕྱེང་པ་ཞེས་བྱ་བ་བཞུགས་སོ།》历算一书，第 162 页载：上旬三日：初一、初八、初十；中旬三日：十一、十五、十八；下旬三日：二十一、二十五、三十。以上诸日念经做佛事，其功德比平常“饶益”（ཕན་པ）十倍、百倍、千倍无限递增。笔者又向一位虔诚藏族信徒咨询，他的回答与书上一致。所以，拙文是在藏族帮助下译出的。

10. 第 329—331 行：

ལྷ་དང་ནི་སྲིན་གཉིས་ཀྱིས། ཚ་ལོ་ནི་རྒྱན་ཅིག་བདབ། ཉིན་གསུམ་ནི་བྲེ་བྲེ་ཞིང་། མཚན་གསུམ་ནི་རྒྱ་རྒྱ་སྟེ།……

汉译文：神与罗刹二者，手戴羊毛戒指，三昼赌博“哲哲”，三夜赌博“甲甲”……

上述引文第二句：ཚ་ལོ་ནི་རྒྱན་ཅིག་བདབ།，我们为何译为“手戴羊毛戒指”？

因为在卡尔梅·桑木旦《ཁ་རྒྱུག་སྟོན་མོའི་གསུང་སྙན》第 152 页第 5—8 行，也有相同的情节：

四天子为了决定谁去天界为王，谁去人间为王，便在草地边铺上软垫，手指戴ཚ་ལོ་མིག་དགུ（即羊毛戒指），用骰子赌甲甲、哲哲。

ITJ 739 号繇辞受字数限止，该句为：“ཚ་ལོ་ནི་རྒྱན་ཅིག་བདབ།”，而卡尔梅·桑木旦书中相同的句子为：“ཚ་ལོ་མིག་དགུ་དེ་ཕྱག་གི་སོར་ལ་བཀྱི།”汉译：“手指戴却洛米古（音译）戒指。”据格西喜饶丹代尔相告：却洛米古是用黑白羊毛线搓成之“羊毛戒指”，因其黑白相间之纹理，与名为གཟི།的玛瑙宝石（俗称九眼珠）极为相似，藏族珍视这种宝石，南卡诺布教授也著有《གཟི་ཡི་ཕྲེང་བ》（《玛瑙链》）一书。1954 年，笔者在夏河实习时，见过中等富裕人家男性老人，脖上戴གཟི།，其形状大小如同小拇指，圆形，上

敦煌古藏文 P. T. 986 号文书《尚书》四古词译释

《尚书》版本颇多，敦煌汉文写卷《尚书》共有 29 个卷号，均为伪《古文尚书》，或称《隶古定尚书》，我们认为 P. T. 986 文书译自伪《古文尚书》之《泰誓中》《泰誓下》《牧誓》《武成》，存 158 行，分 4 个篇章。我们在 1983 年发表了《P. T. 986 号〈尚书〉译文》，刊登在《敦煌吐蕃文献选》第 62—81 页。藏文录文刊登在《敦煌本藏文文献》第 114—128 页，民族出版社，1983 年。P. T. 986 是一篇不同寻常的藏译文，它反映当时吐蕃有藏汉文水平很高的顶尖译师。试想，伪《古文尚书》这 4 章汉文就够深奥难懂，要将这么早期的汉文经书译成通俗易懂的藏文文学作品是多么不易，但这位无名译师译得十分准确易懂，是留给我们后人的文化财富，我们在古今藏文词典均寻不到解释的四个古词有了可信的解读，对更正其他文书中出现的此古词之误译起到了明镜的作用，真是我等后来人之恩师。下面，从《泰誓下》相关汉文原文、汉译藏文、藏译汉文三个方面举例阐述此四古词之汉意，供同行指点。

1. ཇེ་འབྲལ།（为社稷立）战功

《泰誓下》原文：功多有厚赏，不迪有显戮。

汉译藏：དེ་ལ་སྲོག་ཕོངས་མ་བྱས་ཏེ། ངོ་འཕྲུལ་ལ་ཐུག་པ་ནི་བྱ་དགའ་ཆེར་སྦྱིན། །བདག་གི་ལུང་ལྟར་མ་བྱས་ཏེ། རྗེ་བླས་ཉམས་སུ་མྱི་ལེན་པ་ནི་སྲོག་ལ་དབང་བོ།།（P. T. 986 第 59—60 行）

藏译汉：不惜牺牲，（为社稷）立战功者褒以厚赏；不遵予之命令，不致力于王业者斩。

另，P. T. 1217 号文书第 3 至 4 行：

བདག་ངན་པས་སྔ་སྣད་ཆབ་སྲིད་ཀྱི་འདབ་ཏུ་དཔེན་པའི་ཚོ་ཤ་ཐུལ་པ་འི་ངོ་འཕྲུལ་ཀྱི་ཡི་གེ་སྟག་ཟར་ཅན་གནང་བ་ཙཾ་ཞིག①

汉译文：卑职先后为社稷效劳，忠心耿耿，立战功之奖赏，仅赐虎皮鞍鞯告身。②

又如：ITJ 738 号第 10—11 行：

ངོ་འཕྲུལ་དང་ལས་གསོལ་ན་ཐོབ།

汉译文：若请求去立军功和谋职能获。

第 26—27 行：

རྗེ་བླས་དང་ངོ་འཕྲུལ་གསོལ་ན་གནང་།།

若请求王差和立军功则准。

上例中之ངོ་འཕྲུལ། 也为“战功”之意。

P. T. 986 藏译文对照《尚书》原文来看，它在“功多有厚赏”之前面，增译了“不惜牺牲”。由此可见，此处之功，非其他之功，而是指“为社稷立战功”，也说明ངོ་འཕྲུལ། 为战功之意。

P. T. 1283 号文书第 63 段，即藏文第 429—433 行：

---

① 陈践、王尧：《ཏུན་ཧོང་ནས་ཐོན་པའི་གནའ་བོའི་བོད་ཡིག་ཤོག་དྲིལ》（《敦煌本藏文文献》），北京：民族出版社，1983 年，第 108 页。

② 王尧、陈践：《敦煌吐蕃文献选》，成都：四川民族出版社，1983 年，第 58 页。

ཉུ་ན་རེ།……ནོར་བཚལ་དུ་ཉུང་བ་ཆེ་མཆིས།།

སུ་ན་རེ །། དེ་རྣམ་པ་ལྔ་ཡོད་དེ །། གཅིག་ནི །། ངོན་ཐོན་གྱི་ངོ་འཕྲལ། ཆོལ་པའོ །། གཉིས་ནི། ངོན་ཐོན་གྱི་ཕྱུགས་སྤེལ་པའོ །། གསུམ་ནི་ངོན་ཐོན་གྱི་བྲན་བཙོམ་པའོ །། བཞིར་ནི །། ངོན་ཐོན་གྱི ། ཚོང་བྱེད་པའོ། ལྔར་ནི་ངོ（ངོན）ཐོན་གྱི་ཞིང་རྨོ་བའོ །།①

以上为 P. T. 1283 号文书中的“致富五法”，我们曾将致富第一法直译为“给别人面子（别人就会相帮自己）”，显然是不确切的，现改译为：

“突出地（为社稷）立战功；突出地发展牲畜；突出地当好臣仆；突出地买卖行商；突出地耕种田地。”

吐蕃时期，战争是最重要的头等大事，为鼓励士兵奋勇前进，侵占唐朝和周边其他少数民族城池，赞普必给立战功者以重赏，重赏的内容不仅仅是物质，还有官位及象征官位的告身，这样既光宗耀祖，又子孙受禄。比起其他四种致富途径强多了，但也应看到“为社稷立战功”是要用生命作代价去争取的，不像其他四种致富途径以勤劳努力争取就可得。“立战功”致富反映了吐蕃时期的真实情况。

2. ས་ནམ། ①农事。②敦伦，交合。

《泰誓下》原文：作奇技淫巧以悦妇人。

藏译文：ལོངས་སྤྱོད་ཀྱི་རྒྱན་ཡ་མཚན་ཤེ་དག་སྤྱོར་ཞིང་། ཁབ་ཏར་ཀི་ཡིད་དང་འཐུན་པར་སེམས་ཤིང་། རོལ་མོ་དང་། འཕྲལ་གང་གི་ས་ནམ་འབབ་ཤིག་སྤྱོད་པས།

藏译汉：极尽奇技享乐，以取悦妃妲己心意，彻日

---

① 王尧、陈践：《敦煌吐蕃文书论文集》，成都：四川民族出版社，1988 年，第 274 页。

奏乐行淫。(第 72 页)

上述之སོ་ནམ། 绝不能作“农事”解，而是指纣王与宠妃妲己“敦伦”。

同样，在《敦煌本吐蕃历史文书》第 8 章，叙述松赞干布嫁其妹赞蒙赛玛噶与象雄王李迷夏，李迷夏甚喜爱妃墟格，赞蒙愤恚，不与李迷夏敦伦生儿育女，另居于别室。(……བཙན་མོ་ཡང་ལིག་མྱི་རྒྱ་འི་སོ་ནམ་དང་བུ་སྲིད་མྱི་མཛད་ཆེང་ལོག་ཤིག་ན་བཞུགས་པར）此事传至长兄（松赞干布）耳中，谓赞蒙若如此别居一室有碍社稷大事（即吞并象雄)，妹子对王子不应如此，乃命卜金赞芒穹为使节，往象雄劝说其妹与李迷夏敦伦生儿育女。

……འདིར་དྲལ་ཀྱི་སྐན་དུ་གདའ་སྟེ།། བཙན་མོ་དེ་ལྟར་ལོག་པ་བགྱིས་ན།། ཆབ་སྲིད་ཀྱི་དཀྱུགས་མར་འགྱུར་བས་དེ་ལྟེ་བུ་མ་བགྱིད་པར།། ལིག་མྱི་རྒྱ་འི་སོ་ནམ་དང་བུ་སྲིད་ཟུང་ཤིག་ཆེས།། སྤུག་གྱིམ་བརྩན་རྨང་ཅུང་བཀའ་སྤྲལ་ཏེ།།①

但在 P. T. 1283 第 247—249 行中的སོ་ནམ། 则为“农务、农事”之意。པ་མ་ཡོད་ཀྱི་བར་དུ།། བུ་པོ་སློས་ཤེས་ཀྱང་། ནྡོན་གདབ་པའི་རིགས་ཀྱི།། སོ་ནམ་ཀྱི་དབང་བྱ་བའི་མྱི་རིགསོ།། བུ་འང་ཐུགས་ཐུབ་མྱི་བྱེད་ན། མནའ་མ་ལྟ་ཅི་སྨོས།།② 父母在世时，儿子可当面进谏为宜，勿去操农务之权。儿子尚且不能如此做，况儿媳乎。

上述引文说明，སོ་ནམ། 有两个义项，从词面看，毫无联系，但细细琢磨，联系密切。第①义项“农事”是其本义，而“交合”是其引申意义，即འཁྲིག་པ། 交媾之婉

---

① 王尧、陈践：《敦煌本吐蕃历史文书》，北京：民族出版社，1980 年，第 74 页。

② 王尧、陈践：《敦煌吐蕃文书论文集》，成都：四川民族出版社，1988 年，第 255 页。

辞。因为农事主要指“下种、结籽”，而“交合”也是这样过程。我们在 1980 年出版的《敦煌本吐蕃历史文书》第 8 章的相关部分，将སོ་ནམ། 译为“内务”。“……因此之故赞蒙愤恚，既不理内务，又不养育子女，另居于别室。”“……劝说其妹整治李迷夏之内务并养育子女。”到了 1992 年再版时，本应将“内务”改为“敦伦”（交合），但却被大意地遗漏了。直至 2004 年，上海古籍出版社出版《敦煌古藏文文献探索集》，收录了《敦煌本吐蕃历史文书》才作了如上之改正。

值得一提的是著名藏学家石泰安先生在他的文章：《古藏语中的一个语义群：创造和生殖，存在和变成，活着和救活》① 中讲道：……一方面我们看到སོ་ནམ། 同ཚ་སྲིད། 一样，都有“性关系”和“生殖”的意思；……尽管前一个双音节词སོ་ནམ། 在敦煌古文献中的意思是“两性关系”和“生殖”，但它在常见的古典文献中是指农业。看来，确切地说，这些义项不是来自学究式的或经院式的理念，而是同“活着、食物、生育”一类的语义组合词有着内在的语源联系。

3. སྙན་བཏབ་པ། 进谏。下对上之劝告。

《泰誓下》虽未出现“进谏”二字，但文中“斮朝涉之胫，剖贤人之心”是由于比干进谏纣王勿杀涉水二人而招来其被挖心之祸。藏译文增译了两则故事的全过程（详情见 5.7），全文多次出现སྙན་བཏབ་པ། 一词。

---

① 石泰安著，褚俊杰译：《古藏语中的一个语义群：创造和生殖，存在和变成，活着和救活》；王尧主编：《国外藏学研究译文集》第七辑，拉萨：西藏人民出版社，1990 年，第 11—12 页。

ཁུ་བྱི་ཀན་གྱི་ཆོས་ལུགས་ལས་འགལ་བ། འདི་ལྟ་བུ་མཛད་པའི་མྱི་རིགས་པར། གློན་གསོལ་པ་དང་།（P. T. 986 第 41—42 行）

时王叔比干谏曰：“此举与礼法相违，极不应该!”（第 72 页）

（ཡབ）ཁུ་དང་བློན་པོ་ལ་སྩོགས་ཏེ། སྙིང་ཉེ་བས། གློན་བཏབ་པའི་རྣམས་ཀྱང་རིལ་གྱིས་ཁྲིམས་དང་སྦྱར།（P. T. 986 第 49 行）

对父叔、臣僚等忠诚谏告之人，全以酷法相加。（第 72 页）

སྔོན་རྒྱལ་པོ་ཛེའུ་པ་ཁུ་ཡོན་ཏན་ཅན། གི་ཙེ་དང་བྱིད་དཀན་གྱིས།། ཛེའུ་ལ། གློན་དྲག་དུ་བཏབ་པ་ལས།། བྱིད་དཀན་སྙིང་ཕྱུང་སྟེ་བསད་པ་དང་། གི་ཙེ་ཕྱུག་སྦལ་དུ་བཙུག་པ།（P. T. 986 第 144—146 行）

昔日，纣王盛德兼备之叔伯箕子、比干，曾犯颜劝谏纣王，比干被挖心杀害，箕子被投入地牢。（第 77 页）

ཕུ་ནུ་དྲུང་གིས་གློན་བཏབ་པ་ནི། བཀྲོག་སྟེ།（P. T. 986 第 80—81 行）

阻塞兄弟近臣劝谏。（第 74 页）

我们曾将གློན་བཏབ་པ།误译成“争辩”。P. T. 1283 第 24 问：ནུ་ན་རེ།། གློན་གདབ་ན་ཅི་ལྟར་གདབ།། ཕུ་ན་རེ།། གློན་གདབ་དུ་ཙུད་དེ་ཚིག་ལ།། ཉེས་པ་ཡོད་ན།། ངོར་གློན་ཐོབ་ཤིག།། ངོར་གློན་མ་ཐེབས་ན།། དཀོག（སྐོག）་དཔྱས་མ་བྱེད་ཅིག།……

现改译为：弟问：若进谏该如何为之？

兄云：一切进谏，（对方）若有过错，当面进谏。若无法当面进谏，勿背地讥毁……

4. སྡམས་ལས་བཅད་པ། 残虐（无辜）或（无辜）残杀

《泰誓下》原文：作威杀戮，毒痛四海。

汉译藏：འདི་ལྟར་མ་ཉེས་པར་སྡམས་ལས་བཅད་པ།། གནམ་མཐྲ་འོག

དུ་ཁྱབ་པར་བྱས་སོ།། （P. T. 986 第 47—48 行）

藏译汉：如此残虐无辜之事，遍于天下。（第 72 页）

《泰誓下》原文：独夫受，洪惟作威，乃汝世仇。

藏译汉：ཛེའུ། རྒྱལ་པོའི་སྤྱོད་ལམ་ལས་ནི། འགལ་བར་སྤྱོད་ཅིང་།། མྱི་མང་པོ་སྙམས་ལས་བཅད་པས། ཚེ་རབས་ཀྱི་མཁོན་དུ་གྱུར་ཏོ།། （P. T. 986 第 55—56 行）

汉译藏：今纣王行为违悖王道，任意残虐众人，已成吾等世仇。（第 72 页）

《牧誓》原文：俾暴虐于百姓，以奸宄于商邑。

藏译汉：ཕྱི་ནང་འདྲ་བར་བརྫུན་སྒྱུ་སེ་དག་བྱེད་ཅིང་། འབངས་སྙམ་ལས་བཅད་པས།། （P. T. 986 第 83 行）

汉译藏：邦家内外，施行奸诈，恣意残虐生民。（第 74 页）

འབངས་མ་ཉེས་པར་སྙམས་ལས་བཅད་པ། （P. T. 986 第 9 行）

无辜百姓被任意残杀。（第 69 页）

མྱི་མང་པོ་དང་མཁོན་པ་ལྟ། འབངས་སྙམས་ལས་བཅད་པ། （P. T. 986 第 36 行）

（纣）与众多生民结怨，恣意残虐百姓。

由此可见，碑文《谐拉康碑甲》①，第 35—37 行中的两处སྙོམས་ལས་གཅད།不应译为“听从谗言”，而应是“遭残虐”：

གཞན་གྱིས་མནར་ཏེ། སྙོམས་ལས་ཆད་ན། རྗ་དོན་བླ་ནས་མཛད་པ་ཧྲ །། ཉེས་ལྟ་དག་པ་མ་ཡིན་ན། འཕྲ་མ་མི་བསྟུན། སྙོམས་ལས་མྱི་གཅད་པ་ཧྲ།

现改译为：若为他人迫害，或遭残虐，均由王廷做

① 王尧：《吐蕃金石录》，北京：文物出版社，1982 年，录文第 111 页，译文第 116 页。

主保护。设或有罪不实，则不听信离间，不使遭残虐。

5. 值得一提的是《泰誓下》之“斮朝涉之胫，剖贤人之心”，这只有10个字的两句话，藏译文却用了12行，共246个字来译释，生动、形象地叙述了两则历史故事，将暴戾、凶残之纣王刻划得淋漓尽致，真是画龙点睛之神笔。

《泰誓下》原文：斮朝涉之胫，剖贤人之心。

藏译文：རྒྱལ་པོ་ཟིའུ་དང་། ཁབ་ཏར་གིས་ཡང་ཧོག་སྟེང་ན་བཞུགས་པས། དགུན་ཆུ་འགྲམ་དུ་མི་གཉིས་འོངས་པ་དང་། གཅིག་ནི་འོངས་མ་ཐག་དུ་ཆུ་རྒལ། །（གཅིག་ནི）ཆུ་རྒལ་མ་ནུས་པ་དང་། ཁབ་ཏར་གྱིས་གསོལ་པ། །བདག་གིས་ཐོས་ན། ཕ་མ་གཞོན་ནུའི་བུ་ནི་རུས་པ་མཁྲེ（གས）་ཤིང་། ལྷགས་པ་ལ་དཔའ། །ཕ་（མ་རྒན་པའི་བུ）ནི་རུས་པ་གསུ་བས་ལྷགས་པ་ལ་ཞན་ཅེས། བྱས་པ་དང་། །རྒྱལ་པོ་ཟིའུ་གིས་མི་དེ་གཉིས（བཀུག་སྟེ）། །（ཁའི་བདེན་བརྫུན）བརྟག་པའི་ཕྱིར། རྐང་པ་བཅག་པར་བྱས་པ་དང་། ཁུ་ཅི་ཀན་གྱི་ཆོས་ལུགས་ལས་འགལ་བ། འདི་ལྟ་བུ་མཛད་པའི་མི་རིགས་པར། བློན་གསོལ་བ་དང་། ང་མི་གཅིག་གསོད་ལ་ཡང་མི་དབང་ངམ་ཞེས། བཀའ་ཕབ་པ་དང་།། ཁབ་དར་གིས་གསོལ་པ། བདག་གླི་ཐོས་པ་མི་འཕྲུལ་ཞེས་པ་ནི། སྙིང་ལ་ཁུང་བུ་དགུ་མཆིས། མི་འཛངས་པ་ནི་སྙིང་ལ་ཁུང་བུ་བདུན་མཆིས་ཤེས་གདའ་སྟེ།། འདི་ཡང་འཛངས་པར་གསོལ་བ་ཞིག་ན།། སྙིང་ལ་ཁུང་བུ་བདུན་མཆིས་པ་མད་དམ་མི་མད་པ། སྤྱང་བྲིམ་བའི་རིགས་སམ་མི་རིགས་ཤེས་གསོལ་པ་དང་།（བྱི་ཀ）ན་འཕྲུལ་དུ་བཀུ་སྟེ། སྙིང་ཕྱུང་ནས། སྤྱང་བྲིམས་ན། སྙིང་ལ་ཁུང་བུ་ཡུ་བདུན་མཆིས་པར（འདུ）སོ།། ཆབ་བཀྲལ་པ་མི་གཉིས་ཀྱང་རྐང་པ་བཅད་སྟེ་སྤྱང་བྲིམས་ན། །ཡབ་གྱིས་གསོལ་པ་ལྟར་མད་པར་གྱུར་ཏོ།།（P. T. 986 第36—47行）

纣王与妃妲己坐于平台之上。冬，有二人至河边欲渡。一人至，即涉水而过，另一人不敢涉水。妃妲己曰：“奴奴听说，壮年父母生子，骨骼坚硬，行路有力；老年父母生子骨骼松脆，行路无力。”纣王遂将那两人召来，为辨明（妃言）真伪，令将其双脚斫断。时王叔比干谏曰：“此举与礼法相违，极不应该!”（纣王）曰：“予无杀一人之权乎?”言已，下令。妃妲己奏曰：“奴奴曾闻：圣人心有九窍，贤人心有七窍。此公为贤人启奏莫非心有七窍乎？是真是假，请于圣驾前验看可乎?”（纣王）立即将比干杀掉，挖心呈验，心上果有七窍。涉水二人足被斫下后，奏请王验看，果如妃妲己所言，真实无讹。(第71—72页)

需要说明的是，本文只是从藏文古文献、藏译古汉语文学作品“易懂”的角度来阐述上文，并不认同其他非文学作品，在汉译藏时，也可以如此增译衍文。

词汇也是社会的一面镜子，它随着社会制度、社会生产的变化而变化。如奴隶社会，有“奴隶主”和“奴隶”之词；封建社会有“地主”“佃农”之词；信息化时代有“电脑、上网”之词。吐蕃时期，有བཙན་པོ།（赞普）、ཡོ་གལ་འཆོས་པ།（整事大相）、རྗེ་བླས།（王差、王事、王业）、ལྟོ་བལ།（蛮貊）诸词。其时，战争频繁，为了鼓舞士气，对立战功者厚奖，意义重大，故有ངོ་འཕྲུལ།一词。赞普是天子、神子，他的指令就是法律，他认为你背叛，就可以无辜虐杀，不允许申辩。因此，才会有ཉམས་ལས་བཅད་པ།残虐（无辜），或（无辜残杀）、冤狱。

随着吐蕃社会崩溃，ངོ་འཕྲུལ།“为社稷立战功”的概率消失了；同样，ཉམས་ལས་བཅད་པ།“无辜虐杀”也不行了，这种王者霸权自然就不存在了。

由于社会制度和社会生产的演变，语言词汇越来越丰富，表达各种意思的词汇就更细更专业，像བློན་བཏབ་པ།（进谏）和སོ་ནམ།（交合）就被别的语词替代而消亡了。

藏文 རིང་ལུགས 一词演变考

当我们阅读古藏文文献时，常常会遇到不少藏文障碍，一般人笼统地称之为“古词语”。但细分起来，它们的情况不一。

一部分是古今语音演变造成的歧义，但有规律可循。如：当时送气的清塞音，清塞擦音ཁ、ཆ、ཐ、ཕ、ཚ、与不送气的清塞音、清塞擦音ཀ、ཅ、ཏ、པ、ཙ在有些文书中，可以互换，即

ཁལ⇌ཀལ　　蕃斗

གཅིག⇌གཆིག　　一

སྲོ་སྟོང⇌སྲོ་སྠོངས　　命价

ཕྱག་འཚལ⇌ཕྱག་འཙལ　　施礼

ཙེ⇌ཚེ　　有效（药物）

又如舌尖中塞音“ད”与鼻音“ན”也是可以互换：

སྡར་མ། ⇌སྣར་མ།　　懦夫

当然，还有一些其他有规律可循的古今歧义语词。①

另外一部分是历史语词，如ཡིག་གཙང་།告身、མཐོང་ཁྱབ།通颊、ཙེ་རྗེ།节儿、རུ།茹、སྟོང་སྡེ།东岱等。这些词语反应吐

① 参见拙文《古藏文文字特点浅析》，《知识火花》（藏文），1982年10期51页，民族出版社。

蕃当时的职官制度、军事组织和地方行政管理情况，现在社会中已不存在，所以在现代藏语里已没有相当的同义词。它们是表示这些概念的唯一说法，成了“旧词”。

还有一类是指被现代词意所排挤和取代的旧词，就是旧瓶装新酒，或者说是旧词新义。下面，让我们专门就རིང་ལུགས། 一词在古文献中的意义作一番探讨。

རིང་ལུགས 是个复合词，རིང 作名词时在古藏文中为“躯体”的意思，如 P. T. 1285 号 145 行中：

ཐ་ང་རྒྱ་མོ་ཐང་རིང་བཟང་སྨྱུག་རེ་ལྡེམ། ཞལ་བཟང་ཟླ་རེ་འོད་ཤིག་བཞུགས་ནས།

译文：达昂甲姆唐身材婀娜胜翠竹，脸庞皎洁胜明月而坐时。

118—119 行：ཐ་ང་རྒྱ་མོ་ཐང་ཞིག་ཞལ་བཟང་ཟླ་རེ་འོད། རིང་བཟང་སྨྱུག་རེ་ལྡེམ། དབུ་བཟང་ལྕང་ལོ་འཁྲིལ་ཞིང་བཞུགས།

译文：达昂甲姆唐脸庞皎洁胜明月，身材婀娜胜翠竹，头顶盘绕长辫而坐。

以上例子中的身躯与脸庞、头顶都属身体的一部分，并列而对称。

另在《敦煌本吐蕃历史文书》大事纪年第一条中，对失去了生命的身躯，也被称为“遗体、尸体”，用རིང来表示：

བཙན་པོ༔ མྱེས༔ ཁྲི་སྲོང་རྩན༔ གྱི་སྤུར༔ ཕྱིང་བའི་རིང་ཁང་ནའ་རིང་མ་མཁྱིད（མཁྱུད）་ཆིང་བཞུགས①

第 28 条：སྤྲང་གི་ལོ་ལ། བཙན་པོ༔ ཡབ་གྱི༔ སྤུར༔ བ༔ ལམ་ན་

① 王尧、陈践：《敦煌本吐蕃历史文书》，北京：民族出版社，1980年，第 15 页。

མཁྱིད（མཁྱུད）·ཅིང་བཞུགས྄ྟེ།

第 29 条：སྟག་ལོ་ལ：བཙན་པོ་ཡབ་ཀྱི་རིང། བ་ལམ：ན：མཁྱིད（མཁྱུད）：ཅིང་བཞུགས྄ྟེ།

译文：赞普祖父墀松赞之遗骸停厝于琼瓦灵堂。……牛年，赞普父王之遗骸停厝于巴拉木。……虎年，赞普父王之遗骸秘藏停厝于巴拉木。

以上例句说明，སྤུར 与 རིང 是同一词，都是指遗体（尸体）。在同书的第 28 条“遗体”用སྤུར，第 29 条“遗体”用རིང།

佛教词语རིང་བསྲེལ། 佛舍利，即高僧圆寂后，遗体火化时所留骨珠，实际上保留了这层意思。

按：梵文 śarīṛa，义为身体（佛身）、尸体。汉语“舍利”是梵文śarīṛa的音译。《佛学大词典》“舍利”条：（术语）新作设利罗、室利罗。佛之身骨也，又总名死尸。……引《玄应音译》六曰：“舍利，正音设利罗，译云身骨”；又引《俱舍光记》八曰：“……亦名舍利罗，唐言‘体’佛身体也”；又引《资持记》下四之曰：“舍利，此番遗体，即死尸也。”

古代藏文中的རིང་བསྲེལ། 是梵文śarīṛa的意译，རིང 指佛圆寂后之遗体，བསྲེལ 是“增长、加多”的意思，据说这种“骨珠”是会增加的。《格西曲札藏文字典》解释རིང་བསྲེལ། 为“舍利，设利罗（佛）”，显然未将 རིང། 字析出其古义“身躯，尸体”。

ལུགས། 在古藏文中为规则、制度之意，如：

མཛད་པ་ནི་ལྷའི་ལུགས་དང་མཐུན་ཏེ།①

译文：所行皆符教法。

ཆོས་ལུགས་བཟང་པོ།②

译文：善美教法。

བཀའ་ལུང་བཟང་པོའི་ལུགས་ཀྱིས།③

译文：以慈恩圣谕之规。

从上可知 རིང་ལུགས 这个复合词，即“身则”或“身范”，是指那些行为端正、受人尊敬之辈，这样的人在部落里、在地方上，是公认的“为首者”，也就是当地的头人、长老、地方长官一类，有权处理一些小的民事纠纷。如 P. T. 1101 号《府库赋税逋欠册》中：

ཧོང་ཏ་ རྣམས་ཀྱི་སྒོ་ནས་ནོར་ཕྱུགས་ཛེ་ལ་བབ་ཀྱང་ཟུང་སྟེ། རིང་ལུགས་ཀྱི་འཚལ་བར་རང་(རིང)་ལུགས་སུ་ཕྲོགས་ན་ཡང་ཞལ་མཆུ་མ་མཆིས་པ་འར།④

译文：〔哈流流等八人，从尚绮立息府中商恳高息借贷，如到时不还，或借故抵赖，加倍偿还。〕从其家中不管牵走任何牲畜，不必向头人说理；即或从头人手中抢走牲畜，也不能起诉。

རང(རིང་)ལུགས་སུ་འཕྲོག་ན་ཡང་ཞལ་མཆུ་ཚིག་ཆིག་གྱི་མཆི་བར་བགྱིས།⑤

译文：〔到时不还……即或从孜孜家中牵走牲畜，抄去衣服用具,〕径直向头人手中夺走也无辩解，更无

① 王尧：《吐蕃金石录》，北京：文物出版社，1982 年，第 36 页。

② 王尧：《吐蕃金石录》，第 137 页。

③ 王尧：《吐蕃金石录》，第 138 页。

④ 陈践、王尧：《ཏུན་ཧོང་ནས་ཐོན་པའི་གནའ་བོའི་བོད་ཡིག་ཤོག་དྲིལ》（《敦煌本藏文文献》），北京：民族出版社，1983 年，第 89 页；译文见《敦煌吐蕃文献选》，成都：四川民族出版社，1983 年，第 36 页。

⑤ 王尧、陈践：《敦煌吐蕃文书论文集》，成都：四川民族出版社，1988 年，藏文 43 页，汉文 16 页。

讼词。

P. T1297（2）号中文书《为牧放羊群入田之诉状及判词》中：

རིང་ལུགས་ཀེའུ་ཚེའུ་ཚོ། འགུགས་པའི་ཚེ …… བདག་རིང་ལུགས་སུ་མཆིས་ཏེ།①

译文：头人苟求子召（张登子）来时，〔他赌咒发誓述说被痛打经过。事后〕我找头人〔到张登子庄稼地讲理。〕

又如 P. T. 1084 号文书《博牛纠纷诉状》中有：

རིང་ལུགས་དང་དཔང་ཆེན་དབྱངསྐྱེ་བཏུས་པའ།②

译文：召集头人及证人决断。

再如 P. T. 1077 号文书《都督为女奴事诉状》中有：

དབང་པོ་འདི་གང་ལ་ཞུས་རིང་ལུགས་ནི་སུ་བགྱིས་སྟེ།③

译文：〔绮布诉词称：他〕向哪位王公禀述了？谁是头人？

另见木简 350 简：

ཁྱེད་ཀྱིས་རིང་ལུགས་གཅད་དུ་གདའ་ན།④

译文：你若让头人判决……

从上可知，རིང་ལུགས། 一词在部落和地方上是头人，最多是地方官。若出现在寺庙碑文或与僧人有关的文献中

---

① 王尧、陈践：《敦煌吐蕃文书论文集》，成都：四川民族出版社，1988 年，藏文 361 页，汉文 172 页。

② 王尧、陈践：《敦煌吐蕃文书论文集》，藏文 371 页，汉文 176 页。

③ 王尧、陈践：《敦煌吐蕃文书论文集》，藏文 76 页，汉文 57 页。

④ 王尧、陈践：《吐蕃简牍综录》，北京：文物出版社，1986 年，350 简，即托玛斯《关于新疆的藏文文献集》Ⅱ（F. W. Thomas，Tibetan Litcrary Texts and Documents Concerning Chinese TurkestanⅡ. 1951.）406-2 支。

作“堪布”解，因为堪布（亲教师）是寺庙僧人中的为首者。也就是唐时的“僧统”。

如《谐拉康碑甲》中：

རིང་ལུགས་ཐུགས་ཆེས་པ་གཙོགས་བདག་འདྲང་བ་གསུ་ཡན་ཅད༔བསྐོ་སྟེ།……ཕྱག་རྒྱ་ཛ་རིང་ལུགས་ཀྱི་རྒྱས་བཏབ་སྟེ།①

译文：〔此盟书誓文神龛何时若需开启，予之子孙执掌社稷者〕派遣可以信赖之堪布、忠直主盟者三人以上，〔授与此任，而共同携手并出此盟书。后，仍如往昔，〕盖玉玺及堪布印，〔安置之!〕

此处是说，将取出的盟书放回时，赞普还要盖玉玺，堪布则盖印章；由此可见，大寺庙中的རིང་ལུགས། 堪布的地位是很高的。

《噶迥寺建寺碑》中：

བཅོམ་ལྡན་འདས་ཀྱི་རིང་ལུགས་རྟག་ཏུ་བསྐོ་ཞིང། བཅོམ་ལྡན་འདས་ཀྱི་རིང་ལུགས་བྱེད་པའི་རྣམས།②

译文：〔其中，有宿慧者，下诏〕任命为世尊之教法堪布，堪布等人〔须遵行经教之一切仪规〕。

《楚布江浦建寺碑》中：

བཅོམ་ལྡན་འདའས་རིང་ལུགས་ཀྱི་འདུན་སར་བཞག③

译文：〔供养神殿之顺缘财产清册及回向功德文书，节目正文〕置于世尊教法堪布前。

既然རིང་ལུགས། 的词义是“为首者”，它的前面自然可以加定语，说明是什么样的为首者，如 P. T. 1203 号文书

---

① 王尧：《吐蕃金石录》，北京：文物出版社，1982 年，第 114 页。

② 王尧：《吐蕃金石录》，藏文 157—158 页，汉文 161 页。

③ 王尧：《吐蕃金石录》，藏文 178 页，汉文 180 页。

第 8 行有这样的名称：

སྣང་འབོགས་རིང་ལུགས།①

以上是“收租粮长官”。

另外，P. T. 1081 号文书第 10 行有：

གཙོད་དཔྱང་གི་རིང་ལུགས།②

即“大理法司”。

P. T. 997 号文书中有：

ལྷ་རིས་ཐང་རྩིས་མཛད་པའི་རིང་ལུགས།③

即“制定庙产清册之长官”。

འབངས་དང་དཀོར་སྣང་ཐང་འདེབས་པའི་རིང་ལུགས།④

即“登录寺户、信财、粮食于清册之长官”。

ཕོ་ཉ་རིང་ལུགས།⑤

即“首席使者”字样。

以上例子，足以说明，རིང་ལུགས། 一词在吐蕃时期是个常用词。如在社会组织中，是头人的意思，凡出现民事纠纷，都要找 རིང་ལུགས། 出面调解；在行政组织中，相当于××长官；在寺庙，相当于“堪布”。此词又与其他行业性的修饰语结合为该行业的“为首者”。随着吐蕃社会的崩溃，原有的职官制度、部落制度以及民俗乡约都起了

---

① 王尧、陈践：《敦煌吐蕃文书论文集》，成都：四川民族出版社，1988 年，藏文 49 页，汉文 25 页。

② 陈践、王尧：《དུན་ཧོང་ནས་ཐོན་པའི་གནའ་བོའི་བོད་ཡིག་ཤོག་དྲིལ》（《敦煌本藏文文献》），北京：民族出版社，1983 年，第 77 页，汉文见《敦煌吐蕃文献选》第 49 页。

③ 王尧、陈践：《敦煌吐蕃文书论文集》，藏文 30 页，汉文 4 页。

④ 王尧、陈践：《敦煌吐蕃文书论文集》，藏文 30 页，汉文 4 页。

⑤ 《关于新疆的藏文文献集》Ⅲ，（F. W. Thomas，Tibetan Litcrary Texts and Documents Concerning Chinese TurkestanⅡ. 1951.）51 页。

很大的变化，这些变化必然要反映到语言的词汇中来；更主要的是语言精密化的结果。རིང་ལུགས། 作“为首者”解释的这层意义被其他同义词排挤和取代了。同时，由表示指人的“为首者”意义转变成与“为首者”相关的抽象名词“理论、体系”，如《西藏王臣记》115 页 4 行的 རྗེ་བཙུན་གཡུ་ཐོག་ཆེན་པོའི་རིང་ལུགས་གསལ་བར་བྱེད་པའི་བསྟན་བཅོས།① 意即《阐明宇妥大尊者医宗要论》，此处的 རིང་ལུགས། 即为“理论”之意。

又如《宗喀巴传》中：

བསྟན་པའི་སྙིང་པོ་བཤད་སྒྲུབ་རྣམ་པར་དག་པའི་རིང་ལུགས་ཀྱི་སྲོལ་བཏོད་པའི་སྒོ་ནས་བསྟན་འགྲོའི་རླབས་ཆེན་མཛད། ……རྒྱལ་བསྟན་གྱི་སྙིང་པོ་གསེར་ཞུན་འཆང་བའི་རིང་ལུགས་གསར་དུ་བཞད་པ།②

译文：以创立讲佛教要义异常正确之体系行利众生之大事。

……佛教要义如持纯金理论重新发展。

汉语中的“主义”是由英语“ism”通过日语翻译而直接搬过来的，藏族现代翻译文件及三大方言中的 རིང་ལུགས། 都用来翻译汉语的“主义”，出现频率很高，如：

སྤྱི་ཚོགས་རིང་ལུགས།	社会主义
མ་རྩ་རིང་ལུགས།	资本主义
དམངས་གཙོ་རིང་ལུགས།	民主主义

据有关同志回忆，1949 年 9 月召开全国政治协商会议翻译《共同纲领》时，对“新民主主义”“社会主义”

① 第五世达赖喇嘛：《西藏王臣记》，北京：民族出版社，1981 年。

② 周加巷：《宗喀巴传》，西宁：青海人民出版社，1981 年，第 82 页、167 页。

诸词，翻译大师们有的主张把“主义”翻译成རང་ལུགས།，意即“自己的规则，制度”；有的主张翻译成རིང་ལུགས།，即用后宏期典籍中表示“理论、体系”的意义引申为“主义”，后来，取得了共同意见。如今རིང་ལུགས།（主义）一词已经深入人心，人人会说会用；绝大多数人认为རིང་ལུགས།就是“主义”，不可能有其他意思。但当我们细细研读吐蕃时期文献中出现的རིང་ལུགས།一词时，会认识到，在吐蕃时期，该词确实应作“为首者”解释；后来转变为为首者的理论、思想体系；现代，又用来翻译新词“主义”。它们之间，在演变过程中有着内在的联系。

敦煌古藏文“ཁྭ”字辨析

在《藏汉大辞典》第246页“ཁྭ”字条有如下解释：

ཁྭ། 乌，小乌鸦。

ཁྭ་སྐད། 乌声，乌鸣声。

ཁྭ་སྐྲོག་ཆུས་པ། 驱乌之年。通常指五岁至七岁（的小孩）。

ཁྭ་ཏ། 小乌鸦。

在现代藏语三大方言中，ཁྭ་ཏ། 均作小乌鸦解。那么，吐蕃文献中“ཁྭ”字作何解？它与《藏汉大辞典》中的“ཁྭ”字是同形词吗①？

1. 文献中的“ཁྭ”字

在吐蕃文献中，我们发现有两个不同义项的“ཁྭ”字，一作“乌鸦”解，一作“供养粮”解。

如I. O. 737A号文书第158行云：

དགུང་ཡར་ཁྭ་སྐེགས་ཚང་མྱི་འཆའ།

译文：凶鸟乌鸦不会在空中筑巢。

以上例句中的“ཁྭ”字，与《藏汉大辞典》第246

① 同形词：同形词是着眼于书写上的联系，论述的对象是用文字记录的词，因而把同形词定义为字形相同而实际上作为不同的词来运用的一组词。

页的“ཁྭ”字条意义相符。

P. T. 1111 号文书是关于沙州地区的粮食库存及开支清单，这是一份珍贵的经济文书，第 13—14 行载：

རྟའི་ལོའི་སྟོན་རྒྱ་ཤ་ཅུ་པ་སྟོང་སྡེ་གསུམ་ལ་རྒྱ་དྲུག་བརྒྱའ་བརྒྱད་ཅུ་ཙ་བཞི་མཆིས་པ། རྒྱ་གཅིག་ཀྱུང་ཁྭ་ཁལ་གཉིས་གཉིས་འབུལ་བསྡོམས་ནས་ཁལ་སྟོང་སུམ་བརྒྱའ་དྲུག་ཅུ་ཙ་བརྒྱད་བྱུང་བ་དང་།

译文：马年秋，沙州唐人三部落（东岱）有唐人 684 户，每户向寺庙交供养粮 2 蕃斗计，共计青稞 1368 蕃斗。

以上引文告诉我们，公元 790 年，沙州唐人部落中共有唐人 684 户，而且提到每户缴纳给寺庙的供养粮为 2 蕃斗，这点十分重要。说明当时缴纳供养粮是摊派的，不像今天是自愿的。今天 1 蕃斗合 28 市斤左右，吐蕃时期的度量衡制度也许与今天大致相同，那就是不小的数字了。该文书既反映了当时佛事昌盛，又说明当时老百姓负担不轻。

该文书首行载：

ཀོད་སྣང་ཚོགས་པའི་སྣང་དང་། ཁྭ་སྣང་པ་རྣམ་ཤ་གཉིས་ཀྱི་སྣང་རྩེ་

译文：军粮与寺粮（交供养粮）二者之粮账。

另，P. T. 997 号文书是瓜州榆林寺之寺户、奴仆、牲畜、公共用品之清册，即该寺所属庙产登记一览表，文书第 13 行载：

ཐོག་མ་མངན་མེག་ལྟེ་བཞག་ལྟེ་ལ（ལྟ）འབངས་དང་དཀོར་སྣང་དང་ཁབ་རྫས་ལསྟོགས་པ་ཐང་དུ་གཏད་པ་དང་། ཡོན་དང་ཁྭ་དང་ཚད（ཚས）ཀ་བླ་སྣོན་ཐོར་བུ་ཛི་མཆིས་པས་ཀྱུང་གཉེར་དུ་ཛས་ནས།

译文：往昔，登记清册之寺户、信财、粮食、物品以及布施品、供养粮、器物、上峰所赐全部零星之物，交与财务总管迷迪管理。

又《楚布江浦建寺碑》第28—31行云：

ལྷ་རིས་ཀྱི་འབངས་དང་། དཀོར་ལ། ཁྲལ་སྒྱི་དབབ་པ་དང་། ཁྭ་དང་། ཆད་ཀ་གྱི་བཞེས་པ་ལས་སྩོགས་པ་ཡང༌།། ལྷ་རིས་ཆེན་པོའི་ཐང་དུ།། བཀའས་གནང་ངོ།།

译文：对作为寺户民户及信财，不征赋税；对供养粮与器物不没收等项，颁诏敕登入寺产大清册。

“ཁྭ་ཁལ་གཉིས་གཉིས་འབུལ”中的“ཁལ”既能表示粮食容积，即上文中的蕃斗，又能表示重量，即藏斤，还能表示地积（སོན་ཁལ）。所以，引文中的“ཁྭ”，不是作“乌鸦”解的“ཁྭ”，应是作“供养粮”解的“ཁྭ”。也就是说，上述文献中的“ཁྭ”和《藏汉大辞典》中的“ཁྭ”是同形词，但并非同义词。

由于当时摊派的供养粮数量可观，因此，在大寺庙中，有专管这类供养粮的粮官，称为“ཁྭ་མངན”，即寺院粮官，P. T. 1111号文书第10行载：

ཤ་ཅུ་ཁྭ་མངན་གྱི་རྟའི་ལོའི་དཔྱིད་རྩིས་བགྱིས་པའི་གཞི་ལུས་གྲོ་ནས་ཁལ་སྟོང་དྲུག་བརྒྱའ་དགུ་བཅུ་ཙ་ཕྱེ་དང་དགུ་དང་བྲེ་དགུ།།

译文：沙州寺院粮官于马年春统计；尚留存麦子、青稞一千六百九十八蕃斗半零九蕃升。

P. T. 1077号文书第60—61行载：

ཁྲི་བུ་རྒྱའི་བརྒྱའུ་རྗེ་འཚལ་བའི་སྟེང་དུ། ཁྭ་མངན་ལྷ་བུ་གཉེར་ཆེན་གྱི་སྤུག་ལས་ཀྱང་རྗེ་ཐོག་ན། དཔང་རྒྱ་ནོག་ནོག་སོར་གསུམ་འདྲི་བའི་རྗེ་ཀྱི་ཐོག་ཆེས།

译文：绮布除担任唐人小百户长外，尚能担任寺院粮官的重要管理工作，却佯称不能写三指宽之一纸文契！

沙州寺院除设置粮官外，还制定了缴纳供养粮的相关法律，如P. T. 1077号文书第46行云：

དགོས་བུ་འདི་སྔར་ཡང་ཁྭའི་ཁྲིན（ཁྲིམས）·རྨ་བའི་ཡམ་འདོ་འདོ་འི་སྤུག་པ་ན་རིང་མོ་ཞིག་དུ་མཆིའ་མཆིས་པའི་རྗེས་ལ།

译文：此管布（女奴）过去依照缴纳“供养粮之法律”作抵押，在杨奴奴手下长期住坐。

在寺庙中熬供养粮稀粥放布施的大铜锅叫ཁྭ་ཟངས།

如 P. T. 997 号文书第 30 行载：

ལྕགས་ཟངས་གཅིག།། ཁྭ་ཟངས་གཅིག།། ཁྲོ་ཆུའི་སླང་ང་གཅིག །།

译文：铁锅一口。熬粥（供养粮）铜锅一口。铸铁锅一口。

以上引文说明，“ཁྭ”不仅能单独出现，还能组成系列语词。如：

ཁྭ་སྟང་། 寺粮

ཁྭ་མངན། 寺院粮官

ཁྭ་ཁྲིན། 缴纳供养粮之法

ཁྭ་ཟངས། 熬供养粮稀粥大铜锅

2. “ཁྭ”字可能是“餽”字的借词

唐蕃之间，早有文化往来，吐蕃占领沙州（敦煌）达 60 余年之间，必然会有更多的文化、语言方面的交往、交流，或相互吸收、渗透。因此，藏文中有汉语借词，汉文中有藏语借词，即“你中有我，我中有你”。如：

（1）ཤེག 汉硕，即石。

如：P. T. 1115 号文书第 3—4 行云：

ས་བོན་རྒྱ་ཤེག་གཉིས་འཚལ་པའ། བུན་དང་སྟོན་ཤེག་བཞི་འབུལ་བ་ལ། རྒྱ་ཤེག་གཉིས་སོང་ཏིག་ཏིག་གིས……།

译文：共借种子二汉硕（石），秋季还债为四汉硕。其中二汉硕由宋弟弟归还。

P. T. 1118 号文书第 3—4 行云：

དབྱར་སླ་འབྲིང་པོའི་ཙོ་ལ་ནས་རྒྱ་ཤེག་གསུམ་དང་བྲེ་དོ། ཅང་ཕབ་ལུད་ལ་ཕུལ།

译文：仲夏五月初青稞三汉硕又两升，交付张法律。

P. T. 1086 号文书第 2—3 行云：

ཐེ་ཚོང་སྤུན་ལས། ཀྱང་ཧིང་སྤུན་གྱིས་མཇལད་བའི་རིན་ནས་རྒྱ་ཤེག་གཉིས་དང་། ཁྲེ་རྒྱ་ཤེག་གཉིས་སྟེ། སྤྱིས་རྒྱ་ཤེག་བཞི།

译文：光英兄弟从天昌兄弟处以青稞两汉硕和粟米两汉硕，共四汉硕（作为购置房基之地价）。

（2）དོང་ཙེ། 铜子，铜钱。

P. T. 1055 号文书“吐蕃金钱神课判词”第 5—40 行载：

དོང་ཙེ་བཞི་གན་ཏེ་གཞན་ཐུབ་ན། ཆུའི་ཚོ་བྱུང་སྟེ།།……
དོང་ཙེ་ལྔ་གན་ཏེ་གཞན་ཐུབ་ན། གསེར་གི་ཚོ་བྱུང་སྟེ།།……
དོང་ཙེ་དྲུག་གན་ཏེ་གཞན་ཐུབ་ན། ས་འི་ཚོ་བྱུང་སྟེ།།……
དོང་ཙེ་བདུན་གན་ཏེ་གཞན་ཐུབ་ན། ལིའི་ཚོ་བྱུང་སྟེ།།……

译文：四枚铜钱文（正面朝上），其余皆曼（反面朝上）者为“水卦”……五枚铜钱文，其余皆曼者为“金卦”……六枚铜钱文，其余为曼，为“土卦”……七枚铜钱文，其余为曼，为“青铜合金卦”……。

P. T. 1297 号文书第 16 行：

གོས་གྱིས་དྲག་དུ་དྲུལ་བའི་རྗེས་དོང་ཙེ་གཆིག་ཙམ་གདའ།

译文：上衣被撕裂处有铜钱大小。

（3）ཆེག 尺。

P. T. 1003 号文书第 11 行载：

དར་རྗེན་པ་ཆེག་བཞི་བཅུ་ལ་ཆེག་གང་།

译文：生丝绸四十尺缺一尺，（即三十九尺）。

（4）敦煌汉文卷子里常有“突”字出现，汉文文献中的“突”字，即吐蕃文书中的“དོར”的借词。དོར། 作为田亩的计量单位，在藏区至今还在使用。即：二牛抬杠一天所耕的土地面积。一突约等于唐制十亩。

P. 3410 号文书第 4—5 行有“无穷地两突，延康地两突”。

S. 2103 号文书第 1 行有“……空地两段共三突”，第 5 行有“……地壹突用水，……是行人突地”等字样，说明突是计算地亩的单位。

从突字还派生出一系列语词：

突田：经过丈量清楚，清查登记了的土地。

突税：经过丈量后按地亩征收的税赋。

突田仓：专门储运突税的仓廪。

纳突：交纳突税的负担。

突田历：清查丈量土地的登记表。

突课：私家奴户所交纳的田课。因为是公田，经过丈量的突田，交私人耕种所纳。

现代藏文中的下加字 ཝ་ཟུར།，加在字母下，发音上无作用，只在个别藏区，如云南德钦、甘肃天祝、四川阿坝州嘉戎等口语中，发音上起作用，如 ཞྭ（帽子）为（çwa），ཚྭ（盐）为 ts‘wa，རྩྭ（草）为 tswa。由此可见，ཁྭ 在吐蕃时期发音为 k‘wa。从语义和语音上讲，它可能是汉语“餽”字的借词。

餽字在《辞源》2433 页中载：

餽 kui 求位切，去，至韵，群。

①祭享鬼神。《战国策 · 中山》：“饮食餔餽”。注：“祭鬼亦为餽”。清段玉裁《说文解字注》：“祭鬼者，餽之本义。不同馈也。以餽为馈者，古文假借也。”

②馈赠。以食供人，通“馈”……。

而“ཁྭ”字作供养粮，也可以说是祭享鬼神之粮，与“餽”同义。

从语音上讲，“餽”在中古音中为“＊gǐwei”。

八卦之一的“兑”，《藏汉大辞典》1655页：སྤར་ཁ（八卦）条译为དྭ（dwa），此字在中古音中为“＊dwai”。今汉语“兑”“馈”同韵（古不同，何时合一，待考），可能早期汉语的韵母 wei 或 wai 可用藏文的ཝ（wa）音译。

《唐五代西北方音》第16页载：“《大乘中宗见解》的全浊大部分变成次清”。

例如切韵声类为群的字，在《大乘中宗见解》中的对音情况是：

“其　k‘i

具　k‘u

共　k‘un

及　k‘ib”（同书，24页）

藏文为ཁི、ཁུ、ཁུན、ཁིབ。

可见当时（唐）汉语的全浊声母可以用藏文的ཁ(k‘)来音译。

因此，唐时的汉语“餽”（gǐwei）音译成“ཁྭ”(k‘wa)可能是符合当时的声韵规则的。

到目前为止，除了吐蕃藏文ཁྭ།字有“供养粮”义项之外，我们尚未见到吐蕃崩溃后的藏文典籍中出现此词，《藏汉大辞典》也未收入上述义项，因此，笔者尝试作上述解释，也许是不全面的。

参考书目：

张怡荪主编：《藏汉大辞典》，北京：民族出版社，1993 年 12 月。

王尧、陈践译注：《敦煌吐蕃文书论文集》，成都：四川民族出版社，1988 年 4 月。

王尧：《吐蕃金石录》，北京：文物出版社，1982 年 10 月。

བལ་པོ། 释读

བལ་པོ། 一词在现代藏语中只有作“尼泊尔国名及其境内的一个民族”解的一个义项，别无他意。但在敦煌古藏文中却有三个以上的义项。如在《敦煌本吐蕃历史文书》“大事纪年”① 中，བལ་པོ། 一词出现了 18 次之多，但它们并不是同一个意思，而是同形异义的三个词。

1. 作“泥婆罗”解的བལ་པོ།

P. T. 1288 号文书第 11 行中有：

བལ: པོ: ཡུ: སྣ: གུག: ཧྲི་བཀུམ། ན་རེ་བ་བ: རྒྱལ་པོར: བཙུག།

译文：杀泥婆罗之“宇那孤地”，立“那日巴巴”为（泥）王。

据《旧唐书》卷一九八《西戎传 · 泥婆罗传》云：“（泥婆罗王）那陵提婆之父为其叔父所篡，那陵提婆逃难于外，吐蕃因而纳焉，克复其位，遂羁属吐蕃。”看来，“宇那孤地”似为篡位之泥王，被吐蕃人所杀。那日巴巴，泥婆罗新王，似即《旧唐书》《西戎传 · 泥婆罗传》中所提到的“那陵提婆”，在吐蕃人支持下回到泥婆罗复位者。

① 王尧、陈践：《敦煌本吐蕃历史文书》（增订本），北京：民族出版社，1992 年，第 12—22 页。

此处的བལ་པོ།，相当于今日之尼泊尔（Nepal），唐时称之为泥婆罗。在词汇学中属古今同词同义。

2. 作“跋布川”解的བལ་པོ།

同书 I. 0. 750 号文书 12、53、68、74、78、109、115、120、124、128、133、156、159、173、176、185 诸行共十六条中皆有：བཙན་པོ་དབྱརད་བལ་པོ་ན་བཞུགས། 的记载，译文：“夏，赞普①驻于བལ་པོ།——跋布川”。此处的བལ་པོ།并非泥婆罗国。该地夏季酷热，路途遥远，作为幼童的野祖茹（རྒྱལ་གཙུག་རུ།）绝不会从 707 年至 712 年连续六年，年年夏季去泥婆罗受暑。那么，བལ་པོ། 在何处？据日本藏学家佐藤长氏考证：བལ་པོ། 即唐书中的“跋布川”，位于今之西藏堆龙德钦县附近。这从古今语言对音及史料来分析，均相符合。因此，我们在《敦煌本吐蕃历史文书》增订本中作了修正。

此处的བལ་པོ།，属于古今同形异义。

3. 作“乞黎拔布”解的བལ་པོ།

大事记年 I. O. 750 号文书，第 56 条（705 年）：

ཕོང་ལག་རང་དུ： བཙན་པོ་གཅེན་ལྷ་བལ་པོ་རྒྱལ་ས་ནས་ཕབ།

译文：于邦拉让，赞普兄拉拔布自王位被迫引退。

拉（lha）的本意为天、神，乞黎为（Kri）之音译，这两个词常置于王或赞普名字前面，表示身份和尊称。此处的“拉拔布”即《通典》卷一九〇第 1024 页中的“乞黎拔布”。根据汉藏文献均说明此处的བལ་པོ། 既非国名

---

① 此处赞普实指野祖茹，这是修史者之误。此时野祖茹尚未封为赞普，直至 712 年才上尊号为墀德祖赞，即汉文史料中的弃隶蹜赞。

泥婆罗，也非地名跋布川，而是墀都松阵亡后继位的长子名。

乞黎拔布登基不到一年就被迫引退，为何登位时间如此短暂？汉文史料为我们作了很重要的补充与说明。

《通鉴吐蕃史料》① 第47页载：

> 长安三年（703）记“［是岁］吐蕃南境诸部皆叛，赞普器弩悉弄自将击之，卒于军中。诸子争立，久之，国人立其子弃隶蹜赞为赞普，生七年矣”。

此处的“吐蕃南境诸部皆叛”与“大事记年”第54条所载的“冬，赞普赴南诏，攻克之”相符；古藏文中的南诏为འཇང་།或ཅི།。“赞普器弩悉弄自将击之，卒于军中”与第55条所载的：“冬，赞普牙帐赴蛮地，薨。”相符。从藏汉文史料来看，器弩悉弄有二子，长子为拔布（即《通典》卷190中的乞黎拔布），次子为野祖茹，“诸子争立”指的是他们二人“争位”，但这是表面现象。作为年龄不会超过八九岁的乞黎拔布是不懂得与年仅两虚岁之弟野祖茹“争立”② 的，实际上是他们背后的两股政治势力在进行殊死拼搏的夺权斗争。最后，由早已登上政治舞台的太后墀玛类获胜。她是一位能干、有政治图谋的女性。墀都松阵亡后，由长孙乞黎拔布继位，她

---

① 苏晋仁：《通鉴吐蕃史料》，拉萨：西藏人民出版社，1982年。

② 从《敦煌本吐蕃历史文书》大事纪年推算，赞普器弩悉弄只活了28年，即卒于军中，其长子拔布之年龄最多不会超过八九岁。

以太后身份“垂帘听政”，但纷乱的政治局面促使她必须直接掌政才能维持吐蕃王朝的政局，因此，逼迫已经继位的长孙“拉拔布”退位，让权与她。她于705年登台亲政，至712年临终前让位与墀祖德赞，掌政八年，为吐蕃时期的杰出女王。

4. 作“边鄙”解的ལྷོ་བལ།

《长庆碑》东侧第19行有藏文：

ལྷོ་བལ་གཞན་དང་མྱི་འདྲ་བར……

意即“与边鄙诸国迥异”①，有人将ལྷོ་བལ།译作“南方泥婆罗”，显然这样理解是错误的。从地望来看，泥婆罗在吐蕃之西，不在其南；从时间上来看，641年以前，松赞干布已迎娶泥婆罗公主尺尊为妃，不会在823年弃隶蹜赞与唐穆宗结盟立碑时去贬低泥婆罗。

另外，在敦煌古藏文P. T. 1071号法律文书第277、311等行中，多次出现“གཡུང་དང་ལྷོ་བལ་ཀྱི་བཙན།”之句，意即“庸和边鄙囚犯”（之地位相同）命价相当。“庸”为吐蕃奴隶中专门从事生产劳动的阶层，与武士相对而言，在战争中从事随军的后勤活动，平时专门从事农、牧业生产或家务性质的劳动（见《贤者喜宴》ja卷第19页）。其地位在武士阶层“廓”（རྐོད）之下，此处的ལྷོ་བལ།也绝不指“南方泥婆罗人”，而是泛指吐蕃边境的其他民族和小国。“བཙན།”本意为囚徒，此处是指被俘虏来的别的民族成员，到吐蕃后从事苦役者。据法律文书记载，以上两种人的社会地位相当，所以赔偿命价相同。

---

① 王尧：《吐蕃金石录》，北京：文物出版社，1982年，第43页。

བལ་པོ། 一词在吐蕃时期一词多义。随着吐蕃王朝的崩溃，这种政治上的变化必然会反映到语言词汇中来，有的词义起了变化，有的词汇不用了，因此，解读古藏文文书时，充分利用当时记载吐蕃史的汉文文献资料不失为一个很好的途径。

温故知新

——重读《敦煌本吐蕃历史文书》体会之一

现在重读1992年的《敦煌本吐蕃历史文书》增订本，事隔20余年，感到对某些译注、语词有必要更正和阐明，现列33个（组）词汇，加以阐释、辨正。总之，志在自我纠谬，共同进步。

1. དབུའ་འཐེང། 头盔之皮绳，དབུའ་རྨས། 护颈铠甲，སྤྲེའུ 猴子

《敦煌本吐蕃历史文书》传记篇第1章载有如下神话：

吐蕃第八代赞普止贡赞普强令大臣罗阿木与其比武，罗阿木提出索要赞普宝库中的戈矛、长剑、铠甲、盾牌，赞普均应允。到达比武地娘若香波布阵对垒时，罗阿木又提出请赞普将头盔、铠甲脱下，赞普也如他所请求照准。随后，罗阿木以二百支金矛，拴在一百头犍牛背上，牛背驮以灰囊，牛群互相搏击，灰囊中的灰尘弥漫，罗阿木乘机向赞普进攻，护身神要将赞普引往天宫时，罗阿木自腋下取出护身神的厌胜物——猴子，护身神向第斯雪山高空遁走，止贡赞普亦于彼时遇害。

以上是我现在的解读，但在 1992 年出版的《敦煌本吐蕃历史文书》P. T. 1287 号第 14—18 行，我们对 དབྱའ་འབྲེང་། དབྱའ་སྐས། སྤྲེའུ། 三词的翻译是有误的，例如：

藏文原文：

……དབྱའ་འབྲེབ་ཟང་ཡག་ཀྱུང་གཆད་དུ་གསོལ། དབྱའ་སྐས་སྙེན་དགུ་ཡང་ཁ་སྦུར་

དུ་བསྟན་དུ་གསོལ་ནས། དེ་རྣམ་གཉིས་ཀྱུང་དེ་བཞིན་གནང་ངོ༎……བཙན་པོ་དྲི་གུམ་ལྡེ་བླ་གུང་རྒྱལ་གྱིས་གནམ་དུ་དྲངས་ན། ལོ་ངམ་གྱིས་མཆན་ནས་སྤྲེ(སྟེ)འུ་ཕྱུང་བས། ལྡེ་བླ་གུང་རྒྱལ་ནི་ཏི་ཙེ་གངས་རུམ་དུ་འཕང་སྟེ་གཤེགས་སོ༎ བཙན་པོ་དྲི་གུམ་ཡང་དེ་རུ་བཀྲོངས་ནས།

原译文：……请将径直悠远的天绳砍断，将九级天梯朝下放倒，赞普也如他所请求……止贡赞普为护身神岱拉工甲导引往天宫时，罗阿木自腋下取出小斧砍去，岱拉工甲被投之于第斯雪山遁走，而止贡赞普亦于彼时遇害。

以上汉译文有几个问题：第一，赞普已如阿罗木所请，将天绳砍断，为何罗阿木还从腋下取出小斧再次砍断天绳？如果赞普真如罗阿木所请，未战就砍断天绳，当其危难时护身神岱拉工甲如何还能将他导引往天宫？第二，梯子朝上朝下均可攀爬，无关紧要。传说止贡赞普以前七代赞普，当王子能骑马时，即到一定年龄时，赞普便攀登头顶天绳回天宫。此传说曲折反映出最早七代赞普无墓穴土葬。传说，赞普头顶之天绳为光绳，并非由生革割成的皮绳。赞普头顶的天绳无需天梯攀登，其他史料相关部分也无天梯之说。第三，སྙེན་དགུ། 并非九级（天梯）之意。དགུ། 作数字解时为“九”，作形容词解时为“众、多”之意，如 རྒྱུ་ནོར་ཡོད་དགུ།（一切财物）、མི་

བཤད་དཀྱུ་བཤད།（乱说一气）、སྙེན་དཀྱུ།（非常）“贴身”之意。

日本学者山口瑞凤曾经提出：“《敦煌本吐蕃历史文书》P. T. 1287 号传记篇第 14—15 行中之དབྱལ་འཐེང་། 即དམུ་ཐག（天绳），དབྱལ་སྐས། 即དམུ་སྐས།（天梯），因为དབྱལ། 与དམུ། 发音相近。”若说上述解读是正确的，如何回答以下问题：天绳要砍两次吗？赞普回天需要登天梯攀天绳吗？我认为：འཐེང་། 是生革割成的皮绳，དབྱལ་འཐེང་། 可以理解为头盔之皮绳，阿罗木请赞普彻底弄断，即“脱下头盔”。སྐས། 可能为སྐེ། 头颈之异体字，དབྱལ་སྐེ། 指护颈或护上身之铠甲，阿罗木请赞普将“贴身”铠甲朝下脱下，意思是让赞普的要害部位全无保护，以便一箭命中。布达拉宫内有止贡赞普与阿罗木相斗的壁画，赞普头顶有“天绳”，未见有“天梯”。

སྤྲེའུ། 猴子是止贡赞普护身神岱拉工甲的厌胜物，即当今之口语“克星”，当阿罗木从腋下取出猴子时，护身神岱拉工甲抛弃止贡赞普升往高空遁走。对这个苯教古老内涵，我们当时不知道何意，以为སྤྲེའུ། 为སྟེའུ། 小斧之误，继而译为“阿罗木用小斧砍断天绳”，但藏文原文动词为“取出”，并无“砍断”之词，后者实际上是衍文。

现译文：阿罗木请止贡赞普脱下头盔，脱下贴身铠甲，赞普也如他所请求……。止贡赞普为护身神岱拉工甲导引往天宫时，阿罗木自腋窝下取出（厌胜物）猴子，岱拉工甲升往第斯雪山高空遁走，而止贡赞普亦于彼处遇害。

2. བྱ་གདང་། 鸡架

鸡架是鸡夜间栖息之“家”，不仅能防雨雪侵犯，还可以躲避黄鼠狼啮噬，是鸡的安全岛，离开它就难以生存了。因此，吐蕃时期的民歌中，大臣向赞普表示忠诚时，常常将自己比喻作低贱之鸡，将赞普比喻成高高在上的鸡架，如《敦煌本吐蕃历史文书》第 272 行和第 441 行，韦·义策和噶尔·东赞均曾唱道：

བྱ་འོས་ནི་ཞུ་ཕུབ་ན། ལ་ཕྱི་ནི་གདངས་སུ་དྲོ།

（鸡是要展翅的，最终还是架上暖和。）

其深层的涵义是：发誓世代相随赞普，永不离弃变心。有的学者从未见过西藏农区农户家的鸡架，故将以上两句藏文翻译为：“小鸡孵在母鸡翅下暖和”或“母鸡收拢翅膀，架上小鸡暖和”还有藏族学者理解为：ལ་ཕྱིའི་གདང་དུ་ཉི་མ་དྲོ།（最终架上太阳暖），即鸡在架上晒太阳暖和。如若真是这样，这就是病鸡了。因为，无病的鸡，日出下架觅食，日落上架入眠，鸡不会在架上晒太阳的。感谢日喀则报社记者米玛才仁，夜间去农户家拍摄鸡栖鸡架的相片给我，并相告：如今西藏农民住房条件比过去大有改善，也讲究卫生，大多在住房外建一厕所，厕所一侧悬挂一根或高低两根木棍作为鸡架，小鸡上低架，大鸡上高架，这样，取鸡粪作为肥料很方便，黄鼠狼也休想抓到小鸡了。

3. ཕག 有两个义项：①暗中，②猪。

P. T. 1287 号第 162—163 行中之 ཕག་ཚལ། 我们曾经译作“猪林”，欠妥，应译作“暗藏于林”。

藏文：སྐྱི་བཟངས་ནི་རྟ་བཟངས་ཞིག།ཉིན་ཞིང་ནི་ཕག་ཚལ་ན།མཚན་ཞིང་ནི་ཕྱིང་བར་མཆིའ།……

原译文：杰士坐骑骏马，白昼藏于猪林，夜晚潜行堡寨，……。

现译文：杰士坐骑骏马，每日白昼暗藏于林，每日夜晚潜行秦瓦堡寨，……。

4. 蕃升（བྲེ།）、蕃合（ཕུལ།）、蕃两（སྲང་།）

这也是与吐蕃社会经济有关的大问题，关系到收租税、实物交易等多方面。敦煌市博物馆收藏的编号0336. 10—336/10、074/74两份驿传文书中均规定，行至牧区笼时，供应糌粑1蕃合、酥油1蕃两。行至农区笼时，供应糌粑4蕃掬（即2蕃合）、酥油1蕃两。那么，吐蕃时期蕃斗、蕃升、蕃合是如何换算的？

P. T. 2204（3）号第24—25行载：“余粮给马夫张达子作为鼠年冬十二月至牛年春二月三十日，三个月之口粮，每月以八蕃升计，共一蕃斗四蕃升。”① 说明吐蕃时期1蕃斗为20 蕃升，以20进位。当今1藏斗也为20藏升，1藏升为6藏合，1藏合为2藏掬，与吐蕃时期算法相同。新疆米兰出土的木简中编号RMF73（正面）1. ནས་ཀལ་ཕྱེད་དང་བཅུ་བདུན་དང་བྲེ་གསུམ……，（背面）1. ……དཀར་གྱི་ཁྲི་ཁལ་ཕྱེད་དང་གཉིས་དང་བྲེ། 2. བཞི་ཕུལ་བཞི་ཚུར་དོ།②（青稞16蕃斗半又3蕃升……白谷子1蕃斗半又4蕃升4蕃合2蕃掬）。

西藏民主改革时，1藏斗（ཟ་ཁལ།）为28市斤，估计吐蕃时期可能重量多一些，或不相上下。为了让读者有感性认识，我们将藏斗、藏升、藏掬（ཚུར།），按照1市

① 王尧，陈践：《敦煌吐蕃文书论文集》，成都：四川民族出版社，1988年，第389页。

② 王尧，陈践：《吐蕃简牍综录》，北京：文物出版社，1986年，第33编号。

斤为500克来换算，1藏斗：28市斤× 500克＝14000克；1藏升：14000克÷20藏升＝700克；1藏合：700克÷6藏合＝117克；1藏掬：117克÷2藏掬＝58.5克。

甲乙两份驿传文书中载：在牧区笼发给飞鸟使1蕃合糌粑，即117克糌粑，相当于现在2两多一点；到农区笼时，发2蕃合糌粑，即234克糌粑，不到半斤。

至于酥油，农牧区均为1蕃两。那么，1蕃两是多少克呢？西藏民主改革期间，1藏斤（འདེགས་ཁལ།）为7市斤。《藏汉大辞典》第277页载：1藏斤为20藏两（ཉ་ག），重约7市斤。如照此换算，1藏两为：7市斤×500克÷20藏两＝175克，也就是3两半。试想，牧区笼发给主食糌粑117克，而副食酥油竟然有175克，也就是说酥油比糌粑多约一半，这不符合藏族的实际生活。这个问题也困扰了我多年。后来阅读洛桑央尼的《西藏古老的筹算（རྩིའུ་རིས།）文化》①，文中记载："一藏斤为二十涅噶（ཉ་ག），一涅噶为四博尔（སྲོར།）或四两（སྲང་།）。"则1藏两为：7市斤×500克÷20ཉ་ག÷4སྲང་།＝43.75克。这就符合藏族的生活实际状况了。行至农区笼供应234克糌粑，行至牧区笼供应117克糌粑，酥油均为43.75克，约为1两。因此，《藏汉大辞典》中这一词条日后有待修订。

5. སྒྲེད་ཟོ། 支锅石

P. T. 1287号第60—61行：

སྒྲེད་པོ་འོག་གཟུགས་ན། ཟངས་རྗོ་བླ་ནས་ཕབ་སྟེ། རྗེ་ཙུ་གཤིག་སོ།

---

① 洛桑央尼：《西藏古老的筹算（རྩིའུ་རིས།）文化》，《西藏档案》2011年第2期。

原译文：“令人支起三块支锅石，安置铜锅，遂为人主。”从字面上分析，原译文没错，但从意义上分析，译者并未阐明为何用锅灶这种似乎无关之“喻体”来讲述夏墀（布德贡杰）成为悉补野国王之“本体”。我在安多牧区调查藏语方言时，也曾捡起三块支锅石，上置铝锅，煮挂面吃。三块支锅石上放锅，非常合适，锅下烧牛粪，自然通风，堪称牧区简易灶台。民以食为天，灶为食所依，锅灶对每个人都是不可缺少的，必须拥有的。夏墀（布德贡杰）来当悉补野国王，众人犹如获得了生活不可缺少的锅灶一样，过日子有了保障，这是很真实、贴切的比喻。因此，该句译文若改为“如锅置于支锅石上一样的合适，（众望所归），遂为人主”，可能更确切。

6. སྨི་སྙན། 心爱人

P. T. 1287 号第 187 行：སྨི་སྙན་རུམ་དུ་བྱུང་ངོ་།མཚེ་གཟུགས་རུམ་དུ་འཁྲུངས་སོ།

原译文：“令人欣羡有如坐在膝上（稳妥可靠），像小羔羊产在怀中（美好吉祥）。”这是墀伦赞消灭顽敌森波杰，收辖土“勇瓦”以下，工布咨那以上后，娘氏、韦氏所歌记其事之歌辞，比喻他们喜悦异常，不但消灭了仇敌，还收获了敌方大块领地和诸多奴户。现可译为：“如同心爱人拥抱怀中，孪生子诞生怀中般幸福美好。”比喻像一个女人：既有心爱的丈夫，又产下双胞胎，那当然是最大的福气和喜事，娘氏、韦氏此时的心情就是这样的。

7. རྫི། 有三个义项：①风，②发情（牲畜），③警觉。

ITJ 739 号第 97 行：ལས་རྫིས་ནི་བསྐྱོད་ལ་བཞིན།（事如刮风

一样）སྐྱིབ་སེར་ནི་ཟེ（ཛེ）་དགོད་ཀྱང་།（寒风刮得虽猛）

ཛེ། 的第二个义项，第一次是我在安多牧区语言调查时听到的。一个小伙子跑到姑娘群里嬉闹，一位中年人对他说："ཁྱོད་ཛེ་ལངས་ནི་མ་རེ།（你是不是发情了?）"因此，我对此词含义印象深刻。P. T. 1287 号第 466—467 行：

སྣང་ཞིག་ནི་ཛེ་ལངས་ཀྱང་།།ཕོ་མ་འི་ནི་སྡིང་པོ་ཆེ།ཛེ་ལངས་ནི་སྣར་གྱི་མནམ།ཛེ་ལངས་ནི་སྣར་མནམ་ཡང་།ཁུས་（ཀིས）བཏབ་ནི་སྡིང་གྱི་གཡོའ།།

汉译文：一头黄牛发了情，种牛却不理睬。发了情，不用鼻子去闻嗅，发情起兴虽用鼻子闻了，呻吟声唤也不理睬。①

吐蕃时期，噶尔・东赞家族在三代赞普期间做了许多大事，如迎娶文成公主，揭发琼保・邦色苏孜设置暗害赞普之阴谋，公元 655 年于"高尔地"写定法律条文、征收牛腿税、区分"桂"（武士）和"庸"（后勤人员）以增强战斗力等。噶尔有 5 个儿子，有的常年担任大论，有的发兵安多征服吐谷浑、攻打突厥。总之，掌控了吐蕃军政大权。

墀都松年长后，发誓要夺回政权。上述引文是用"母牛发情，公牛不予理睬"来比喻，他与噶尔家族势不两立，决心要将噶尔家族除掉。因为在牛、马、羊家畜中，只要母畜发情，公畜一定配合，若不是这样，就是绝情。因此，上述引文是很贴近牧区生活的比喻的。

ཛེ 还有第三个义项，即"警觉"。《敦煌藏文儒家格言读物研究——以中村不折旧藏本〈古太公教〉为中心》

① 王尧、陈践：《敦煌本吐蕃历史文书》（增订本），北京：民族出版社，1992 年，第 170 页。

第 93—94 行：གནམ་ལ་བྱ་འཕུར་བ་ལས་མགྱོགས་པ་མྱེད་ན། རླུང་ཆེན་པོ་ལངས་པ་མྱི་རྟེ་འོ།

天空中没有比飞翔的鸟儿更快的了，（但是鸟儿）没有警觉到大风的扬起。①

8. ཁྱུར་བྱི། ཁྱུར་པ། 云雀②

P. T. 1287 号第 478—479 行：

ཁྱུར་བུ་ནི་ཁྲུ་ཆིག་པོ།།ཁྱུར་བས་ནི་བསྐྱོད་དགས་པས།།མ་མོ་ནི་ཁྲ་འིས་འཚལ།། ཁྱུར་ཕྲུག་ནི་ཐང་ལ་གྲམ།།སང་ཕྱི་ནི་གནངས་སླད་ན།།ཙོངས་ཤིང་ནི་མ་འགྱོད་ཅིག།

原译文：“有一大群羊，其中一只走得太远了，被鹰鹞吃掉，小羊羔散布在草坝上。明天、后天，以至将来，你可不要追悔啊！”③ 现译文：“有一大群云雀，云雀飞得太远，雌雀被鹞吃掉，小雀散落草坝。明天、后天以后，死时不要追悔！”

9. རི་མོ་བསྒྱུངས། 减少俸禄，རི་མོ་བསྐྱེད། 增加俸禄。

རི་ཀོ་བྱེད་པ། 在《藏汉大辞典》第 2679 页注释为：致敬，事奉。有人译为“失宠、不重视”或“贬黜”。从 P. T. 1287 整个卷子前后文来分析，恐怕欠妥，བསྒྱུངས་པ། 减少，缩小。བསྐྱེད་པ། 使原有的增长加大。见《藏汉大辞典》第 150 和 158 页。

P. T. 1289 号第 122—123 行：མྱི་འཛངས་པ་དྲང་མཁང་བྱེད་པ་དང་དཔལ་བོ་ཆུ་གང་བྱེད་པ།ལ་སྟང་སྟེ།རི་མོ་བསྒྱུངས། 原译文：对明睿忠

---

① 萨尔吉、萨仁高娃：《敦煌藏文儒家格言读物研究——以中村不折旧藏本〈古太公教〉为中心》，《中国藏学》2017 年第 1 期。

② 《藏汉大辞典》，第 2525 页。

③ 王尧、陈践：《敦煌本吐蕃历史文书》（增订本），北京：民族出版社，1992 年，第 170 页。

贞耿介，英勇热忱之士，每受敌视，均远离左右。现译文：（昏君森波杰达甲吾）对明睿忠贞、英勇热忱之士仇恨，减少俸禄（རི་མོ་བསྐྱུངས།）。

另外，第 368—369 行叙述墀松德赞时：འཛངས་པ་དང་དཔའ་བོ་འི་རི་མོ་བསྐྱེད་དོ། 原译文：对贤良、英勇之士予以嘉奖。现译文：对贤良、英勇之士增加俸禄（རི་མོ་བསྐྱེད།）。

10. སོག（草料）与ཟོག（牲畜）混淆。

吐蕃时期的碑文和敦煌藏文文书中，常将ཟོག（牲畜）替换成སོག（草料），这种替换，不像送气清音与不送气清音替换那样（即ཁ་ཆ་ཐ་ཕ་ཚ 替换ཀ་ཅ་ཏ་པ་ཙ）容易识辨，例如“ཕྱག་འཚལ།（致礼）”有时写作པྱག་འཚལ།，由于字典中无པྱག་འཚལ། 之词，容易觉察到其正字为ཕྱག་འཚལ།。但སོག（草料）与ཟོག（牲畜）均为畜牧业方面的常用词，容易忽略སོག 为ཟོག之异体字。如恩兰·达扎路恭纪功碑正面第 50—53 行：

ཟླ་གོང་གི་བུ་ཚའ་རྒྱུད་འཕེལད་ཀྱི་ལག་ན་བྲན་ཞིང་འབྲོག་སོག་ཚལ་ལས་སྟོགས་ཏེ་དབང་ངོ་ཅོག།

བླར་མྱི་བཞེས་མྱི་དབྲི་གཞན་གྱིས་མྱི་དབྲོག…

原译文：“‘大公’之子孙后代手中所掌管之奴隶、土地、牧场、草料、园林等等一切所有，永不没收，亦不减少，他人不得夺抢……”①

但如果仔细考虑，吐蕃时期两大生产资料，一为田地，一为牲畜，而上述译文中竟然没有“牲畜”，这是不符合当时的社会生产制度的。因此，句中之“སོག”实为

---

① 王尧：《王尧藏学文集》第二册，北京：中国藏学出版社，2013 年，第 80 页。

"ཟོག" 之异体字,"草料" 应译为 "牲畜"。

P. T. 1288 号第 157—158 行原译文:"征集三茹之王田全部地亩赋税、草税。"① 第 160 行原译文:"征集三茹王田之土地赋税、草料赋税。"② 以上两处引文也是忽略了 "སོག" 为 "ཟོག" 之异体字,"草税" "草料赋税" 实为 "牲畜赋税" 之误译。

11. ཟླ་ལ། 与此同时

P. T. 1287 号第 96—97 行:

རྩིས་གྲ་གསུམ་ཞལ་ཅེ་གྲ་བཞི་ཡང་ཙ་བས་ཉན་ཞིང་གཅོད། མྱིག་མངས་ཀྱི་ཆིག་ཀྱང་ཟླ་ལ་རྩེ་ན།རྒྱལ།

原译文 "……能同时断三桩案件,同时听四件事而决断之。与每人弈棋,当一局中其对手将败北时,即帮助对手,令其取胜。"③

上述译文是将 "ཟླ།" 理解为ཟླ་ཡ།(对手)所致。ཟླ་བོ།为 "配偶" 之意,引申为 "同时",则汉译文应为:"耳听三笔账、四状官司并决断之,与此同时,与对手弈棋也胜之。" 这是强调琼保·邦色苏孜为绝顶聪明之人。

12. གཟུམ→གཏུམ། 凶恶,粗暴

吐蕃藏文文献中,清音不送气 "ཏ" 与 "ཟ" 有替换现象,我们在注释中是对的,但汉译文有误。P. T. 1287

---

① 王尧、陈践:《敦煌本吐蕃历史文书》(增订本),北京:民族出版社,1992 年,第 151 页。

② 王尧、陈践:《敦煌本吐蕃历史文书》(增订本),北京:民族出版社,1992 年,第 151 页。

③ 王尧、陈践:《敦煌本吐蕃历史文书》(增订本),北京:民族出版社,1992 年,第 159 页。

号第 126 行：

རྗེ་བོ་ནི་བླ་ན་གཟུམ་མོ།།ཁོལ་པོ་ནི་འོག་ན་སྒྲག་གོ།།

原译文：“王昏昏于上，臣仆则惴惴于下。”① 现译文：“王暴虐于上，奴惧怕于下。”

13. ཚོགས་དགུ། 众所之长

P. T. 1287 号第 101 行：“སྐྱི་ཆིག་ལ་ཚོགས་དགུ་ཚོགས་ན།།ཟུ་ཙེ་ལྟེ་བུ་སུ་ག་ལ་ཡང་མྱེད་དོ།” 原译文：“于众人之中能如彼者，不可复得也。”② 现译文：“若谓何人具备了众所之长，非邦色苏孜莫属。”

14. འདའ། 与འདའས། ལྟ་བུ། 与ལྟ་བས། 如、似、这般。

P. T. 1287 号第 250—206 行：ཁྱོ་འདའས་དམག་པོན་འོང་ངམ།།

འདའ། 和འདའས། 在古藏文中为ལྟ་བུ། 如、似之意，并非“逾越” “往昔”之意。由于译者将འདའས། 理解为“往昔”，故译为：“尔往昔曾任将军之职乎?”现译为：“似汝这般堪任将军之职乎?”

同样，第 140 行：ཁྱོན（ཁྱོད）་འདའ་མ་རན་པ་མྱེད་དོ། 现译文：“对你这般，也无不适。”第 208 行：ཁྱོ（ཁྱོད）་འདའས་ཀྱི་འོང་བ་ལ་བསྒྲི་བསྒྲིའོ། 原译文：“尔实不堪当此大任也，尚喋喋不休者。”现译文：“似尔这般不堪当此大任，无能装能。”

15. ཕྲ་མོ། 圆光占卜，借助镜面等进行的一种占卜。

P. T. 1287 号第 104 行：“སྤྱིན་བར་ཞང་ལོན་ཕྲ་མོ་དང་འབངས་

① 王尧、陈践：《敦煌本吐蕃历史文书》（增订本），北京：民族出版社，1992 年，第 160 页。

② 王尧、陈践：《敦煌本吐蕃历史文书》（增订本），北京：民族出版社，1992 年，第 159 页。

ཀྱིས་དཔྱའད་པ་ནི།།དབའས་སུམ་སྣང་བཙུག་ཀྱང་ཞེས་དཔྱད་དོ།"

原译文:"代替继任者,尚论小吏与庶民伺察将由韦·松囊充任。"① ཕྲ་མོ། 为“圆光占卜”之意，非ཕྲ་མོ།（细小）之异体字，故译作“尚论小吏”欠妥，译作“圆光占卜”，表示选何人为大论之继任者是大事，尚论们需进行占卜。另，句中之ཀྱང་། 为ཀྱང་། 之异体字，系古代疑问语气词，如 P. T. 1287 号第 500 行：“细喉咙能容纳，大肚子会装不下吗?”，故现译为：“继任者由谁担任，经尚论圆光占卜和庶民伺察，谓：‘由韦·松囊担任不好吗?’”

16. གློད→གློན། 商议，计议；进谏。

吐蕃藏文文献中，后加字“ད”与“ན”由于发音部位相同，常有替换现象，如བཙན་པོ།（赞普）写作བཙད་པོ། ཆེན་པོ།（大）写作ཆེད་པོ།。གློད། 实为གློན། 文中作“商议”解。在 P. T. 1287 号第 204 行中，དམག་པོན་སུས་བྱ་ཞེས་གློད་ན།། 我们在གློད། 之后用括号注解为གླེང་། 即“议论”。在第 432 行：རྗེ་གློན་གློད་གློད་དེ། 将གློད། 之后加字“ད”误认为“ང”，录作གློང་།，即（紧张），故错译作“君臣火急发兵”②。现译为“君臣反复计议”。

但在 P. T. 986 号《尚书·泰誓下》应作第二个义项“进谏”解，如第 49 行：

（ཡབ）ཁུ་དང་གློན་པོ་ལ་སྒོགས་ཏེ།སྙིང་ཉེ་བས།གློན་བཏང་བའི་རྣམས་ཀྱང་རིལ་གྱིས་ཁྲིམས་དང་སྦྱར།

---

① 王尧、陈践：《敦煌本吐蕃历史文书》（增订本），北京：民族出版社，1992 年，第 168 页。

② 王尧、陈践：《敦煌本吐蕃历史文书》（增订本），北京：民族出版社，1992 年，第 168 页。

（对父）叔、臣僚等忠诚谏告之人，全以酷法相加。①

P. T. 986 号第 41—42 行同样如此：ཁྲི་ཀུན་གྱི་ཆོས་ལུགས་ལས་འགལ་བ།འདི་ལྟ་བུ་མཛད་པའི་མྱི་རིགས་པར། བློན་གསོལ་པ་དང་།

“时王叔比干谏曰：‘此举与礼法相违，极不应该！’”②

17. ངོ་མ་ཆོད། 碍于情面

P. T. 1287 号第 145—146 行：ཛིང་པོ་རྗེས།།གཉེན་ཁྲི་བཞེར།།ཁོལ་ཚབ་ནང་བློན་བྱེད་པ་འི་ངོ་མ་ཆོད་དེ།།དགེ་བས་མྱི་དགེ་བ་བསད་ན།བསད་དུ་ཟད་དོ་ཞེས་བསྒོ་འོ།།

原译文：“森波杰竟曰：‘线·墀热宽策布身为内相，我不好说也。以善诛不善，诛则诛矣，何用抵偿?’”③ ངོ་མ་ཆོད། 意为“碍于情面”，在句中作谓语，是森波杰发以下命令之原因，并非他所说的语言。现译为：“森波杰由于线·墀热为其代理内相，碍于情面，下令曰：‘以善诛不善，诛则诛已！（何用抵偿?）’”

18. འཁྱ། འཁྱ་བ། 背叛，反对。④

P. T. 1287 号第 299 行：ཡབ་འབངས་ནི་འཁྱུས། ཡུམ་འབངས་ནི་ལོག

原译文：“父王所属民庶心怀怨望，母后所属民庶公

① 王尧、陈践：《敦煌吐蕃文献选读》，成都：四川民族出版社，1988 年，第 72 页。

② 王尧、陈践：《敦煌吐蕃文献选读》，成都：四川民族出版社，1988 年，第 72 页。

③ 王尧、陈践：《敦煌本吐蕃历史文书》（增订本），北京：民族出版社，1992 年，第 160 页。

④ 《藏汉大辞典》，第 311 页。

开叛离。”① 其中的འཁྲུ། 与ལོག（ངོ་ལོག）是同义词，འཁྲུས། 译作“心怀怨望”欠妥，应译作“背叛”。现译文：“父王所属民庶背叛，母后所属民庶反叛。”

P. T. 1287 号第 153 行：མྱང་དབའས་གཉིས་ཟིང་པོ་རྗེ་ལས་འཁྲུས་ཏེ།བཙན་པོ་སྤུ་རྒྱལ་ལ་སྒྲོ་བ་ཞེ་བར་བྱས་ནས།

原译文：“娘、韦二氏均深恨森波杰（墀邦松），归心于赞普悉补野氏。”现译文：“娘、韦二氏背叛森波杰（墀邦松），效忠于赞普悉补野氏。”

19. རུ་ཐུང་།→རུ་འཐུར། 暴躁

P. T. 1287 号第九节自第 483—494 行，为一位名叫喀垓·野多日道芒者“调侃”墀都松与属卢妃之内容，有些“异体字”，而这些异体字又是字典内有的正字，我们按照正字的意义去翻译异体字，就误入了歧途，如རུ་ཐུང་། 是“短角”之意，可以指母牛，因母牛角一般比公牛短，因此直译为“母牛”，但文中系རུ་འཐུར།（暴躁）之异体字。又如འཕེན་པ། 为འཕན་པོ།（富裕）之异体字。དང་། 为མདངས།（光泽）之异体字。

P. T. 1287 号第 483 行：

རུ་ཐུང་（རུ་འཐུར）·ནི་བསར་ང་བ།ཁང་ཁྲིམ་ནི་སྨན་བུ་ཙུང་།རིས་བཀྲའ་ནི་བསར་ང་བ།མོན་ཀ་འི་ནི་སྟག་ཆིག་པ།

原译文：“母牛啊！喜新厌旧，它嫌旧圈太小了；老虎啊！喜新厌旧，是孟噶地方一只老虎。”② 现译文：

① 王尧、陈践：《敦煌本吐蕃历史文书》（增订本），北京：民族出版社，1992 年，第 165 页。

② 王尧、陈践：《敦煌本吐蕃历史文书》（增订本），北京：民族出版社，1992 年，第 170 页。

“暴躁而又傲慢，居家目光短浅（指属卢妃）。虎纹斑斓傲慢，门嘀威猛一虎（指墀都松）。”

20. ཡུགས→ཡུག་ཡུག 动荡状

原译文解读为“ཡུགས་པོ”鳏夫，有误。

P. T. 1283 号第 486—487 行：

སྐུ་འི་ནི་རིང་སྟོད་དུ།གཡང་གི་ནི་ཡུགས་བབ་བམ།སྐུ་འི་ནི་རིང་སྨད་དུ།ཆེར་གྱི་ནི་ཡུགས་ལྷུང་ངམ།

原译文：“莫非是王之上半身，像绵羊一般成了鳏夫乎？莫非是王之下半身，像山羊一般成了鳏夫乎？”① 现译文：“莫非王之上半身，像绵羊般奔走乎？莫非王之下半身，落得像山羊般颠簸乎？”

21. འཕེན་པ།→འཕན་པོ། 富裕，文中引申为“魁梧”。

P. T. 1287 号第 487—489 行：

སྔུན་ན་ནི་འདྲེན་པ་འདི། ཁྲི་གདའས་ནི་ཡུལ་བྱིན་དང་། མདོ་གྲགས་ནི་དགུང་དང་ཉེ། སྨད་ན་ནི་རྗེན(རྗོན)་པ་འདི། རྒྱལ་ཚན་ནི་སྣང་གྲགས་དང་། སྨུ་ཀེན་ནི་གླུ་རུ་རྨད། དབུས་ནས་ནི་འཕེན་པ(འཕན་པོ)་འདི།ཆེ་འམ་ནི་ཆུང་མ་འཚལ།འདུས་སྲོང་ནི་མང་པོ་རྗེ།……

原译文：“在前面引路者，有条狗名叫‘玉巾’，狗之叫声高与天齐，以后又来者，有‘解村囊扎’和‘慕根鲁九美’。在中间走着者，是大是小难以知道。都松芒保杰……”②

上文是阐述墀都松带领军队出发时之场景，队伍很

① 王尧、陈践：《敦煌本吐蕃历史文书》（增订本），北京：民族出版社，1992 年，第 171 页。

② 王尧、陈践：《敦煌本吐蕃历史文书》（增订本），北京：民族出版社，1992 年，第 171 页。

长，浩浩荡荡，前面带领者为何人？后面压阵者为何人？中间高大魁梧者为墀都松。不是让“狗”来带领，“狗吠”藏文为ཁྱིས་ཟུག，མདོ་ཁྲགས། 不是“狗叫声”，而是人名。

现译文：“队伍前面带领者，是墀德玉巾，以及名为多札者，（队伍长达天边）；队伍后面压阵者，是杰参囊札和慕根鲁久美；队伍中间魁梧者，年纪不大也不小，是都松芒保杰……”

22. ཐུལ་མ།→ཐུལ་འགྲོས། 小走，缓行；马步中指小跑。

P. T. 1287 号第 489—490 行：

མགྱོགས་སམ་ནི་ཐུལ་མ་འཚོ།རྨིག་རྗེས་ནི་མིས་མི་མཐོང་།

原译文：“神速而不粗野，连蹄印人都看不见（跑得快）。” ཐུལ་མ། 并非“粗野”之意，上文是赞扬墀都松之神驹，无论“快步”或“小走”，其蹄印都未留下，即步履轻盈，如飞一样。“快步”与“小走”在 P. T. 1065《驯马经》中为“大跑”和“小跑”之意，是马步的专有名词，非一般意义上的“小走”。现译文：“无论大跑或小跑，蹄印人都看不见。”

23. འོད་མི་དྲོ། 为“日光无暖”；འདངས་མ་ཆགས། 为“容颜无泽”。

P. T. 1287 号第 490—491 行：

རྗེ་ཆིག་ནི་མང་པོ་རྗེ།གཤེགས་སོ་ནི་མང་པོ་རྗེ།བཞུགས་ཀྱང་ནི་འོད་མི་དྲོ།གཤེགས་ཀྱང་ནི་དང（མདངས）་མ་ཆགས།

原译文：“唯一大王，就是芒保杰。起驾吧，芒保杰。住下吧，不予理睬，走了吧，心无眷恋。”① 现译文：

① 王尧、陈践：《敦煌本吐蕃历史文书》（增订本），北京：民族出版社，1992 年，第 171 页。

“唯一大王芒保杰，起驾时的芒保杰，坐下时如日光无暖，行走时容颜无泽。”

24. ཕ་དགུ།→ཕོ་ཚན་དགུ། 父系所有亲族

P. T. 1287 号第 8 行：

ཡབ་འབངས་ཕ་དགུའ་དང་།ཡུམ་འབངས་ཚན་གསུམ་ལ་དགྲ་རུ་ཀལ།

原译文：“与父王之属民所谓‘父部九臣’，母后之属民所谓‘母部三支’者，皆成仇敌。”① “དགུ།”（九）常常指ཡོད་དགུ། 即“所有，多”之意，并非真正的数字“九”，如མི་བཤད་དགུ་བཤད། 乱说一气。引文中的ཡབ་འབངས་ཕ་（ཚན）་དགུའ། 父王属民所有亲族，具体指ཉོ།སྙགས།ཁུ།གཉུབས།སོ།སྤོ། 六亲族。ཡུམ་འབངས་ཚན་གསུམ། 母后属民三亲族，即ཁྱུང།གཉུབས།གཉན།（见《弟吾教法史》）。གཉུབས། 为何出现两次，待考。现译文：“与父王属民所有六亲族、母后属民三亲族，皆成仇敌。”

25. སྣང་མ་སྟོམ།སྣང་མེད་འཐོམ་འཐོམ། 不经心，迷惘。

P. T. 1287 号第 231 行：

ཅུང་ནས་ཞང་སྣང་པེ་ཅུ་ཟུར་འབྲིང་པོ་བཆས་པ་ཙམ་ཞིག།།སྣང་མ་སྟོམ་ཞིང་མཆིས་པ་ལ།།

原译文：“赞普乃对担任内侍扈从之官之尚囊琵乌苏凌布曰……”② 现译文：“而后，一名担任内侍扈从官，名为尚囊琵乌苏正者，（是否要对歌）正在迷惘时……”

---

① 王尧、陈践：《敦煌本吐蕃历史文书》（增订本），北京：民族出版社，1992 年，第 157 页。

② 王尧、陈践：《敦煌本吐蕃历史文书》（增订本），北京：民族出版社，1992 年，第 163 页。

26. ཚིས་མ་ངན། 勿贪婪（勿长时间地贪食）

P. T. 1287 号第 223—227 行：

ན་ཉིང་ནི་གཞེ་ཉིང་སྔ།།ཏི་སེ་ནི་གངས་དྲུང་ནས།།ཤ་དང་ནི་རྐྱང་བྱེར་བའ།།ཤམ་པོ་ནི་རྩ(རྩྭ)་ལ་བྱེར།།དི་རིང་ནི་སང་ལྟ་ན།།ཤམ་པོ་ནི་གཉན་གྱི་རྩ(རྩྭ)།།ཤ་རྐྱང་ནི་ཚིས་མ་ངན།།ཤ་རྐྱང་ནི་ཚིས་ངན་ན།།ཏི་སེ་ནི་གངས་ཀྱིས་སྦུན།།ན་ཉིང་ནི་གཞེ་ཉིང་སྔོན།།མ་ཕང་(ཕམ)་ནི་མཚོ་འགྲམ་ནས།།ངང་དང་ནི་ངུར་བྱེར་བ།།དང་ཀོ་ནི་མཚོ་ལ་བྱེར།།དི་རིང་ནི་སང་ལྟ་ན།དང་ཀོ་ནི་ལྷ་འི་མཚོའ།ང(ངང)་ངུར་ནི་ཚིས་མ་ངན།ང་ངུར་ནི་ཚིས་ངན་ན།མ་ཕང་ནི་མཚོ་འིས་སྦུན།

原译文：“前年早于去年，冈底斯雪山脚下，麋鹿野马在游荡，游荡到香波山前；如今再来观赏，在香波山‘年神’跟前，麋鹿、野马不要狂妄，麋鹿、野马如果狂妄，冈底斯雪山会把你吞没。在去年、前年、更早之年头，在玛法木湖之岸旁，野鸭、黄鸭在嬉戏徜徉，游荡来到当戈湖上；如今再来观赏，当戈之湖是天神之湖，野鸭、黄鸭不可狂妄，野鸭、黄鸭若是狂妄，玛法木湖水会把你吞没。”

以上为琼保·邦色（苏孜）于宴前对酒高歌中的一段，目的是警告功臣米钦不要贪婪，否则南木日伦赞会将他消灭。第 224 行中两个 རྩ། 字无下加字 ཝ་ཟུར།，因此，有人将此字不译作“草”而译作“跟前”。但鹿儿、野马不为了吃雅拉香波的嫩草游荡至那里干什么？而且，后面一句还点明：“此草系年神之草”。ཚིས་མ་ངན། 以前，我们译作“不要狂妄”，现在重读改译作“不要贪婪”（长时间地吃）贴切。另 སྦུན། 原义为“粪”，我们曾将其意译为“吞没”。粪便不洁之物习惯“掩埋”，新译改为“掩埋”。人们会问：雅拉香波离冈底斯雪山很远，冈底斯在阿里，雅拉香波在山南雅鲁藏布江下游。吃了雅拉香波之草与冈底斯有何关系？它为何要加以惩罚？藏族的两句谚语回答了这个问题：“གངས་རྒྱལ་ཏི་སེ། མཚོ་རྒྱལ་མ་ཕམ།”“冈底斯为雪山王，玛法木为湖泊王”，它们是山、湖之老大，所以才会干涉。现译文：“去年前年以前，从冈底斯雪山脚下，鹿儿①、野马②出发游荡，游荡至香波草前，如今再来观赏，香波草为‘年神草’，鹿儿、野马不要贪食，鹿儿、野马如果贪食，冈底斯雪山会把你掩埋。去年前年以前，从玛法木湖之岸边，野鸭、黄鸭出发游荡，游荡来到当戈湖上；如今再来观赏，当戈湖是天神湖，野鸭、黄鸭不可贪食，野鸭、黄鸭若是贪食，玛法木湖会把你掩埋。”

27. 一定要联系雅砻一带的风物和族群，弄清བྱ་རོ་རོ། ཡས་རོ་རོ།等几个关键词：

（1）བྱ་རོ་རོ། 藏族学者止贡·嘉衮切仓（འབྲི་གུང་སྐྱབས་མགོན་ཆེ་ཚང་།）编写的《དུན་ཧོང་བོད་ཀྱི་ཡིག་རྙིང་ལས་བྱུང་བ། བོད་བཙན་པོའི་རྒྱལ་རབས།》（即《敦煌藏文吐蕃史》）谓：据《青史》载：雅砻下部地区有诸多“鸟族人”，因此，P. T. 1287第57行之བྱ་རོ་རོ།并非“群鸟”，而是指“所有的鸟族人”，这与句后之谓语“死于矛尖”相连，就好解释了，即“鸟族人死于矛下”。原译文：“鸟儿乱飞毙于矛下”或“鸟儿太狂死于矛尖”似乎欠妥，试想要用矛刺死乱飞之鸟，难度太大了。

---

① ཤ现作ཤྭ，是指“鹿”，非麋鹿，麋鹿俗名四不像。

② རྐྱང་།《藏汉大辞典》第98页译为“野骡”，有误，因骡子是不能繁殖的。

（2）ཡོས་རོ་རོ། 并非“群兔”，止贡·嘉衮切仓认为是指“器物”。因为ཡོས་བུ། 为家兔，རི་བོང་། 为野兔，用箭如何射死家兔？另，藏族没有用兔皮做“靴帮”之习俗。因此，原译文“兔子狂奔死于箭下”和其他学者译文“兔子太狂，皮子做靴帮”也不符合当地之习俗。止贡·嘉衮切仓将ཡོས། 解读为ཡོ་བྱད། 之意，即器物、用具。……“将诸器物毁于脚下”，比喻获胜之意，值得参考。

（3）འོན་བུ། 安多口语中作“红柳”解。《藏汉大辞典》第 2535 页中，正字写作འོམ་བུ།。山南雅鲁藏布江和其他河流边确实多“红柳”。红柳整齐茁壮，比喻该地兴旺；红柳疏松蓬乱，比喻该地荒凉，部落散逸。

（4）གདེངས། 《藏汉大辞典》注中译作“龙王”，故原译文为：“地方龙不再散逸矣！”止贡·嘉衮切仓认为གདེངས། 为ཉིང་། 之异体字，作“小部落、村寨”解。故 P. T. 1287 号第 59 行之现译文为：“牧区小部落不再（荒凉）散逸。”

（5）ཀྱོལ་ཀྱོལ→སྐྱོལ་སྐྱོལ།（荒凉）消散；ཀུ་ཁོག་ཁོག 疏松蓬乱。P. T. 1287 号第 51—53 行：

ཡུལ་ཡབ་ཀྱི་རྗེ་མྱི་བཞུགས་ན།མྱི（མྱི）·འབྲོག་གདེངས（ཉིང）·ཀྱོལ་ཀྱོལ（སྐྱོལ་སྐྱོལ）·ཀྱི་ཚོའ།དོག་ཡབ་ཀྱི་ཚར（ཚབ）·མ་མཆིས་ན།ས་འོན་བུ་སྤུར་ཁོག་ཁོག

原译文：“不居父王之故地，地方龙均将逃逸散去；若不住于父王之故土，则我的故土如一蛀空之蟑螂虫一样！”① 现译文：“若不居父王之故地，牧区小部落荒凉

① 王尧、陈践：《敦煌本吐蕃历史文书》（增订本），北京：民族出版社，1992 年，第 158 页。

散逸；若无父王之社稷，红柳疏松蓬乱。”

（6）P. T. 1287 号第 57—58 行：

འ་བ་ཉེ་ཉེ་པ་ཉིད།བྱ་རོ་རོ་ན་མདུང་གི་རྩེ་རང་ཞིག།ཡོས་རོ་རོ་ན་ལྷམ་གྱི་གོང་ར་ཞིག།བཙལ་བཏུངས།སྤུར་བཏབ།ཞ་དེ་མྱེད་སྤུ་དེ་མེད་ཆེས་གསུངས་སོ།

原译文：“比叔叔更为亲近者，恩情广溥！鸟儿乱飞毙于矛下，兔子狂奔死于箭下，追引了敌人，修建了陵墓，没有危险也！没有未报之冤仇也！”① 现译文：“对吾最亲者是父亲；鸟族人死于矛下；器物毁于脚下；消灭了（雅拉香波）之敌；修建了（止贡赞普）之墓；无吞食父王之俄德仁摩，无保护父王之战神岱拉工甲。”②

（7）P. T. 1287 号第 59—60 行：

ཡུལ་ཡབ་ཀྱི་རྗེ་རུ་གཤེགས་སོ།ཡུལ་བྱི（ཕྱི）་འབྲོག་གདེངས（སྡིང）་མྱི་སྐྱོལ（སྐྱོལ）་ཀྱི་ཆ་འོ།རྡོག་ཡབ་ཀྱི་ཆབ་མཆིས་ཀྱིས།ས་འོན་བུ་སྦུར་མྱི་ཁོག་གི་ཆ་འོ།

原译文：“重来作父王故地之主矣！地方龙再不散逸矣！来到父王之故地矣，我的故土再不似蛀空之蟑螂虫矣！”③ 现译文：“来到父王之故地，牧区小部落不再荒凉散逸；有了父王之社稷，红柳茁壮整齐。”

28. བནལ→མནལ 睡眠的敬语

P. T. 1287 号第 399—400 行：

སྤ་ན་ཤུད་ཀེ་ཟ་རྩལ་ཐིང་ཞགས་མཆིས་སྟེ།།བཙན་མོ་དང་ནི་མྱི་བནལ（མནལ）་བར།།

---

① 王尧、陈践：《敦煌本吐蕃历史文书》（增订本），北京：民族出版社，1992 年，第 158 页。

② འབྲི་གུང་སྐྱབས་མགོན་ཆེ་ཚང་།:《དུན་ཧོང་བོད་ཀྱི་ཡིག་རྙིང་ལས་བྱུང་བ།——བོད་བཙན་པོའི་རྒྱལ་རབས།》第 121 页，此说可作参考。

③ 王尧、陈践：《敦煌本吐蕃历史文书》（增订本），北京：民族出版社，1992 年，第 158 页。

原译文：“此象雄王原与墟格萨妃暗中相好，与赞蒙不和。”现译文：“此象雄王原与墟格萨妃暗中相好，与赞蒙不共寝。”

29. བྱ་བང་། 大鸟

P. T. 1287 号第 442 行：

རྗེ་འིས་ནི་འབངས་བཏང་ན། བྱ་བང་ནི་ཐང་ལ་ཐས（ཐལ）

原译文：“大王若是离弃了臣下，就像鸟粪落到了地下。”现译文：“大王若是离弃了臣下，如大鸟不能飞翔遗留在地上。”

30. བྲིན→ཕྲིན། 音讯，消息。

在吐蕃时期古文献中，“བ”与“ཕ”经常替换，由于藏文中并无“བྲིན།”之字，故就是写作བྲིན།，人们也会作ཕྲིན།“音讯”理解。P. T. 1287 号第 186 行：

བྲིན་བྱ་རྒོད་ཀྱིས་བཏགསྟེ།ཚེས་པོང་ནག་སེང་གིས་བཏགས་སོ།

由于我们将བྲིན།误录为 སྲིན（སྲིན་བྱ།）（猫头鹰），致使原译文为：“枭鸟已为鹫鹰所杀，是蔡邦纳森所杀。”①现译文：“如鸷鸟般传递信息者，为蔡邦纳森也。”第157—158 行：ཞང་ནས་མྱང་དབའས་མནོན་དང་གསུམ་གྱིས།ཚེས་པོང་ནག་སེང་ལས་བྲིན་ཀྱིས།སྤུ་རྒྱལ་སྟག་བུ་འི་སྙད་དུ་པོན་ནས།

现译文：“后，娘氏、韦氏、农氏三姓以蔡邦纳森为使者，向悉补野达布输诚。”② 以上译文中之བྲིན། 是作“音讯”解的。

---

① 王尧、陈践：《敦煌本吐蕃历史文书》（增订本），北京：民族出版社，1992 年，第 162 页。

② 王尧、陈践：《敦煌本吐蕃历史文书》（增订本），北京：民族出版社，1992 年，第 161 页。

31. རྔུལ་གྱི་ཕུག་（སྤུག）་བུ་ཆུང་། 嵌小冰珠石之银牌（告身）

P. T. 1287 号第 245—246 行：

མྱང་ཞང་སྣང་བློན་པོར་བཙུག་ནས།བློན་པོ་འི་མཚན་མར་ཡང་རྔུལ་གྱི་ཕུག（སྤུག）་བུ་ཆུང་སྩལ་ཏོ།།

在增订本中，将“ཕུག”误录为“སུག”，现与影印件校后，改为“ཕུག”。而ཕུག为སྤུག之异体字，སྤུག为冰珠石，一种宝石之名，སྤུག་བུ།为“小冰珠石”，即银牌中间镶嵌有一颗小冰珠石。而此句前半部分，说明这是作为“臣相标记”之物，也就是说，表明官阶之物，应是告身，这可能是最早的告身，或告身的雏形。原译文：“乃任命尚囊为大论之职。其大论之名位并授予小银字告身云。”现译文：“任命娘·尚囊为臣相，作为臣相之标记物，是授以嵌小冰珠石之银牌告身。”

32. ཐལ（སྦྲེལ）བདགས། 相连

P. T. 1287 号第 16—17 行：

ལོ་ངམ་གྱིས་གླང་པོ་བརྒྱའ་ལ།གསེར་གྱྀ་མདུང་རྩེ་ཉིས་བརྒྱའ་ཐལ（སྦྲེལ）་བདགས་ཏེ།རྒྱབ་དུ་ཐལ་བ་བཀལ་ནས།གླང་ནང་འཐབ་སྟེ།ཐལ་བ་གཐོར་ནས།

原译文：“罗阿木乃以金矛二百支，拴在一百头犍牛背上，牛背皆驮以灰囊，牛群相互搏击，灰囊崩散。”上文中之ཐལ།字，在增订本中误录为“སྦལ”，有的学者录为“རྭ་ལ།”，有的录为“ར་ལ།”，其理由是“将 200 支金矛绑在 100 头犍牛的角上更具有杀伤力，而绑在犍牛背上其威力就不同了。”① 原文中之ཙལ།后加字“ལ”与“ཙ”之间并无“ཙེག”音节点，有图版为证。由于各人认字习惯不同，对书写特殊之字会辨认相异，但不能加音节点，录为“ར་ལ།”。再说，罗阿木绑200支金矛之目的是戳破牛背上的灰囊，并不是战斗，如若真绑在牛角上，恐怕难以戳破背上灰囊。对100头犍牛，连接200支金矛，应该有每头犍牛2支金矛之意，也有可能200支金矛相连，置于灰囊之上，一旦驱赶牛群，灰囊戳破，造成烟尘迷漫，罗阿木乘机向止贡赞普进攻。

33. མ་མ། 祖母

P. T. 1287号第1—3行：

……དྲི་གུམ་བཙན་པོ་སྐུ་ཆུང་བ་འི་ཚེ་མཚན་ཇེར་གདགས་ཞེས།མ་མ་གྲོ་ཞ་མ་སྐྱི་བརླིང་མ་ལ་

དྲིས་ན།མ་མ་འི་མཆིད་ནས……

叙述止贡赞普幼年上名号时，请问老祖母卓夏玛几林玛取何名，由于老祖母年迈重听，将问话之回答都听反了，遂取名为止贡赞普（死于刀下赞普）。古人和现代人对取名都很重视，均请长辈或德高望重的人命名，藏族多请活佛取名。吐蕃时期，奶奶在家族中很有地位，这也许是母系社会遗留的痕迹吧，所以，特请祖母命名。由于这个传说很著名，在其他藏文典籍也有涉及，如在《贤者喜宴》② 第160页第13和17行，用ཨ་ཕྱི།表达“祖

---

① 加羊达杰：《〈敦煌本吐蕃历史文书·赞普传记〉汉译文散文部分的若干翻译问题》，《民族翻译》2012年第3期。在此十分感谢加羊达杰同志提出的宝贵意见。

② 《ཆོས་འབྱུང་མཁས་པའི་དགའ་སྟོན》（藏文），北京：民族出版社，1985年。

母”。现在安多藏语中的祖母、外祖母皆称为ཨ་ཕྱི།，书面语则用ཨ་མེས། 和ཨ་ཕྱི།。

由于《藏汉大辞典》和《东噶藏学大辞典》对མ་མ། 注释为“保姆、乳母”，因此，有人认为我们翻译错了，改为“请乳母”给止贡赞普命名。试想，奶娘、乳母属于佣人之辈，怎有权给赞普命名，这就忽略了文献中之མ་མ། 与当今字典中的མ་མ། 非同一事物或人物。如ཆབ་སྲིད། 《藏汉大辞典》中译为“政治”，但在吐蕃时期文献中为“社稷”“联姻”之意。

对别人未译过的新文献有点小错是在所难免的，但对别人早已翻译过的文献再译时，把“对的”改为“错的”做法总是令人遗憾的，共勉吧！

温故知新

——重读《敦煌本吐蕃历史文书》体会之二

《敦煌本吐蕃历史文书》① 中之 P. T. 1287 号“传记篇”堪称是敦煌古藏文文书之精髓，不仅因其叙述内容直接关乎吐蕃历史而显得至关重要，还因为文笔优美，包含着诸多古代诗歌、特殊的民俗以及古藏文文字书写特点等丰富信息，因此，我们可以这样认为：读懂读透了 P. T. 1287 号“传记篇”，就基本上驾驭了阅读敦煌古藏文的方法。正是基于此缘故，1940 年，在巴黎出版了名为《敦煌历史文书》（Documents De Touen-Houang Relatifs a histoire Dur Tibet，Paris 1940）一书。20 世纪 70 年代，王尧先生将该书拉丁转写的藏文还原为藏文并初译。1977 年他找我合作，修订并附词语注释。当时，还未总结出古藏文中发音部位相同的清音不送气的字母ཀ་ཅ་ཏ་པ་ཙ 可以与清音送气的字母ཁ་ཆ་ཐ་ཕ་ཚ 和浊音字母ག་ཇ་ད་བ་ཛ 互换的对应规律；也未总结出古藏文中异体字有两类，一类是辞典中能够查询到的，但并非大家表面解读的字意，如第 52 行之གདེངས།《藏汉大辞典》注释为“龙王”，

---

① 王尧、陈践：《敦煌本吐蕃历史文书》（北京：民族出版社，1980 年，第 1 版；1992 年，增订本，第 2 版）

我们照译后大错，现了解གདེངས། 为ཉིང་། “小部落，村寨”之异体字。另一类是辞典里查不到的怪字，如第 480 行之གཐང་། 为ཐང་། “草坝” 之异体字。事隔三十年，两遍重读的收获是不一样的。第一遍，重点解决了部分异体字对应之正字，写了第一篇温故知新的文章，第二遍阅读从逻辑的角度分析误译之句。本文侧重从历史背景角度阐述误译之语句，以自我纠谬的方式来感谢广大读者对我们这些敦煌古藏文研究工作者的长期厚爱，并期望大家提出宝贵的批评意见，共同推动敦煌古藏文文献研究的长足发展。

1. བདག་པོ། 主人。人主，畜主。

第 271—272 行：བཙན་དུ་ནི་བདག་འཚལ་ན། ཆུང་ན་ནི་རྗེ་ཁུར་ཆིག ། ཕྱུག་དུ་ནི་བདག་འཚལ་ན ། ལྷ་རི་ནི་གཡང་སྐྱོང་ཤིག ། རྗེ་འིས་ནི་བཀའ་སྩལ་ན། གཞའ་མ་ནི་ཡུན་ཀྱི་སྲིད（སྲིང་）།

原译文：吾之属官长是赞普你，我虽小也要把王放在肩上；我若想财富，请神山赐好运；大王所吩咐之语，任何时候都立即遵命。

བདག་པོ། 是一个常见的常用词，我们为何会误译?

首先，第 3 句中之异体字ཕྱུག，我们解读为正字ཕྱུག（富有），其实它是ཕྱུགས（牲畜）的异体字，若从孤立的一句来看，第 3 句译作 “我若想财富” 没有错，但从整体分析，同一个བདག字，第 1 句译作 “属官长上” 即名词 “主人”，第 3 句译作代词 “我”，则前后句同词不同译了。

其次，从 P. T. 1287 号 “传记篇” 来分析，始终贯穿着这样的思想：赞普是站立直行人之主，也是俯首行牲畜之主，如第62行，赞扬第9代赞普布带贡甲为འགྲེང་མགོ་ནག་གི་རྗེ། དུད་རྗོག་ཆགས་ཀྱི་རྗེན།。第367行赞扬赞普墀松德赞：འགྲེང་དུད་གཉིས་ཀྱི་རྗེ་དང་བདག་མཛད་པ……

汉译文：为直立人群与俯行兽类之君主……

由上可知，第271—272行这段歌词中，第1句和第3句也是以上意思，赞普为人、畜之主人。

第三，以上虽为韦·义策回禀松赞干布之歌词，实质上也是誓词，义策怎敢僭越唱：“我若想财富，请神山赐好运”，这不符合当时的历史背景。

现译文：赞普若作吾之主人，虽小也将君主背上；

赞普若作牲畜主人，神山会赐福保佑；

赞普若发布诏令，何时皆立即遵命。

2. ཟ་དུར།→དུར་རྒྱགས། 坟场饭食

第423— 424 行：སྐྱི་འི་ནི་ཕུར་ཐབསུ། ཟ་དུར་ནི་བཏབ་ཀྱང་རུང་ཞེས།

原译文：设伏几曲深谷中，请君火速发兵来。

1978年我们翻译这两句时，不了解སྐྱི། 为སྐྱི་ཀ་ཡའ་བ།“险峻”之缩写，以为是སྐྱིད་ཆུ། 拉萨河几曲之缩写。《古藏文辞典》① 编者赞拉·阿旺措成于20世纪80年代曾来中央民族学院少语系藏文进修班学习过《吐蕃文献选课》中之P. T. 1287号“传记”篇，可能由于前面一句译文：“设伏几曲深谷中”之误导，他在辞典中将ཟ་དུར། 注解为“水葬”，值得商榷。其理由如下：

首先，吐蕃消灭象雄这一场战争是在何地进行的，

① 赞拉·阿旺措成：《古藏文辞典》（藏文），北京：民族出版社，1996年。

是在今日之拉萨几曲河边还是在象雄王国？

P. T. 1047 号羊胛骨卜第 43—46 行："……邦色苏孜与当皆闷忠心耿耿于赞普驾前，卜问：如向李迷甲征讨，能否获胜？得此卦辞：以后，属地将扩增一倍，途中遇大财运之兆，大吉。"

以上卦辞告诉我们，战争是在今天的阿里，古代的象雄进行的。

其次，吐蕃时期是土葬还是水葬？是土葬。

（1）藏王墓群，特别是墀德松赞之墓碑，说明王族是墓葬，即土葬。

（2）P. T. 1287 号第 264—265 行之汉译文为："义策忠贞不二，你死后，我为你营葬，杀马百匹以行粮。"说明赞普对忠臣的最高奖赏是为其修墓。

（3）刘元鼎《使吐蕃经见纪略》中载："……山多柏坡，皆丘墓。"说明他出使吐蕃，在山南河谷两岸坡地见到诸多丘墓，也是土葬。

（4）1993 年，中国科学院考古所与西藏自治区文管会联合考察了西藏朗县列山墓葬群。这个墓葬群共有大小不等 210 座墓葬。……"极有可能是一处藏王级别的陵墓区"。最近，听说阿里地区也发现有吐蕃后弘期的墓葬群。

（5）墓葬止于何时？《米拉热巴传》记载米拉热巴（1040—1023）父亲在临终时向米拉叔叔、姑姑等亲人托孤时说，他死后，请他们好好照顾米拉孤儿寡母。并说："我会在墓穴的洞口看着你们的。"说明在 11 世纪中叶，民间还是土葬。

（6）P. T. 1287 号第 523 号汉译文："……达拉山之

汉墓与黄河边之汉墓……”说明唐蕃大战，吐蕃人胜战歼灭唐兵之后，就地弃之，没有将阵亡战士遗骸投入水中。

最后，何时出现广大藏区盛行之“天葬”？

直到 12 世纪初，印度佛学家帕·当巴桑杰（པ་དམ་པ་སངས་རྒྱས།）入藏首创希杰派（ཞི་བྱེད།），以修行般若经义断除生死涅槃一切苦恼。希杰派主张施舍，认为人死后，应将自己的尸体供养空行母化身的大雕（རྒོད།），这就是如今各藏区天葬的由来。今天来分析天葬，优点很多：①死人不与活人争地修坟，②很经济实惠，只需给天葬师送一套去世人之衣服即可，③环保，真正做到人与自然的和谐。对高僧大德实行藏式的火葬要用柴火和许多酥油；对小孩夭折实行水葬，弃河了事；对传染病和麻风病患者去世后实行深埋土葬，认为他们永远进不了天国。因此，赞蒙赛玛噶向兄长松赞干布禀述如何消灭象雄王李迷甲最后两句歌词，十分关键。既指出战争场所，又提出歼敌方法，现译文为“险峻处袭击灭敌，也可以送坟场饭食”。

3. ཆང་ཕྱེད་ཕུབ→ཆང་ཕྱེད་ཕུབ། 铺垫绸缦献酒

第五章中耄耋之年的韦·义策请求松赞干布与其家族单独结盟，双方均为七人，盟誓内容均为双方对最关注大事之承诺。比如，松赞干布之父是被敌对方毒毙的，他对投毒事件自然十分警惕。当时，吐蕃尚未完全统一，大氏族常常换主投奔强势，因此，韦·义策之誓词中有：

第 209 行：……གཞན་གྱི་འོ་ཆོག་ལ་རྫོ་བོ་ལྷག་པ་ཆོས་རེ།

第 291 行：……ཟས་ཀྱི་དོན་ལ་བཞག་པ་དང་། དུག་དུ་བསྲེ་རེ།

译文：……（除赞普外）决不投靠任何其他人，决不在食物中掺和毒物……。

作为韦·义策一方，最关心其子孙后代是否会无罪遭谴，因此，松赞干布誓词中有：ཏ་རྟེཙ（རྟེཙ）་ཏ་ཉི་སྨལ་མི་དབྱུང་།

译文“决不使马驹背脊磨伤”。意即，一定关照你的子孙后代。

第 289 行：དབྱི་ཚབ་ཀྱི་བུ་གཅིག་ལ། གསེར་གྱི་ཡི་གེ་ལས་སྨད་རེའ།

译文：义策之一子将受决不低于金字告身之封赐。

义策除向赞普馈赠贵重礼物之外，还举行盛宴款待，其中，第 263 行为：ཟང་ཕྱིད་ཕུབ།，其正字为ཟང་ཕྱིད་ཕུབ།

原译文为：“以半蕃斗青稞煮酒（款待）”。1959 年，西藏民主改革时，一藏斗约为 28 市斤，一蕃斗与一藏斗大致相当，半蕃斗即为 14 斤青稞或小麦，其所酿造的“头遍酒”①，估计不足 20 大碗。十四位盟誓人，加上赞普之侍卫、侍从，总会有二十多人吧，这点粮食之酒，怎够盛宴？后见《古藏文辞典》② 中解读ཕྱིད། 有“绸缦”之意，以上三个字应解读为：“铺垫绸缦献酒”。表示宴会非常隆重，这就符合当时的实情了。

---

① 头遍酒：藏族酿制青稞酒要过滤三次，第一次滤出的名为ཆང་དང་པོ།（头遍酒），酒味醇香淳厚，带有甜味，但酒量不多；第二次滤出的名为ཆང་གཉིས་པ།（二遍酒），酒味较头遍酒淡薄，但酒量较头遍酒多；第三次滤出的名为ཆང་གསུམ་པ།（三遍酒），酒味淡而量多，有时还带点酸味。庄园里囊生冬天常用它煮青稞糊糊吃，吃完后户外作业不会感到体寒，因为“三遍酒”内多少还含有一点酒精。

② 赞拉·阿旺措成：《古藏文辞典》（藏文），北京：民族出版社，1996 年。

4. སྡུག་པ། 心意合

第 237 行：པ་སྐྱབས་ནི་སྡུག་བཅལ་པའ། ལྷ་སྲས་ནི་བཙན་ལ་བཙལ།

从整段意思分析，是讲南诏王阁罗凤弃唐投蕃的原因，句中之“སྡུག”为动词“སྡུག་པ”，即“心意合”，而非作名词解释之སྡུག་པོ苦难之意，因此，原译文“他为救护父辈免收苦难，投靠天神之子赞普”有误。现解读为：与救父心意合，投靠天子赞普。

5. མ་ཐོ་འམ། 能行吗？即“不能”之意。

第 408 至 424 行，是阐述松赞干布为统辖象雄而将己妹赞蒙赛玛噶嫁与象雄王李迷甲，而李迷甲先于赞蒙已有深恋情人墟格妃，故不与赞蒙共寝，赞蒙只得另居别室，白天去玛法木湖游闲度日；内心对分得的财宝、奴仆、食物、牲畜，毫无眷恋，极度不满。她承诺舍命要完成兄长灭象雄国之宏愿。

赞蒙对来使唱到：ཡུལ་གྱི་（ནི）་སྐལ་པོག་པ།……མཆིས་སུ་ནི་མ་ཐོ་འམ། སྐྱ་མོ་ནི་བསེང་བསེང་མོ། བྲན་གྱི་ཉི་སྐལ་པོག་པ། གུ་གེ་ནི་ཁང་ཐྲན་ཞིག འཁོལ་དུ་ནི་མ་ཐོ་འམ། གུ་གེ་ནི་བདྲིས་ཤིང་སྣང་། ཟས་ཀྱི་ནི་སྐལ་པོག་པ། ཉ་དང་ནི་གྲོ་མཆིས་ཏེ། ཤ་དང་ནི་རྒྱང་མཆིས་སྟེ།། འཚོ་རུ་ནི་མ་ཐོ་འམ།། ཤ་རྒྱང་ནི་བཙའ་ཞིང་རྐོད།……

因此，这四段原韵文中的第 3 句：“作住地不行吗？作仆役不行吗？作食品不行吗？作畜群不行吗？”笔者觉得欠妥，这四段的第 2 句和第 4 句都是抱怨不满情绪，第 3 句怎么会出现“不行吗？”，“不行吗？”是说“行，可以”之意，笔者考虑这四段的第 3 句和第 4 句所表达的心情是对以上物质的否定，现改译为：“我分内之领地……作住地能行吗？弱女孤苦伶仃。我分内之奴仆，是古格人脚夫，作奴仆能行吗？古格人熟悉后生怨恨。我分内之食物，是鱼和麦子，作食品能行吗？鱼麦嚼起来苦涩。我分内之畜群，是鹿儿和野马，作畜群能行吗？鹿儿、野马‘口硬’、凶野……”

但也有人认为原译文表达无误，第 3 句是周边人对这些财物的见解，非赞蒙所言。

第 416 行将李迷甲比喻为一只已宰之老虎。第 419 行又比喻作一条跳跃之大鱼。第 417 行阐述若不将虎肉挂正，左边右边的鱼鹰、水獭会来抢食。从生物链来说，鱼鹰、水獭只吃鱼类，不吃虎肉。再说，此二者水生动物，也不会跳高，会不会当时的抄写人串行了，致使韵文内容令人费解。

6. ཞུ་གཡག་ཞུ་གཆིག，正字为ཞུ（ཞུ་རྟེན）གཡག་གཞུ་གཅིག

过去我们译作“进贽女帽”。意即不敢发兵象雄就佩戴女人之帽。后见有的藏族学者将གཡག་གཞུ །解读为“珠冠（སྦ་སྤྲུག）”，如后藏妇女头饰，其形状如弓，以藤作架子，用牦牛尾毛捆扎、缠绕、穿珠宝，因为牦牛尾毛光滑、结实、易穿缀，所以，在韵文中加上了གཡག，称作གཡག་གཞུ། 现译文为：进贽珠冠。

马德教授将གཡག་ཞུ། 译作牦牛尾，谓：赞蒙赠送此物的含义为：若不敢攻打李迷甲，就戴牦牛尾，因牦牛尾与狐狸尾作用等同，均为羞辱懦夫之标志。此说有待商榷，因为在藏区，白牦牛尾是吉祥之物，常挂在家中墙上，本人在 20 世纪 80 年代也收到过这样的礼物，虽说习俗是随时间会有变化的，但未见其他史书中述及牦牛尾为羞辱懦夫之物的记载。①

7. 第 441 行：སྙིང་བ་ནི་མང་ཀུ་རྒྱ། ནམས་ཀྱུང་ནི་ཡར་སྐྱི་བོ (འབོ)།

这是东赞域宋向松赞干布表忠诚时的一句唱词，我们以前不明白མང་ཀུ་རྒྱ། 为མང་དཀུ་སྒྱུ། 之异文，将以上两句诠释为“心是向下垂着的，永远不会朝上”。这种生理现象似乎不足以表达域宋想说明的忠心，通过此次讨论、重温，改译为：“内心狡计许多，从未向上犯过。”

8. དབྱལ→དཕྱལ→སྣངས་དཕྱལ། “贤伉俪”

P. T. 1287 号第 45 行：“……བཙན་པོ་རྗེ་དབྱལ་ཞིག་ནོངས་ན……”

汉译文：……赞普伉俪中若一人亡故……

吐蕃时期所有文献中，སྣངས་དཕྱལ། 一词，均写作སྣངས་དབྱལ།，也有简缩为དབྱལ།，因为当时，ཕ། 与བ། 是可以互换的。

9. རྟེ་འུ།→སྟེ་འུ 小斧

P. T. 1287 号第 29—30 行：མི་འུ་ཆུང་ཁ་མ་ཆེ་ཤིག ། རྟ་འུ་ཆུང་ཁ་མ་རྔག ། ང་སྐྱི་ཤེས་ཤེས་བྱས་ན།

原译文：“乳稚小儿别说大话！幼小马驹别乱嘶鸣，此事我亦不知也！”

《丁香帐》认为吐蕃时期第三次藏文文字厘定，是在ལྷ་བླ་མ་ཡེ་ཤེས་འོད། 时期，即公元 11 世纪，有一定道理，因为 823 年立于大昭寺前的长庆和盟碑、8—10 世纪的敦煌古

① 黄布凡、马德：《敦煌藏文吐蕃史文献译注》，兰州：甘肃教育出版社，2000 年，第 238 页。

藏文文献及木简中，不乏不规范的书写和语法。引文第2句中之ཏེ་ཨུ།实为སྟེ་ཨུ།“小斧”之异体字。最后一句今天来写，应为：ངས་མི་ཤེས་ཞེས་བྱས་ན།，故汉译文为：“小儿别说大话，小斧勿夸刃锐，我不知。”

当时吐蕃人如此书写、交流能表达词意句意，不会产生误会。现代人解读敦煌古藏文，总习惯从正字出发，从文法出发，而忽略对异体字的探索和译文的逻辑关系，导致误译，这也是笔者为何还要写此篇体会的初衷，总望能对他人有益，予己亦是鞭策吧！

收获是有的，问题也是有的，如P. T. 1287号第423行：ར་ཉེ（མཉེ）་ཞི་ཤུག་པ་ཐྲུ（འཐྲུ）།按照字典，ར་མཉེ།为黄精、玉竹之类的中草药，显然，柏树不会长出黄精，那文献中之ར་མཉེ།为何物？此物可以从柏树摘取，其内在含义又指什么？均有待继续探索，望有生之年，能读到其他学者对此类韵文的解读。

若干典型古藏文语词疏释之一①

——重读吐蕃文献之体会

本文主要是对过去发表的吐蕃文献中之古词语内涵的解读。这些典型语词，《藏汉大辞典》中未被收入，或者，即使辞典收入此语词，也不是吐蕃文献中之古词，二者只是同形字而已，如རིང་ལུགས།《藏汉大辞典》中为“主义”，但在吐蕃文献中作“为首者”解。本文所述之某些古词之汉义，有的在20世纪80年代发表的古文献中已有定论，只因《吐蕃古藏文辞典》迟迟未能问世，致使研究者没能利用前人成果，造成二次误译，故不揣浅陋，将典型古词语梳理一遍，供同行参考。

1. སྙི། 炭疽

王尧与笔者在译 P. T. 1047 号文书②第一稿（即20世纪80年代那四篇占卜文书）时，因སྙི།字未曾在其他文献中出现过，根据前后文和此卦为凶卦，将第253行ཤ་བ་མང་མོ:ཞིག:སྙི་བྱུང་བའི:ངོ|| གནག:གམ་མཛོ:ལ:གོར་བྱུང་བའི་ངོ|||译为：

---

① 本文为国家社科基金重大项目“敦煌吐蕃文献分类整理与研究”（12ZD139）成果之一。

② 王尧、陈践：《敦煌吐蕃文书论文集》，成都：四川民族出版社，1988年。

鹿群患瘟疫，牦牛或犏牛患牛瘟。第 89 行 སློ་བྱུང་སྟེ་རྒྱལ་པོ:ཉོངས:པའི:ངོ| 译为：王遭厄难薨逝。也就是说将 སློ| 既译作“瘟疫”，又译作“厄难”，这是不对的。此次修订 P. T. 1047 号占卜文书时，笔者注意到这是一种人畜共患的瘟疫，连国王也难幸免，听说炭疽就是家畜和人都会感染的一种急性传染病。后向 90 高龄的原夏河县县长班智达讨教，他解释，“解放前，甘南牧区发生过一次大范围的炭疽病，死了很多牲畜，还有牧民，此病名为‘ས’。”

P. T. 1047 号文书第 306 行 བག:ལུམ:སུས:བབ:ནའ:སློ་པལ་མོ་ཆེའི་ངོ| 译文：若出现跋伦宿为大范围炭疽（传染）之兆。第 309 行 དེ:ལ:བག:རྒྱོག་ཅུགས་བབ་ནའ:དགྲའ:འམ:གཡག:ཀུན:གཅིག:དུ:སོང་བ:ལས་སློ་བྱུང་བའི་ངོ|| 译文：此处若出现跋角甲，全部敌人或全部牦牛朝一处走后，又传染炭疽之兆。

从藏语历史演变来分析，原来带上加字、下加字、前加字的二合复辅音、三合复辅音在口语中有减音的演变。如安多方言中的例字，二合复辅音减去前置辅音而演变为单辅音：sb→b：sbom po[bom po]→bom po[wom bo]སྦ→བ：སྦོམ་པོ→བོམ་པོ“粗的”。

三合复辅音减去前置辅音和后置辅音而演变为单辅音：sbr→sb：sbya[dʐa]→sba[wa]སྦྲ→སྦ：སྦྲ→སྦ“牛毛帐篷”（又读[ra]）。

因此སློ| 有可能丢了下加字ལ་བཏགས|，元音［o］转换成［a］而演变为ས|，继而组词成ས་ནད|。在安多口语中ས| 有两个义项：①土地，②炭疽。ས་བྱུང་སྟོད་ཀི 即“传染炭

疸了！”本文书第一次记载了这种急性传染病的名称。详见第 89、253、306、309 行。

另如复辅音“སྣ”就减掉了后面的辅音“ན”，即基字“ན”，而保留了前面的辅音“ས”，即上加字“ས”，现举例如下：

སྣོན་པ།→སོན་པ། 到达。如谐拉康碑甲第 11—12 行：ང་ཆབ་སྲིད་མ་བཞེས་པའི་སྐབསུ་ཁ་ཅིག་ཕན་(ཕུན་)ཧྲ། གདོན་སྣོན་པ་དག་ཡོད་པ་ཡང་།① 汉译文：予尚未即位之时，有人骚乱，陷害朕躬。

གསྣན→གསན། 听。如谐拉康碑甲第 36—37 行：ཉེས་ཡང་དག་པ་མ་ཡིན་ན། འཕྲ་མ་མྱི་གསྣན། སྙོམས་ལས་མྱི་གཅད་པ། 汉译文：设或有罪而不实，则决不听信离间，决不使遭残虐。恩兰·达札路恭记功碑第 58—59 行：ཟླ་གོང་གི་བུ་ཚ་རྒྱུད་ཕེལད་ཀྱིས་སློ་བ་མ་རིངས་ན་འཕྲ་མ་མྱི་གསྣན……②汉译文：达公之子孙后代若不背叛（王室），则（赞普）决不听信挑拨离间之词。

སྣང་།→སང་། 明天。如 P. T. 1080 号第 4—5 行：བུ་མོ་འདིའི་མ་ནི་གུམ་ལགས་བདག་ཀྱང་ཉམས་དང་སྤྲེར་ན། །སྣང་གནང་གུམ།③ 汉译文：女婴之母已亡故，我亦无力抚养，此女明后日即将毙命。

2. ལྷས་བཙའ། 分娩于羊圈

P. T. 1047 号第 107 行：……བུ་མ་ཕྱོ(ཕྱུ)ཚམ:ཞིག། ལྷས་བཙའ་སྟེ:ཐ་མར:སྐྱིད:ཆེང:ཡུལ:ས:སྐྱེ་པའི:ངོ།

笔者在第一稿时，将ལྷས་བཙའ། 理解为“神佑”，因而

① 王尧：《吐蕃金石录》，北京：文物出版社，1982 年。

② 同上。

③ 陈践、王尧：《ཏུན་ཧོང་ནས་ཐོན་པའི་གནའ་བོའི་བོད་ཡིག་ཤོག་དྲིལ》（《敦煌本藏文文献》），北京：民族出版社，1983 年，第 74 页。

孕妇平安分娩。后来，听几位40岁左右的藏族老师自曝出生在羊圈，又经格西喜饶丹代尔指点，明白ལྷས་བཙའ། 即分娩于羊圈。藏族自古认为“羊”是一种吉祥动物，在民间故事和民歌中常称之为གཡང་དཀར།（白财）。早期，藏族妇女为讨好兆头，同时，也是当时当地条件所限，因地制宜，认为羊圈内比较暖和、干净，分娩时流出之血好处理，有选择在羊圈内分娩之习俗，P. T. 1047号第107行即为“一孕妇在羊圈分娩，日后幸福，家业兴旺之兆”。著名翻译大师འགོས་ལོ་ཙཱ་བ་ཁུག་པ་ལྷས་བཙས།，后藏人，系11世纪阿底峡之弟子，他就是出生于羊圈，故在名末冠以ལྷས་བཙས།（即羊圈生）。《任乃强藏学文集》载：“西番亦认为产子为秽浊之事，不能在二楼以上行之；因二楼以上，为家神所居也。临产，为孕妇设床于最下层之畜栏内，相传傍牛者难产，傍马者易产……”任先生1949年前后在西康广泛采集藏族资料，上叙引文，则为西康农区当时之习俗，与甘青早期牧区或半农半牧区羊圈生有相当差别，因为牧区只有牛牦帐篷，没有楼房。1957年，笔者去青海牧区调查藏语方言时，坐过干羊粪上铺毡垫的牧区“席梦思床”，真是暖和、松软、舒适，故对“羊圈生”之习俗，从感性上认为是牧区妇女的智慧之一。甘青部分地区仍有此习俗。据青海省贵南县鲁仓寺格西喜饶丹代尔相告，他母亲说，在羊圈生容易分娩，日后婴儿少生病，当地还有将胎盘埋于羊圈之习俗，他兄弟二人之胎盘皆埋于羊圈内。

3. མི་ལྷ། 人鬼

笔者在译第一稿时，将མི་ལྷ། 直译为“人神”，但并非指“人和神”，这种直译会让读者认为མི་ལྷ།是“好神”，未将其狰狞面目展示出来。

ལྷ།与མི་ལྷ།是词义不同的两个词，将藏文ལྷ字笼统地译为“神”是不确切的，而将མི་ལྷ།按字面意思译为“人神”同样是不恰当的。因为汉文中的“神”是不死永恒的，是助人、正面的，相当于藏文སྲུང་ལྷ།（或སྲུང་མ།）；而藏文中的ལྷ།至少存在以下几种意义：（1）天。工布《第穆萨摩崖刻石》第12、13行：བཙན་པོ་ལྷ་སྲས་ཁྲི་སྲོང་ལྡེ་བཙན།即“赞普天子赤松德赞”，ལྷ་སྲས་ལྡེ་སྲོང་།即“天子德松”。①（2）对皇族的尊称。如P. T. 1288号第101行བཙན་པོ་གཅེན་ལྷ་:བལ་པོ་:རྒྱལ་ས་ནས་:ཕབ།即“赞普兄乞黎拔布自王位被迫引退”。此处的赞普指野祖茹，即赤德祖赞。又如称11世纪古格王ཡེ་ཤེས་འོད།（益西沃）为ལྷ་བླ་མ།（天喇嘛），因为他是舍弃王位而出家的喇嘛。再如南宋少帝赵㬎，被元朝作为人质送往萨迦寺出家为僧，在藏30余年，译有《因明入正理论》等著作，藏文史籍称他为ལྷ་བཙུན་ཆོས་ཀྱི་རིན་ཆེན།即“合尊法宝”。② 由此可见，ལྷ།只能加在王室成员的名字前面，非此则不能用。（3）六道轮回中的ལྷ。这种ལྷ属于世间神，有生有死，有善有恶，有的保佑人，有的则加害人。对于加害人者，应当译为“鬼”。如དགྲ་ལྷ།为战神，助人战胜妖魔鬼怪；而འགོན་ལྷ།在《藏汉大辞典》第314页释作“挟嫌鬼”，即复仇鬼。

P. T. l047号文书中的མི་ལྷ།十分凶狠、厉害，经常加

---

① 王尧：《吐蕃金石录》，北京：文物出版社，1982年，第100页。

② 王尧：《南宋少帝赵㬎遗事考辨》，载《西藏文史考信集》，台湾高雄，佛光出版社，1992年，第94—95页。

害神灵、人及其他鬼怪，故而汉译为“人鬼”。如第 38 段“人鬼威胁神灵”、第 45 段“人鬼加害神灵”、第 72 段“一人遭人鬼、邪魔恐吓”、第 91 段“意外财内之人鬼与鬼大肆加害。潜入羚羊皮衣裤内之人鬼与鬼加害。狩猎时，人鬼和鬣狗加害”等等。文书内共有 13 处出现人鬼加害情况，详见第 34、38、45、72、91、92、93、131、132、134、137 诸段译文。① 可以说，“人鬼”是这份文书内的群魔中出现次数最多、最厉害者。“人鬼”居然多次加害神灵，那它会不会是吐蕃时期རྗོད།（武士）死去后所变的鬼呢？因为དམེ་པོ།死去后变成的鬼不称འདྲེ།而叫作དྲི་པོ།（详见前文）。成语“为虎作伥”中的“伥鬼”是被老虎咬死的人变成的鬼。此鬼不仅不能离开老虎，反而给老虎作帮凶，老虎咬死人之后，它帮老虎脱去死者衣服，便于老虎吃食。鉴于以上二例，尝试作此分析。

4. འབྲི་སྐམ་གྱི་ཕོ་སྤུལ། 枯奶母畜腹部之粗长毛

P. T. 1047 号第 331—332 行：ཞོའི་ཚུ་མིག་དང་། ཙང(ཆང)་གྱི་ཙུ(ཚུ)་མིག:གནམ:ལས:འབྲི:སྐམ། གྱི:ཕོ་སྤུལ:མཐོ། གང:བཅད་ནའ། ཏོ(མཐོ)་གང་སྐྱེ།། མདོམ(འདོམ)་གང་བཅད:ན:མདོམ(འདོམ)་གང་སྐྱེ:བའི:ངོ:སྙེ……这是以牧区生产生活来作比喻的大吉卦，第 1、2 句夸张比喻：“从天（降下）奶酪之泉，醇酒之泉。”在第一稿时，笔者将 3、4 句译作：“未产犊之母牦牛，奶水断一拃复长一拃，断一庹复长一庹。”此次修订时，发现过去译文有两点不合常理，一是只有产犊母畜

① 藏文见 P. T. 1047 号第 87、93、104、159、198、200、202、203、264、268、271、277 行。

才有奶水，未产犊不会有奶水。二是一拃（拇指尖至中指尖伸开的长度）和一庹（平伸两臂之长度）为长度单位名，不能用在液体方面，只能用在丈量固体物方面。阿旺嘉措博士在纠正我们的译文时，改为“牦牛之肉断一茬复长一茬”。看似“进了一步”，但细细一想，牦牛肉如何断的？是割断的吗？活牦牛如何容得人去割断它的肉？项目课题的压力迫使笔者再作考虑。不禁回想起20 世纪中期在牧区调查藏语方言时，见过牧民剪绵羊腹部之毛；牦牛腹部之毛更长更粗，有多种用途，如编织制作牛毛帐篷之 རེ་ཞེ། 等等，因而将此句改译为：“枯奶母畜腹部之粗长毛割下一拃复长一拃，割下一庹复长一庹”。意即腹部之毛长得飞快，表示“大吉利”之兆。

5. ཀང་པ་འཁུམ། 双腿蜷缩，死亡

P. T. 1047 号文书第 62 行之 ཀང་པ་འཁུམ།，即双腿蜷缩。据敦煌藏文丧葬文书中载，吐蕃时期，人去世后，要用牛皮绳将死者脖颈与双腿膝盖连捆，全身蜷缩，犹如婴儿在母胎中之姿势，然后置于墓穴内。如今，据说演变为用白布捆绑，双手合拢胸前，手中放羊毛、青稞，意为吉祥享用，来世不缺吃、穿。无论天葬、火葬、土葬，都要用双腿蜷缩方式捆绑。

6. སྐུ་བླ། 神灵

P. T. 1047 号文书中 སྐུ་བླ། 出现 18 次之多，详见第 1、4、8、9、11、15、16、21、23、25、27、28、32、37、38、45 诸段。我们起初译作“本命神”，现在改译为“神灵”。因为神灵包括的范围很广，苯教经典认为 སྐུ་བླ། 是居住于十三重天上的神灵，另外山神等也可算在其中。

如工布《第穆萨摩崖刻石》第 6 行载，止贡赞普有聂其、夏其二子：མཆེད་གཉིས་ཀྱི། སྐུ་བླ་གཉན་པོ་གསོལ་བ་དང་། སྐུ་བླ་དེ་མོ་དང་བཞེས་པ། 即“向兄弟二人之灵验神灵祷祝，并与神灵第穆婚配”。传说吐蕃第一代赞普自天而降，早期历代赞普中有与龙女婚配者，此即人神结合。又如《尚书》藏文译文 P. T. 986 号第 125—126 行：གནམ་ས་དང་། ཀླུ་གླུ་དང་། སྐུ་བླ་དང་། ཞལ་བུ་ལ་སྩོགས་པ་ལ་སྦྱིན་ཏེ། གསོལ་ནས། དམག་ཕབ་བོ། 即“祭祀皇天、后土、神龙、神灵、祖宗，始发兵”。再如米兰所出土藏文简牍 M. I. xxviii. 3 号 A 面第 1 行：སྐུ་བླ་སྤྱན་དབྱེའ་(རབ་གནས)བའི་རྐྱེན་སོ་སོར་བབ་སྟེ། སྐྱོར་བ་ལ།། 即“按各人职务、地位摊派为神灵开光之财物”。若将སྐུ་བླ། 从字面译为“身魂”，则“身魂”只能有一个，不会有大小之分，而 P. T. 1047 号文书中则有 16 处སྐུ་བླ། 2 处སྐུ་བླ་ཆེན་པོ།。

在工布碑文中，又有所谓“与身魂第穆婚配”，也显然解释不通。第穆并不是所谓“身魂”，而是在当地颇为重要的原始崇拜神祇。工布小邦当时即崇奉此神，后逐步被佛教徒吸收纳入佛教系统，并在该地建立第穆寺，清代又加封第穆活佛为呼图克图。这一活佛系统，曾在西藏地方政府中几度掌权，充当摄政。而且，在简牍中若译为“为身魂开光”，也解释不通。而神灵，只有在开光后才显灵验，因此还是译为“神灵”，方可在吐蕃三大文献中均能解释贯通。

7. དྲི་བོ། དྲི་མོ། 阋墙男鬼，阋墙女鬼

吐蕃文书中称杀害同族或亲人的男性为དམེ་བོ།，即阋墙男；女性则称为དམེ་མོ།，即阋墙女。此类人活着之时，也可统称为དི་ཅན། 即杀害同族的污民。阋墙男死后变成的

鬼叫作དྲི་ཕོ། 即阋墙男鬼，详见 P. T. 1047 号文书第 175、176 段。阋墙女死后变成的鬼叫作དྲི་མོ། 即阋墙女鬼。如 ITJ742 号文书第 16—17 行：……ཡུལ་གདོན་དང་། དྲི། དྲི་མོར་བསྡོངས་སྟེ་གནོད་།，即“……使地方妖魔、阋墙男鬼、阋墙女鬼联合加害”。在甘肃玛曲藏语中，至今仍保留有这种语词。

8. ཨུ་སྨན། 或སྨན། 女神

ཨུ་སྨན། 是苯教中的女性神，གཉན 是男性神。

在 P. T. 1047 号第 327—329 行，有：ཨུ་སྨན་:མཆེད་དགུ་:རོལད་དུ་གཤེགས་པ་ཁར་:བབ་པས།……ཨུ་སྨན་གཅིག་གིས་ཨུ་:སྨན་:ཆེན་མོ་:སྙན་དུ་:གསོལ་ད་:ན། ཨུ་སྨན་ཆེན་མོ་:ཞལ་ནས།（九位女神姐妹前来嬉游时……一位女神禀告大女神，大女神曰……）。最后，大女神使死去的老翁复活，老翁、老妪都变年轻，过上幸福生活。此例说明，ཨུ་སྨན། 女神是助人护佑人的。

另在 ITJ 739 号骰卜文书中，ཨུ་སྨན། 则成为整个占卜文书的主角。仅在 119 句繇辞前言中，就有诸多女神名称，如第 23、60 行：གནམ་སྨན། 天女，第 42 行：གང［གངས］་སྨན། 白雪女神，第 44 行：གཡཱ［གཡའ］་སྨན། 片岩女神，第 46 行：བྲག་སྨན། 山岩女神，第 47 行：མཚོ་སྨན། 碧湖女神（龙女），第 49 行：བྱང་སྨན། 北方女神，第 49 行：གཡུ་སྨན། 玉石女神。

在敦煌藏文非佛教文献中，还未见有ལྷ་མོ། 女神之词，可能ལྷ་མོ། 是佛教中之女神，出现较晚。

有趣的是，在当今信仰苯教的藏族村寨中，如甘肃甘南藏族自治州迭部县达拉乡岗岭村，女性之名字多带སྨན། 字，如：གནམ་སྨན། 天女，ཀླུ་སྨན། 龙女，ས་མཚོ་སྨན། 地湖女；而男性名字多带གཉན།“年”字，如：གཉན་སྐྱབས། 年佑，གཉན་ཐར། 年解脱，གཉན་གྲུབ། 年成就。

9. གཉན་ཀླུ། 妖龙

གཉན་པོ། 为“凶恶、严厉、灵验”之意，གཉན་ཀླུ། 是“凶恶的龙”，即“妖龙”，而非གཉན། 和ཀླུ། 两个词。也就是说，吐蕃时期藏语形容词可以置于名词之前。敦煌藏文写卷中有许多གཉན་ཀླུ།（妖龙），见于 P. T. 1047 号文书第 230、234、237、251、252、254、260 诸行。其中，第 230—231 行：གཉན་ཀླུ༔ མྱི་སྡིག་ཐབ་ལྷ་མྱི༔ འཕང༌།། 即“妖龙不来恐吓，灶神不会抛弃”。第 250—251 行：ཐབ་ལྷ་དང་རྒྱལ་བ་དང༔གཉན་ཀླུ་གནོད་ནད་པའི་ངོ༔།། 即“灶神、加哇鬼、妖龙前来加害之兆”。此词在后来的苯教典籍中均作 ཀླུ་གཉན།，当然，现代藏文中形容词一般均置于名词之后。

10. དུང་གདུབ་ཅན། 戴海螺手镯者

笔者 1954 年在甘肃甘南夏河实习藏语以及 1956 年毕业后去青海牧区兴海县、尖扎县作藏语调查时，亲眼见牧区姑娘戴白海螺手镯作装饰，十分抢眼。海螺形如小碗，但她们在挤奶、打酥油、磨炒青稞为糌粑时，十分自如，并没有不方便的感觉。真没想到戴海螺手镯之习俗竟如此古老，在 P. T. 1047 号写卷中出现三次，如：第 68 行 རྒྱལ་པོ༔ ཞ༔ སྔར་བུད་མྱེད་སྣར༔ མོ༔ དུང༔ གདུབ་ཅན༔ བཀྲའ་ཤིས༔ མ་གཅིག་ཕྱུག༔འཚལད། ཕ། 国王驾前，一戴海螺手镯之壮年吉祥女（向国王）致礼。第 179 行 ཆུང་མ་དུང་དུབ་ཅན་གཅིག༔ གིས་སྟན༔བཏིང༔མྱེ་བུས༔དེ་ཚོལ༔མ༔བཟང༔པོ༔གཡོ༔ཞིང༔འདུག། 一戴海螺手镯之少妇，铺垫（而坐）烧火做美食。第 239 行 བུད་མེད་

སྣར་མོ་:དུང་གདུབ་ཅན་གཅིག་གྱི་:སླང་:བུ་གཅིག་སྣ་ནས་བཟུང་སྟེ་:། 一戴海螺手镯之壮年妇女牵着一头黄牛。以上例句说明，戴海螺手镯之佩饰，从公元8世纪延续至20世纪60年代，约1100余年。

11. ཕུར［ཕུར］'བ། 小桩，橛

在牧区，有帐篷桩、铁桩、木桩。搭帐篷要用它，拴牦牛、犏牛之绳也要用它，手工织牦牛帐篷材料 རེ་ཞེ། 时也要用橛，此乃牧区生活中必不可缺之物，其作用是“固定”。在 P. T. 1047 号写卷中，将“病人不愈”“财不丢失”“魔不离去”比喻其如“被橛钉住”，是十分准确的，也是贴近生活的。例如：第 81 行 སྲི་དང་གདོན་ཕུར: པ་བཏབ་སྟེ: ཐུགས་སུ་ཞུགས: ནས། 厉鬼和魔鬼，如被橛钉住在室内（不离去）。138 行 ནད་:པ་:ཕུར་:པར་:འཛུགས་པའི་ངོ། 病人如橛钉住（不愈）之兆。189 行 ཕྱུག་:གི་ཕུར་པ་བཏབ་པའི་ངོ། 财如橛钉住（不丢失）之兆。另见第 102、192 行类似例句。

12. སླུངས་ཕོན། 笼官

苏晋仁教授生前告诉笔者，汉文史料《〈册府元龟〉吐蕃史料校证》① 及《旧唐书 · 吐蕃下》二书中，多次出现“笼官”这一职称，嘱咐笔者注意敦煌藏文文献中对应之藏文及职能。后来笔者在吐蕃文献和木简中见到了相关语词 སླུངས།、སླུངས་ཕོན།、སླུངས་ཚང་།。文献中出现的 སླུངས། 为 ཀླུངས། 之古写，本意为“川原”“平坝”之意，

① 苏晋仁、萧錬子：《〈册府元龟〉吐蕃史料校证》，成都：四川人民出版社，1981 年。

སྒྱངས། 的引申为川原的里程单位，即驿传的里程单位，音译为“笼”。它的里程长度，曾由长短不一至逐步趋向统一的发展过程，如《敦煌本吐蕃历史文书》P. T. 1287 号第 453 行，将统一划定：“笼之长度、农田耦耕一天之亩数、蕃升蕃合蕃斤等一切量度”① 作为松赞干布执政时期的业绩来表彰，说明 སྒྱངས།（笼）在松赞干布以前就有，到他执政时才统一划定。关于“笼”的长度，笔者曾求教于东噶·洛桑赤列教授，他解释为：“有的牧区，一头牦牛驮物走一天的路程，这样的长度称为一个 སྒྱངས།（笼），约等于 90 华里，比如从甲地至乙地若说有 3 个‘笼’，即为 270 华里。”但木雅·贡布先生解释：“一头驮物的牦牛一天只能走 40—50 华里。”其确切之长度，只能待考。

敦煌市博物馆收藏的编号 0336. 10—336/10、074/74② 甲、乙两份驿传文书中载，甲驿传文书第 8 行要求紧急信使“昼行五笼，夜行三笼，规定一昼夜行八笼前往瓜州”。③ 驿传文书乙第 7 行要求飞鸟使“昼行五笼，夜行四笼；按规定一昼夜行九笼前往瓜州”。④ 由上可知，སྒྱངས། 是当时为完成驿传任务而划分的里程单位。以上两份文书中还阐明笼馆（སྒྱངས་ཚང）的职能和作用：“即对

---

① 王尧、陈践：《敦煌本吐蕃历史文书》（增订本），民族出版社，1992 年，第 169 页。

② 1990 年金秋，笔者去敦煌莫高窟敦煌研究院参加敦煌学国际学术讨论会，有幸去敦煌市博物馆翻阅、抄录了该馆收藏的《十万般若颂》写本两页空隙处抄有的甲、乙两份驿传文书。

③ 陈践践：《笼馆与笼官初探》，《藏学研究》，北京：中央民族学院出版社，1993 年，第 172 页。

④ 同上。

加急信、物应十分重视，依次护送，昼夜有专人盖印为证；对未如期送达者，笼馆有权给相关人员以重罚。”同时，笼区的笼馆要为紧急信使提供食宿。关于食的标准，甲、乙两份文书，与托玛斯《有关西域的藏文文献和文书》第三卷0039号附图第4—6行中所述相同，即：“行至牧区笼时，恰纳孙勒贝玛以下，供应口粮糌粑一‘蕃合’，酥油一蕃两。行至农区笼时，恰纳勒以下供应糌粑‘四掬’（即两‘蕃合’），酥油一蕃两。”①

笼区有无条件提供口粮？新疆博物馆1959年发掘收藏的原号6631，分类号1364，即《吐蕃简牍综录》1号木简：“笼（区）农田一突由益西乔领受。”② 说明笼区有农田，但不一定自己耕种。

P. T. 1096号文献第17行和第24行各提到“སྦྲང་ས་བོན་གཡུལ་ཐོག（笼官的打禾场）”。笼区既有农田，又有打禾场地，具备了供应飞鸟使口粮的物质条件。从上述文书来看，驿传的驿骑是由笼区、笼馆提供食宿，不大可能像有的专家撰文是由远在沙州的“行人部落”或驿站供应的。或者，至少大部是由就近之笼区生产供应的。

至于笼区的分布，新疆发现的古藏文木牍中，有如下的记载：第263号（即Ⅱ296—2）：“唐属突厥（东突厥）笼缺于阗（斥候）一名。”③ 第262号（即Ⅱ276—

---

① 陈践践：《笼馆与笼官初探》，《藏学研究》，北京：中央民族学院出版社，1993年，第172页。

② 王尧、陈践：《吐蕃简牍综录》，文物出版社，1986年，藏文见1号木牍，译文见24页。

③ 王尧、陈践：《吐蕃简牍综录》，藏文见第263号木简，汉译文见第59页。

2）："唐属突厥（东突厥）笼以上，突厥君门以下……。"①第158号（即Ⅱ431）："……北笼……。"②第161号（即446—4）："山上坐哨之口粮，赶快送往哨所笼。"③第353号（即Ⅱ276—2）："将坐骑派往哨所笼。"④P. T. 1089号文书第7行有："黄河大行军衙笼。"说明吐蕃时期沙州、瓜州城外有笼区，唐属突厥地区有笼区，黄河上游也有笼区。

汉文史料中有白兰、剑南道北部、剑南道南部的笼官、大笼官被擒、来降的记载，如贞元"十三年五月，吐蕃于剑南马岭三处开路，进军逼台登城，巂州刺史曹高任率领诸军将士并东蛮子弟大破之，生擒大笼官七人……"⑤笼官为笼区之长官，说明上述这些地方都有笼区的分布。

笼官（སྣངས་དཔོན）之官衔。

在古藏文文献中，我们仅在P. T. 1096号文献⑥中见到如下记载：第16—17行："阿索梁谓：你的马匹与沙州人马匹同在笼官打禾场，事后，听说周亨爷骑一匹牵一匹逃逸。"第23—25行："驿丞谓：此马至驿站后，我命牧马人阿索梁放马食草。某日，两匹马在笼官打禾场，

---

① 王尧、陈践：《吐蕃简牍综录》，藏文见第262号木简，汉译文见第59页。

② 同上，藏文见第158号木简，汉译文见第50页。

③ 同上，藏文见第161号木简，汉译文见第50页。

④ 同上，藏文见第353号木简，汉译文见第66页。

⑤ 苏晋仁、萧錬子校证：《〈册府元龟〉吐蕃史料校证》，成都：四川民族出版社，1981年，第270页。

⑥ 王尧、陈践：《敦煌吐蕃文书论文集》，成都：四川民族出版社，1988年，藏文见第364—367页。

听说周亨爷骑一匹牵一匹逃逸，阿索梁听见。”第4—5行：“带来笼区的牧马人李阿索梁审问后，称：于笼区之驿站，我等确实放牧此马。”由上可知，驿站属于笼区的管辖范围。驿丞不是笼区的最高长官，笼官是笼区的最高长官。

汉文史料《〈册府元龟〉吐蕃史料校证》及《旧唐书·吐蕃传下》二书中，多次出现“笼官”这一职称如：1. 贞元五年（789）十月条：“剑南节度使韦皋遣将王有道等……于故嶲州台登北谷大破吐蕃青海、猎城二节度……，生擒笼官四十五人……。”2. 天宝十三年（754）：“闰十一月乙亥，吐蕃白兰二品笼官董占庭等二十一人来降，并授左武卫员外大将军。”3. 天宝元年（742）条：“投降吐蕃白狗国四品笼官苏唐封及狗舟川五品笼官薛阿封等各赐紫袍、银钿带、金鱼袋，及帛三十匹。”这些史料说明，笼官以官阶品位论大小，有的地位很高，如吐蕃白兰二品笼官董占庭等21人来降时，唐授“左武卫员外大将军”，相当于正二品官阶。四品笼官苏唐封及五品笼官薛阿封来降时，各赐紫袍、金鱼袋。按《旧唐书·舆服志》载，唐制文武官员三品以服紫、佩金鱼袋。虽说这在当时可能是一种荣誉官阶，吐蕃笼官输诚后唐朝均以三品官阶相封，但也从某个侧面说明笼官本身的地位不低，唐廷才以高阶相授。同时，也说明笼官为军事方面的长官，当该地区发生战争时也要投入战斗，因此，方有生擒、投降之记载。

我们根据敦煌古藏文文书、新疆古藏文简牍、汉文文献中出现的有关笼、笼区、笼馆、笼官一组系列词，进行互补互证，认为“笼官”是吐蕃时期封给被征服地区因驿传、军需供应而设置的笼区的武官官衔。吐蕃人无九品三十阶之官秩封号，笼官何以有品位？我们认为，由于笼官本身有大小之别，当他们投唐时，为了表明地位高低，唐人会冠以相应品位，因此出现了这种唐蕃名号结合的几品笼官之职称，而吐蕃文献中，只有笼官之称并无品位之名。唐书中之笼官是古藏文སྤྱངས་ཕོན། 一词的音译加义译，སྤྱངས། 音译为“笼”，ཕོན། 义译为“官”，这可能就是“笼官”官名的由来。

13. ཡིན་འདྲོག ཡི་འདྲོག 之异体字，阴卓鬼

《十二缘生祥瑞经》上卷第846页载：无明日病，是夜叉难。汉文经典中之夜叉，在藏文中均译作གནོད་སྦྱིན།，为何在P. T. 55等占卜文书中都译作ཡིན་འདྲོག 阴卓鬼①？据《藏汉大辞典》第2593页载：“ཡི་འདྲོག，阴卓鬼，一种障碍善行使人遭遇不幸的魔鬼”。འདྲོག 带前加字འ，其单读时带的鼻冠音在连读时移作前一音节的韵尾，即读作ཡིན་འདྲོག。这种连读变音，在现代藏语方言中仍然存在，如མི་འདུག（口语为མིན་འདུག）、རྟ་མགོ（口语为རྟན་མགོ）等等。P. T. 55号文书第19、20、21、22、23、24、26、27、28、29、30、31、32诸行中均出现ཡིན་འདྲོག་གིས་འཆིའ། 即“被阴卓鬼害死”；P. T. 127号文书（正面1）第11行：ཉི་ཤུ་ལོ་མ་ཤི་ན། ཁ་ངན་ཞི་ལ་ཡིན་འདྲོགས་ཆེ་འོ། 即“二十岁若不死，恶言平息，但会有阴卓鬼大难”；P. T. 1051号文书第68行：ནད་དམ་དགྲ་ཟླ་ལ་བཏབ་པ་ཞིག་ན་ཡིན་འདྲོག་ལ་སྟེ།། 即“卜病人或怨敌占，有阴卓鬼之兆”。可以说，占卜文书中若出现“阴卓鬼”

① 郑炳林、黄维忠主编：《敦煌吐蕃文献选辑·文化卷》，北京：民族出版社，2011年。

一词，均写作ཡིན་འདོག（ས）或ཡན་འདོག，没有一处写成正字ཡི་འདོག，其原因就是连读变音所致。此外，ཡིན་འདོག并不是“夜叉”（药叉）的音译。“夜叉”藏文作གནོད་སྦྱིན།，其梵文音译为 yaksa（ཡཀྵ）；其唐音为 jĭa（羊谢切）tʃ'a（初牙切），唐音 jĭa tʃ'a（夜叉），第一音节无鼻韵尾，第二音节无塞韵尾。而ཡིན་འདོག，第一音节有鼻韵尾，第二音节有塞韵尾，因此，“夜叉”与ཡིན་འདོག在语音、语义上均相距甚远，没有联系。

《十二缘生祥瑞经》中的“夜叉”一词在 P. T. 55 号等占卜文书中未译成藏文གནོད་སྦྱིན，而改译为ཡིན་འདོགས།（正字为ཡི་འདོག）。究其原因，可能是因为夜叉在梵文中是半鬼半神，有时害人有时助人，如在 P. T. 960 号（于阗教法史）第 8 行：ཤ་བ་ནི་གནོད་སྦྱིན་གྱི་རྒྱལ་པོ་ཀུན་དུ་རྒྱལ་བར་གྱུར་ཏེ།། གནོད་སྦྱིན་གྱི་རྒྱལ་པོ་ཀུན་དུ་རྒྱལ་གྱིས། རྒྱལ་པོ་ལ་སྨྲས་པ།（即“那鹿却又变成夜叉王遍胜，夜叉王遍胜向于阗王说道……”。）吐蕃百姓尚未熟习夜叉的属性，而ཡིན་འདོག则是原始苯教中的一种障碍善行、使人遭遇不幸的魔鬼，此则人人皆知，故而将其改译更能表达文义。因此在 22 份敦煌藏文占卜文书的神鬼中，从未出现过夜叉གནོད་སྦྱིན།，却常见鬼名阴卓鬼ཡིན་འདོག一词。

14. བན་ཐུན།（天）蒙蒙亮、纠葛、乱飞、骚乱

《藏文大辞典》第 1704 页注释为：破旧不堪状。但在敦煌古藏文中，还有其他意义，如（天）蒙蒙亮、纠葛、乱飞、骚乱等义项。

（1）（天）蒙蒙亮　ITJ 747 号乌鸦占卜表第一个时间段：东方曙；方位：东方的表格内，藏文对应为ནམ་ཀ་

ཕན་ཕུན། 汉译文：天蒙蒙亮。《尚书》藏译文第 71 行：ཤིང་པོ་བྱི་བའི་ནམ་ཀ་ཕན་ཕུན་ན།① 汉译文：木鼠日（甲子）天色将曙，也是“天蒙蒙亮”之意。

（2）纠葛：P. T. 1098 号第 6—7 行：བརྒྱའ་ལ་(ཨེང་ཙེས་)ཇེ་བླས་གཉེར་མྱི་ཁྱེས་སོ་མྱི་འགྱོར་ར། གཞི་ལ་མ་མཆིས་སམ་ཕན་ཕུན་ཞིག་དུ་གྱུར་ན།② 汉译文：如恩子无暇完成内府王差或未按时送达(岁赋)，或因不在家而产生纠葛。P. T. 1115 号第 6—7 行：བརྒྱ་ལ་སོང་ཏེ་མ་མཆིས་སམ། ཕན་ཕུན་དུ་གྱུར་ན་འབྲུལ་བའི་ཁས་ལེན། དངོས་ཀྱི་མཆིས་སྣང་། སེར་ཟ་ཤིག་སམ་ཉང་གིས་མཆིད་ཡིས་འཚལ་བར་བགྱིས་པ……།③汉译文：万一宋弟弟外出不在或发生纠葛，承诺之数仍应交纳（指二汉硕青稞），可直接与其妻部落女石萨西萨娘去讲论（交涉）。以上二例，说明ཕན་ཕུན། 还有“纠葛”之意。

（3）骚乱：谐拉康碑甲第 11—12 行：ང་ཆབ་སྲིད་:མ་བཞེས་པའི་སྐབས་སུ་ཁ་ཅེ་ཕན་(ཕུན་)ཟ་། གདོན་སྟོན་པ་དག་ཡོད་པ་ཡང་།④ 汉译文：予尚未即位之时，有人骚乱，陷害朕躬。

（4）乱飞：P. T. 1283 第 109 行：(ཨང་)ང་ཙེ་ཐན་ཐུན་ཡུ་མཆིསོ།⑤ 汉译文：还有群蚊纷飞。例句中之ཐན་ཐུན། 即ཕན་ཕུན། 之异体字。ཨང་ང་ཙེ། 在安多藏语中为“蚊子”之意。笔者记得去青海调查藏语方言时，有位老人告诉我：新

---

① 陈践、王尧：《ཏུན་ཧོང་ནས་ཐོན་པའི་གནའ་བོའི་བོད་ཡིག་ཤོག་དྲིལ》（《敦煌本藏文文献》），北京：民族出版社，1983 年，第 120 页。

② 同上，第 87 页。

③ 同上，第 91 页。

④ 王尧：《吐蕃金石录》，北京：文物出版社，1982 年，第 108 页。

⑤ 陈践、王尧：《ཏུན་ཧོང་ནས་ཐོན་པའི་གནའ་བོའི་བོད་ཡིག་ཤོག་དྲིལ》（《敦煌本藏文文献》），北京：民族出版社，1983 年，第 287 页。

中国建立前，格尔木一带蚊子很多，人们外出时，不但要戴面罩，还要手扇驱赶扑面而来的蚊子。P. T. 1283① 虽然记载的是古西域若干国君王统之叙记文书，但其地理位置比较靠近青海省之西北，在吐蕃时期，自然环境也许相似，所以，敦煌古藏文文书中也有雷同的描述。上句中之ཐན་ཐུན（ཕན་ཕུན།）是纷飞、乱舞、密密麻麻，蚊子很多之意。

15. སྐྱིའུ་ཀ 粮仓保管员

P. T. 1077 号第 125—126 行：བཀའ་གྲིམས་ལས་ཆོད་ཀྱི་བསྐྱིའུ་རྗེ་དང་། ཁབ་སོའི་སྐྱིའུ་ཀ་ཞལ་ཆེས་བཐབ་པའི་དཀར་མར་ནི་ཐབས་མཉམ་མོ་ཞེས་འབྱུང་གི།།① 汉译文：法律中规定，武士之小百官与民户粮仓保管员被判之红、白律（按：即重、轻刑法）均等。P. T. 1104 号第 2—3 行：སློན་སྟག་ཟིགས་ལ་སྣན་འབུལ་བའི་རྒྱར་འབྲས་ཐོལ་ཁལ་བཞི་ཕོགསྟེ་སྐྱིའུ་ཀ་ལ་གཏད།།② 汉译文：又摊派献与论悉诺色 4 硕大米交与粮仓保管员。第 6 行：ཁལ་དྲུག་ནི་དྲུལ་ཚབས་ཆེསྟེ་སྐྱིའུ་ཀ་ལ་གཏད།།③ 汉译文：6 蕃斗火速交与粮仓保管员。第 23—24 行：སློན་སྟག་ཟིགས་ལ་སྣན་ཆང་རྒྱུ་ཁྲི་ཁལ་བཅུ་ཕོགསྟེ། སྐྱིའུ་ཀ་ཞིན་འདོ་དང་འབེ་ཙེ་ལ་གཏད།།④ 汉译文：又摊派为论悉诺色酿酒小米 10 蕃斗，交与粮仓保管员银诺和美子。第 29—30 行：སློན་སྟག་ཟིགས་བསུ་སྐྱོལ་གྱི་སུག་ཐབ་སྤྱར་བར་སྐྱེམས་རྒྱུ་ཁྲི་ཁལ་བཞི་ཕོགསྟེ་སྐྱིའུ་ཀ་ལ་གཏད།།⑤ 汉译文：为迎送论悉诺色摊派酿酒粮小米

---

① 王尧、陈践：《敦煌吐蕃文书论文集》，藏文部分第 91 页。
② 同上，藏文部分第 52 页。
③ 同上。
④ 同上，藏文部分第 53 页。
⑤ 同上，藏文部分第 54 页。

4 蕃斗已交粮仓保管员。

16. རིང་རེས། 严厉、认真

P. T. 1071 号第 422 行：ཝོ་ དོམ་ བཏགསྟེ་ རིང་ རེས་ གཅིག་ གིས་ བཅོད།① 汉译文：挂狐皮以示重罚。Or. 15000/326 兔年小罗布王田分配契约清册，第 6 行：ཐོག་བླར་བསྡུ།། དངོས་ཆད་པ་རིང་རེས་གཅིག་གིས་གཅད།།② 汉译文：庄稼归上峰收割，对其本人仍严加惩罚。

① 王尧、陈践：《敦煌吐蕃文书论文集》，成都：四川民族出版社，1988 年，藏文部分第 47 页。

② 陈践、王尧：《吐蕃文献选读》，四川民族出版社，2003 年，第 170 页。

若干典型古藏文语词疏释之二①

——重读吐蕃文献之体会

最近，读到一位知名学者解读敦煌卷子的初译稿，译文中，有30年前已有定论的典型古藏文语词，他作了“今译”，以致译文出现了误译。为什么会出现这种情况呢？可能是，《敦煌吐蕃文书论文集》在20世纪80年代，只出版了1000册，后来也未再版。另外，20年前已动工的《敦煌古藏文辞典》迟迟不能问世，使部分成果不能为读者服务，重复劳动，反易出错。为此，笔者撰写此文，提供已有定论的典型古藏文语词之确切含义，以便译者利用前人成果，攀登吐蕃文献研究高峰。

翻译吐蕃三大文献——碑刻钟铭、写卷、木简最易犯的错误是，将“古词”作“今词”翻译，这是大脑条件反射所致，也就是说，习惯性地将有意义的“异体字”作今词解读。比如，2013年，笔者在翻译ITJ 739号第6行ཕུར་གི་ནི་རི་མོས་བཏབ། 时，将ཕུར། 按照词典里作“橛、小桩”解释，译作“用橛绘上花纹”；但联系前面的译文为ཞལ་བཟང་ནི་མཚོན་བྲྀས་(བྲིས་)པས། “俊脸涂上颜色”。试想：“俊

① 本文为国家社科基金重大招标项目“敦煌吐蕃文献分类整理与研究”（12ZD139）的阶段性成果。

脸”怎么承受得了“橛子”绘上花纹？因此，考虑ཁྱུར།并非“橛子”，而是个异体字。那它是哪个正字的异体字呢？根据吐蕃时期藏文送气清音ཁ་ཆ་ཐ་ཕ་ཚོ།与不送气清音ཀ་ཅ་ཏ་པ་ཙ有互换的语音变化，ཁྱུར།可能是པིར།的异体字，而པིར།在安多藏语中为“笔”（借词）的正字，因此，前后两句译文相连为“俊脸涂上颜色，用笔绘上花纹”。吐蕃时期的“赭面”化妆习俗便跃然出现在眼前。

下面再举几个典型的古藏文词汇。

1. དམག་པ། 即མག་པ། 女婿

P. 3998 号东方、黄昏时之卦辞为：姊妹及亲至。P. T. 1045 号东方、黄昏时之卦辞为：ཕུ་སྲིང་དམག་པ་འོང་བ་སྟོན།①ཕུ་སྲིང་།兄妹之意，དམག་པ།此处并非“军队”，也非引申意义“口角”，而是མག་པ།（女婿）之异体字。敦煌藏文文书中，在浊音基字前，加浊音ད།，在卦辞中不罕见，例如：ITJ 742 号第 4 行：མདའ་བྱ་དགོད་མ་ཅིག་དང་།②雕翎箭一支。此句中བྱ་གོད།（大雕）写作བྱ་དགོད།。其第 22 行：ནད་པ་ལ་བཏབ་ན་དབླུད་བཏབ་ན་རུང་།③占卜病人，宜赎身。以上句中之བླུད།（赎命物）写作དབླུད།。因此，将 P. T. 1045 号卦辞译为“兄妹女婿至”与汉文 P. 3998 号“姊妹及亲至”内涵是相同的。

2. ཝ་ཇོམ་གདག། 挂狐皮（对懦夫的惩罚）

P. T. 1071 号第 347、369、382、385、388、422 等行

---

① 郑炳林、黄维忠主编：《敦煌吐蕃文献选辑 · 文化卷》，北京：民族出版社，第 125 页。

② 同上，第 118 页。

③ 同上，第 119 页。

均有此词。第 347—348 行：སྙར་མ་ཝ་དོམ་གདག་སུ་བསོ། ①对懦夫挂狐皮了事。第 369—370 行：སྙར་མའི་ཆད་པར། ཝ་དོམ་བདགསྟེ།② 对懦夫之惩罚，挂狐皮。第 388 行：སྙར་མ། ཝ་དོམ་བདགསྟེ: ཝག་ཧྲ་བཀུབ་སྣལདོ།།③ 给懦夫挂狐皮，（懦夫）赔死者一匹马。给懦夫挂狐皮，给武士、勇士挂一小块虎皮臂章，这是吐蕃时期的习俗。随着社会制度的变化，现在，藏族男性藏袍下摆，常饰以豹皮或豹皮花纹，这是古代尚武习俗在藏族服饰上的反映。但狐皮帽演变为聚会、过节所戴的服饰，则失去了原来表“懦夫”的含义。

3. སྔང་། 粮食、酒

སྔང་། 一词在碑刻、写卷中多次出现。

工布第穆摩崖石刻第 19—20 行：སྔངར་ཁྲབ་ནས་དང་།། འབྲས་གང་……བ་…རྫང་།། འབུལ་བའི་ས་ཚིགས།། ལྟར་ཀྱི་ལས་གྱི་བསྒྲིང་བར།།④ 在其境内所产之物中以酿酒粮食，青稞、大米任何一种（奉献）均可；而驿送之役，不得远延。

P. T. 997 号第 7 行：འབངས་དང་དཀོར་སྔང་ཐང་འདེབས་པའི་རིང་ལུགས།⑤ 登录寺户、信财、粮食清册之长官。

P. T. 1203 号第 1 行：ངང་མེང་ཏིང་གི་སྔང་བང་དུ་ཅེ་བོ་ཁལ་བཅུ

---

① 陈践、王尧：《ཏུན་ཧོང་ནས་ཐོན་པའི་གནའ་བོའི་བོད་ཡིག་ཤོག་དྲིལ》（《敦煌本藏文文献》），北京：民族出版社，1983 年，第 41 页。

② 同上，第 43 页。

③ 同上，第 44—45 页。

④ 王尧：《吐蕃金石录》，北京：文物出版社，1982 年，第 99 页。

⑤ 王尧、陈践：《敦煌吐蕃文书论文集》，成都：四川民族出版社，1988 年，藏文部分第 30 页。

སྣོན་གླུ་བཟང་གིས་གཡར་པོར་འཚལ་ཏེ།① 论嘘律卜藏从“长明灯”之粮仓借荞麦 10 蕃斗。第 8 行：སྣང་འདོགས་རིང་ལུགས་ཀྱིས་ཕུལ་བའི་སྟོམ་དང་སྦྱར་ན་ཁྲི་ཁལ་ཕྱེ་དང་གསུཾ་ཤོར་པ་སྟོན་སྦྲིའུ་ཀས་འབུལ་བར་བཅད།② 收租（粮）长官将所交数合计后，与应交粟数相衡，欠缺 2 蕃斗半，于秋季（补）交粮仓保管员。

P. T. 1111 号第 1 行：རྒོད་སྣང་ཚོགས་པའི་སྣང་དང་། ཁ་སྣང་པ་ཟ་གཉིས་ཀྱི་སྣང་རྩིས།③ 军粮与供养粮二者之粮账。第 2 行：རྒྱ་ཤ་ཅུ་པ་རྒོད་ཚོགས་པའི་སྣང་རྩིས།④ 沙州唐人应交军粮之账。第 8—9 行：སྣང་གཞི་ལ་མཆིས་ཡང་དག་པའི་སྟོམ། ཁྲི་ཅི་ཁལ་བཞི་སྟོང་། དྲུག་བརྒྱའ་ཚ་བཅོ་བརྒྱད་དང་། བྲེ་དོ།། ཁུངས་ཆད་དུ་བཐབ་པ་ལས།⑤ 将原有粮准确折合，粟米 4618 蕃斗 2 蕃升用作支出。ITJ 914（Ch. 79. XVI. 7）第 1—2 行：སྤྱི་ཚོགས་ཀྱི་སྣང་མངན་ལོ་བྲིས་བརྩན་གྱི་སྔུག་པ་ན་མཆིས་པ་ལས། ལི་ཀང་ཅེས་གི་གྲོ་ཁལ་ཕྱེ་དང་གཉིས་དང་བྲེ་བཞི་ཞིག་སྐྱ་གཡུ་དུ་མནོས་པ།།⑥ 从总粮库旧管粮官卢彼赞处，李绛泽借贷小麦 1 蕃斗半 4 蕃升。

4. ཆབ་སྲིད། 社稷，联姻

ཆབ་སྲིད། 在《藏汉大辞典》中解读为“政治”，但在吐蕃藏文文献中有两个义项，一为社稷，一为联姻。

古书载，社稷就是国家。故又可引申为国政、政权、

---

① 王尧、陈践：《敦煌吐蕃文书论文集》，成都：四川民族出版社，1988 年，藏文部分第 49 页。

② 同上。

③ 同上，藏文部分第 44 页。

④ 同上。

⑤ 同上，藏文部分第 45 页。

⑥ 郑炳林、黄维忠主编：《敦煌吐蕃文献选辑 · 社会经济卷》，北京：民族出版社，2013 年。

政令之意。《唐蕃会盟碑》正面汉藏对照盟文左侧汉文第1行“舅甥二主商议社稷如一”，第3行“今社稷叶同如一”。正面右侧藏文对译为：དབོན་ཞང་གཉིས།། ཆབ་སྲིད་གཅིག་ཏུ་མོལ་ནས།། 和ད་ཆབ་སྲིད་གཅིག་ཅིང།། 也就是说，碑文将汉文“社稷”译为藏文ཆབ་སྲིད།，这是当时国家级盟文的古词古译。背面第23—24行载：ཆབ་སྲིད་གཅིག་ཏུ་མོལ་ནས།……这是指松赞干布与唐太宗（626—649在位）商议双方联姻，于贞观年（461）迎娶文成公主至赞普牙帐。第25—28行载：ཕྱིས་འཕྲུལ་གྱི་ལྷ་བཙན་པོ་ཁྲི་ལྡེ་གཙུག་བརྩན་དང་རྒྱ་རྗེ་སམ་ལང་ཁའི་འགྭན་ཤེང་ཕུན་ཤིན་ཕུ་ཧྭང་ཏེ་གཉིས།། ཆབ་སྲིད་གཅིག་ཏུ་མོལ་ཏེ།། གཉེན་བརྩེགས་ནས།། ཀེང་ལུང་གི་ལོ་ལ་ཀིམ་ཤིང་ཀོང་ཅོ།། བཙན་པོའི་ཁབ་དུ་བླངས་ནས།།……汉译文：此后，圣神赞普弃隶缩赞与唐主三郎开元圣文神武皇帝商议双方联姻，更续姻好，景龙之岁，复迎取金城公主至赞普牙帐……

上述碑文有一疑点，即金城公主是唐中宗景龙四年（710）降嫁吐蕃赞普弃隶缩赞的，李隆基（昵称三郎སམ་ལང་།）此时为中书省之中书令，尚未登基，他是712年登基为王的，开元圣文神武皇帝是群臣于739年给他上的尊号，为什么要将后来的历史搬至前面？吐蕃人不知情吗？非也，笔者的分析是：1. 唐中宗在位时间短暂无为，重大决策屡屡要问掌握实权的李隆基，“三郎同意否？”在降嫁金城公主一事上，三郎可能起了决定性的作用。2. 金城公主与唐玄宗（李隆基）关系密切，写信时自称“奴奴”（即妹妹），金城公主为吐蕃人请《诗经》《毛诗》《礼记》和《文选》等汉文经典各一部，三郎皆有求必应，尽管当时有大臣反对他这样做。3. 吐蕃迎婚使至长安时，唐中宗命驸马杨慎交等与吐蕃使打马球（又叫“波罗球”)。三郎当时是“马球队队长”，他“东西驱突，风回电激，所向无敌，吐蕃攻不获施”（《封氏闻见记》卷6“打球”条)。这项活动让吐蕃人感到唐朝和亲的诚意及三郎对吐蕃的情意。4. 唐玄宗在位时间最长，达45年之久，开元、天宝年间是唐朝的鼎盛时期，威名远扬，碑文上刻上他的大名光彩、气派，反映吐蕃人既讲情义，又要面子。因此在敦煌藏文文书诗歌和占卜文书中，尽管年代不相吻合，好事、要事总要写在三郎的名下，比如，墀都松时期，噶尔家族被灭，其子孙投唐是在武则天掌政时期（699)。《通鉴》206“圣历二年（699）四月”条云：“赞婆（噶尔之子）帅所部千余人来降……太后……以赞婆为特进归德王。钦陵子弓仁（即莽布支）以所统吐谷浑七千帐来降，拜左玉钤卫将军，酒泉郡公。”但在《敦煌本吐蕃历史文书》P. T. 1287号第529行载：噶尔家族被赞普剿灭，噶尔孙莽布支率部投唐时唱道：“余之属官长上，是唐王三郎，逃亡者之故乡是大唐。”另外，在ITJ 742号“金钱神课判词”第1—2行：གནམ་དང་པོ་གོང་ཆེ་འཕྲུལ་གྱི་བུ།། གཙུག་ལག་དང་། གཙུག་ལག་མང་པོ་ཞིག་མདོར་བསྡུས་སྟེ། གཏན་ལ་ཕབ་བ། འཕྲུལ་གྱི་ལྷ་རྒྱལ་པོ་ལི་བསམ་བློང་གིས་ཆིབ་གོང་ནས་ཐུགས་རིང་ནས་མོ་འདི་གཏན་ལ་ཕབ་པ་ལགས་སོ། “神子孔子，将道与众多经典汇集定夺；圣神国王李三郎（李隆基）于坐骑上久思后定下卦辞。”孔子与李隆基相隔上千年，孔子是公元前的圣人，根据传统说法，孔子作《十翼》，即10篇解释《周易》古经的文字。而唐玄宗李隆基是唐朝8世纪（712—756）的皇帝，卦辞开头写上二位大名，是为了显示该卦辞权威、正宗、灵验。显然，《唐蕃会盟碑》上镌刻三郎尊号是“明知故误”，用心良苦。

《敦煌本吐蕃历史文书》也多次出现ཆབ་སྲིད། 一词，其词义为社稷之扩大义——“政权、政令”。如 P. T. 1287 号第 331—335 行阐述墀都松将噶尔家族治罪后之政权：ཕྱག་ན་ཆབ་སྲིད་སྔོན་བས་ཀྱང་མཐོ།།……ཡུལ་ཕྱུག་པོ་བཅོས་སྟེ་ཆབ་སྲིད་ལེགས་པ་མང་པོ་ནི་འདི་འི་ནང་དུ་མ་གཏོགས། ཞང་གི་འོག་དུ་འཇང་ལ་ཆབ་སྲིད་མཛད་དེ་མྱ་དཀར་པོ་ཕྱའ་ཕབ།……①手握政权比往昔更牢固……征服富庶地域，行诸多善政文中未及细载。后，又推行政令及于南诏，让白蛮来贡赋税……第 346—347 行：འཇང་གི་རྒྱལ་པོ་བོད་ཀྱི་འབངས་སུ་བཞེས་པས།། རྒྱ་འི་ཆབ་སྲིད་ལ་ཡང་ཤིན་དུ་དམའ་ཞིང……②以南诏王降归吐蕃为民之故，唐廷政权大为低落……。

P. T. 1082 号第 5 行：སྤྱང་ནས་ཡང་བཀྲ་རྩལ་ན།། ཆབ་སྲིད་གི་བཀྲ་མཆིད་ཅི་ཡང་མྱི་གདའ།།③ 上方来令，并无关于社稷大事者。P. T. 1132 号第 5 行：ཆབ་སྲིད་ཆེ་ཞིང་དབུ་རྨོག་བརྩན།།④ 社稷永存，权势坚固。

ཆབ་སྲིད། 第二个义项为联姻。如 ITJ 750 号第 50 行：བཙན་མོ:ཁྲི་མོ་སྟེངས:དགས:ཡུལ་དུ་ཆབ:སྲིད་ལ་གཤེགས་པར་ལོ་ཆིག:⑤此年，赞蒙墀媢顿嫁与达布王为妃。P. T. 1287 号第 399 行：

---

① 王尧、陈践：《敦煌本吐蕃历史文书》（增订本），民族出版社，1992 年，第 53 页。

② 同上，第 54 页。

③ 陈践、王尧：《ཏུན་ཧོང་ནས་ཐོན་པའི་གནའ་བོའི་བོད་ཡིག་ཤོག་དྲིལ》（《敦煌本藏文文献》），北京：民族出版社，1983 年，第 98 页。

④ 同上，第 102 页。

⑤ 王尧、陈践：《敦煌本吐蕃历史文书》（增订本），民族出版社，1992 年，第 17 页。

བཙན་མོ་སད་མར་ཀར།། ལིག་མྱི་རྒྱ་ལ་ཆབ་སྲིད་ལ་གཤེགས་སོ།།① 赞蒙赛玛噶降嫁（象雄王）李迷甲为王妃。

5. དབྱོངས།→དཔྱོངས། 悬挂，吊挂（引申为：判决、决断）

当我们解读གཙྱོངས།字时，查《藏汉大辞典》无此词，考虑它可能是དཔྱོངས།之异体字，因为吐蕃文献中，清音ཁ、ཅ、ཏ、པ、ཙ可以与浊音ག、ཇ、ད、བ、ཛ交替，而དཔྱོངས་པ།在字典中作“悬挂、吊挂”解，其三时一式为：དཔྱོང་བ། དཔྱངས་པ། དཔྱང་བ། དཔྱོངས་པ།，文献中与其对应之异体字为：དབྱོང་། དབྱངས། དབྱོངས།。དཀྱིགས་པ།为“捆绑”，二者组词དཔྱོངས་དཀྱིགས།，我们曾从字面直译作“绞刑”。当时，心中也有疑惑，吐蕃时期的军法会这么严酷吗？后在翻译P. T. 1081号《关于吐谷浑莫贺延部落奴隶李央贝事诉状》和P. T. 1089《吐蕃官员请求复职表》时，多次出现དབྱོང་། དབྱོངས། དབྱངས།，根据前后文，将དབྱོང་།等解读为“判决、决断”；将དབྱོངས་དཀྱིགས།引申为“严正判决（决断）或公正决断”。

（1）木简II455号

①བྱི་བ（བོ）·བགྱིས་པ་ཁྲིམས་ཆེ་ལ་ཐུགསཔ། དམག་པོན་དང་།

②སྤྱན་གྱིས་དབྱོངས་དཀྱིགས་ལ་གསོལ་ཅིག

过去汉译为：淫人妻女，触及刑律大法，元帅及悉编掣逋（观察使）应将犯人处以绞刑。②

现在汉译为：淫人妻女，触及刑律大法，元帅及观察使应将犯人严正判决。

---

① 王尧、陈践：《敦煌本吐蕃历史文书》（增订本），民族出版社，1992年，第57页。

② 王尧、陈践：《吐蕃简牍综录》，北京：文物出版社，1986年。

（2）P. T. 1089 号第 12—13 行：ན་ཉིང་མཁར་ཙན་ཁྲོམ་ཀྱི།། དཔོན་སྣ་གྲལ་ཐབས་ལ་མཆིད་ཀྱི་མཛལ་པའ། དམག་པོན་གྱིས་དབྱང་སྟེ（དབྱངས་ཏེ）……

去年，凉州将军衙中，官员对品位不和协，由将军作决断后……①

（3）P. T. 1089 号第 75—76 行：བློན་ལེགས་བཞེ་ཁྲི་མ་འདོད་ལ་སྩོགས་པ་ལ་གཡར་ཆོད་མཆིས་ཤེས་གསོལ་ནས། དབྱངས་དཀྱིགས་སྟེ་ཞུས་པ……

请论列热其玛多等亲自处理，作公正决断……②

（4）P. T. 1089 号第 71 行：དབྱངས་དཀྱིགས་སྟེ་ཞུས་པ……

恳求作公正决断……③

（5）P. T. 1081 号第 9—11 行：ཁ་མར་ལས་སུག་ཡིག་ཀྱི་འཐུན་པ་མད་དོ་ཀྱི་མད་གཚོད་དཔྱོང་གི་རིང་ལུགས་ཀྱིས་དཔྱོངས་ལ་ཞུས་ཤིག་ཅེས་གསུང་།། གཙོད་དཔྱོང་གི་རིང་ལུགས་ཀྱི་གཡར་སྔར། ལི་ཡང་དཔལ་དངོས་རྣམས་ན་།……

说户册与卖身契约不符对不对？求大理正卿判决。大理正卿驾下，李央贝自证……④

（6）P. T. 1081 号第 22—23 行：གཙོད་དཔྱོང་ཀི་རིང་ལུགས་ཀྱིས་དབྱངས་ཏེ་ཞུས་པ། ལས། ཐན་བུ་སུག་ཡིག་བརྩན་པར་འཚོལ་ཅིག།།

请大理正卿判决。

批示：严格按照童奴卖身契所书处理。⑤

---

① 王尧、陈践：《P. T. 1089 吐蕃职官考信录》，《中国藏学》1989 年第 1 期。

② 同上。

③ 同上。

④ 王尧、陈践：《敦煌吐蕃文献选》，成都：四川民族出版社，1983 年。

⑤ 同上。

6.（ཁོང）ལྟ་ཞིག（他）本人

一般来说，一个语词，如若只有一个义项，在三大文献中出现，应作相同的解读，否则，就是有误。关于ལྟ་ཞིག一词，我们最早接触到是在《唐蕃会盟碑》中，当时译作“不用说”，此解读在该句中是讲得通的，但在其他文献中，发现ལྟ་ཞིག作“（他）本人”解才准确，后统一解读为“（他）本人”。

我们注意到李方桂先生将长庆碑东侧第37行之ལྟ་ཞིག，译作“特别是、尤其是”，在此处是讲得通的，如果他接触到P. T. 1287号第318、348行的ལྟ་ཞིག（例句见下），可能会有另外的译法。

我们还翻阅到，东噶·洛桑赤列教授将（ཁོང）ལྟ་ཞིག注释为（ཁོང）རང་རང་ཉིད་ཡང་།（他）本人。也查阅止贡·嘉衮切仓的《吐蕃史》中也是类似的解读，因此，提出上述注解。

（1）P. T. 1287号第318行：ཁྱུང་པོ་སྤུང་སད་ཟུ་ཙེ་ལྟ་ཞིག རྒན་ཏེ་ཉི་མ་འདེར་གནང་ངོ།

琼保·邦色苏孜（他）已经老耄，曝日闲居矣。①

止贡·嘉衮切仓藏译：ཁྱུང་པོ་སྤུང་སད་ཟུ་ཙེ་དེ་ལོ་རྒས་ནས། ཉི་མ་བསྒོ་ཞིང་སྡོད་པར་སྡོད་དུ་གནང་བ་ལ།

（2）P. T. 1287号347—348行：འཇང་མྱུ་འི་རྒྱལ་པོ་ལྟ་ཞིག་རྒྱ་ལ་ལྟ་ལྟ་བ་ལས། རྒྱའི་རྗེས་དགྲར་བླངསྟེ（བླངས་ཏེ）།

而南诏王他本人，彼承事唐廷，忽转而以唐为敌。②

---

① 王尧、陈践：《敦煌本吐蕃历史文书》，北京：民族出版社，1980年。

② 同上。

止贡·嘉衮切仓藏译：འཇང་སྤྱིའི་རྒྱལ་པོ་རང་གིས་རྒྱ་ནག་ལ་ངོས་ལྷས་མཐུན་ལམ་གྱི་ཚུལ་ལྟར་བྱས་ཀྱང་།……

（3）《谐拉康碑甲》第 4 行：བན་དེ་ཏིང་ངེ་འཛིན་ལྷ་ཞིག། གདོད་ནས་མཐར་སྙིང་ཉེ་སྟེ།

班第·定埃增（他）本人，自始至终忠贞不二。①

（4）《唐蕃会盟碑》东侧第 37—39 行：རྒྱ་དང་ལྷ་ཞིག། གཉེན： རྩིག་མ། ཡུལ་ཁྱིམ་ཚེས་ཡིན་པས།

过去汉译：与唐之亲好夫复遑言，谊属重亲，地接比邻……②

现在汉译：与大唐本国，谊属重亲，地接比邻……

（5）P. T. 1132 号 7 行：བདག་ངན་པ་ལྷ་ཞིག། ཕྱག་རྗེད་ཀྱི་ཐ་མ་ཇེ་ཐོག་པ་འི་ཚོ་ཤ་ཛི་ཡང་མ་ཕུལ་བ……

小人本人，连起码之尽忠效劳也未能做到。③

7. ངན་པ། 1. 小（人）、鄙（人）、愚（人），2. 恶（人）、次、旧

敦煌藏文文献中，ངན། 加在人称代词“我”之后，组成谦语，用于自称，作小人、鄙人解；作形容词时，作：穷人、恶人解；单独出现时，作：恶、次、旧解。

（1）P. T. 1132 号第 8 行：བདག་ངན་པ་མཆིས་པ་ཡང་། ཡབ་སྲས་མཆེད་ཀྱི་བར་དུ་ཚོ་ཤ་མ་བསྒྲིས（བསྒྲིང་）པར་ཐུགས་ཆོད་མངའ་བ་ཡང་ལགས་ན……

① 王尧：《吐蕃金石录》，北京：文物出版社，1982 年。

② 同上。

③ 王尧、陈践：《敦煌吐蕃文献选》，成都：四川民族出版社，1983 年。

小人虽在，未能为父子二位阁下继续效劳，谅已察觉①……

（2）P. T. 1132 号第 9 行：བདགི་མཆིས་བྲང་ངན་མ་ཞིག་ཤ་ཅུ་ན་མཆིས་པ།

吾之贱内，住于沙州。②

（3）P. T. 1142 号第 7 行：བདག་ཆག་ངན་པའི་མྱིང་(མྱི)་ཕྱུགས་ལ་ནོང་(ནོངས)ཡོ་ཅི་ཡང་མཆིས།

鄙职此处人畜无任何疾病。③

（4）P. T. 1142 号第 11 行：བདག་ཆག་ངན་པ་ཡང་མཆིད་ཡི་གེ་དུ་མ་ཞིག་གསོལ་ན།

鄙职已向上峰呈交诸多信函。④

（5）P. T. 1047 号第 218 行：མྱི་ལ་བབ་ན:མྱི:ངནད་པ་དང་ཀླ་ཀློ་དང་མན་མོན་གྱི་ཇོ:།།

卜人占，则为贫穷人、野蛮人、门隅人之兆。⑤

（6）P. T. 1047 号第 317 行：མྱི་ངནད:པ:གཉིས་གྱིས:གཡག་ཆིག་ཕོགསྲུ:ནོན:པའི:ཇོ།།

二穷人驯服牦牛之兆。

（7）P. T. 1047 号第 363 行：མྱི་ངནད་པ་མང་:སོ:ཞིག:མྱི:དགའ:འགྱོད་པའི:ཇོ།།

---

① 王尧、陈践：《敦煌吐蕃文献选》，成都：四川民族出版社，1983 年。

② 同上。

③ 同上。

④ 同上。

⑤ 陈践：《吐蕃卜辞新探》，上海：上海远东出版社，2015 年。

众多贫穷人悲哀失悔之兆。①

（8）P. T. 1047 号第 393 行：བུད་མེད་ངན་པ:མོ:གཅིག:བཀྲའ་ཤིས:ཏེ:ཇོ་མོར་ལགས།

一贫妇走运成为女主人。②

（9）P. T. 1047 号第 336 行：སྲིབ་མོ:ཡུལ:ངན:པ:ལ:ཤིང་སྡོང་པོ་བཟང་པོ་ངོ།།

阴面次地长佳树之兆。③

（10）P. T. 1047 号第 366 行：ཐོ་ནས་མྱི:དགའ་ཞིང་ཉོན་མོངས་པའི་ཏོག:དུ་གཏམ:ངནད་པས་བརྣནད་པའི་ངོ།།

开头不悦，苦恼时又以恶言相压之兆。④

（11）P. T. 1047 号第 388 行：བུད་མེད:ངན་པ:མོ:གཅིག:ལས:བཀྲའ:ཤིས:མར་ལག་སྟེ:མྱི་ཀྱིམ་ག་གྲོག་དང:ཕྱད:འཔར:དུ:ཡོདདེ:སྙིང་དགའ:བའི་ངོ།

一贫妇，从吉祥天女手中获得住房、财物，心喜悦之兆。⑤

（12）《古太公家教》第 62—64 行：མྱི་འཛངས（མཛངས་）པས་ཆོས་བཟང་པོ་བྱས་པ་ནི།། ཐོག་མ་ཡང་ལེགས་པའི་ནང་ནས་འོངས།། ཐོ་མ་ཡང་སྐྱིད་པའི་ནང་དུ་སོང་ངོ། མྱི་ངན་པས་ཆོས་ངན་པ་བྱས་པ་ནི།། ཐོགས་མ（ཡང་）ངན་པའི་ནང་ནས་འོངས།། ཐ་མ་ཡང་ཉོན་མོངས་པའི་ནང་དུ་སོང་ངོ།།

智者行善法，开始即优秀，最后能获福泽。愚者行

① 陈践：《吐蕃卜辞新探》，上海：上海远东出版社，2015 年。
② 同上。
③ 同上。
④ 同上。
⑤ 同上。

恶法，开始即不良，最后堕入烦恼。①

（13）《古太公家教》第139—140行：ངག་ལྡེ་(ལྡེ)་རེ་དང་རྒྱན་པོ་བྱེད་པ་ལ་སྒོགས་པ་ན།། མི་ཐམ་ཅད་ཀྱི་ནང་ན་འང་ངན་ནོ།། ཚིག་ངན་པ་མ་ཉན་ཅིག།།

挑拨是非和行窃等，属众人中之卑劣者。勿信谗言。②

（14）ITJ 740号第202行：མི་ངན་དཔལ་ཆེ༔རལ་ངན་མཚོན་རྣོ།

人穷志高，刀旧锋利。③

（15）P. T. 992号第34行：ནུ་ཕྲུག་ངན་པ།

小子幼弟。④

8. རྗེ་བླས། 王差、王事、王业

རྗེ་བླས། 一词在吐蕃时期三大文献中出现频率较高，该词在20世纪80年代出版的相关刊物中均有所见，可以说是个常用古词，但凡接触过吐蕃时期三大文献者都不陌生。རྗེ་བླས། 是双音节词，是指效劳赞普的“王事、王差”，因此，大臣、百姓都有可能从事。

（1）如《恩兰·达札路恭纪功碑》东侧，第1—9行载：任命达札路恭为内相同平章事后，他：བཀའ་ལུང་དང་འདྲ་བར་རྗེ་བླས་བཀའ་དགུ་ཉམསུ་བླངས་ཏེ།

① 陈践：《敦煌古藏文〈古太公家教〉译释》，《西藏民族大学学报（哲学社会科学版）》，2017年第2期。

② 同上。

③ 格桑央京：《敦煌藏文写卷Ch. 9. II号初探》，《中国藏学》2005年第2期。

④ 陈践：《P. T. 992、P. T. 1284、ITJ 729〈孔子项托相问书〉》，《中国藏学》2011年第3期。

如诏书所颁，一切艰巨王事均曾从事。①

（2）ITJ 744 号占卜文书第 26—27 行：རྗེ་བླས་དང་ངོ་འཕྲད་གསོལ་ན་གནང་།

若请求从事王差和立战功则准。②

（3）P. T. 1283 号为《礼仪问答写卷》，第 465—466 行：མ་རབས་ཀྱིས།། གཞན་མི་ནུས་ན་རྗེ་བླས་ལ། བརྩོན་འགྲུས་ཀྱིས་ཞིག།།

若不能做别的事，最低限度，对王差应勤奋从事。③

（4）P. T. 1098 号系名为“玉来”者雇悉董萨部落慕恩子代送岁赋的经济文书，其第 5—7 行载：སོ་ཐང་སྐྱེལ་དུ་མཆི་བ་ལ་རྗེ་བླས་གཉེར་མི་ཁུམས་སམ་སོ་ཐང་གི་རྣམས་ཆད་པ་ཞིག་དུ་སྒྱུར་ན……

因要送岁赋，（所承应的）王差无暇完成，或因岁赋没有全部送完④……

བརྒྱའ་ལ་(ཤིང་ཙས)རྗེ་བླས་གཉེར་མི་ཁྲིམས་སཾ་མི་འབྱོར་རོ།

万一恩子无暇完成王差，或未按时送达（岁赋）。⑤

（5）P. T. 1297 号是一份购马契约，第 7—8 行载：བརྒྱལ་ལ་ལྷ་བཙན་རྗེ་བླས་ཀྱིས་བཙལ་འམ་གཞི་ལ་མ་མཆིས་ནའ།།

万一腊赞被派支王差或不在家。⑥

（6）Ⅱ131—3　M. I　XXⅧ　2

2　……བདག་ཆག་རྗེ་བླས་ཅེར་ཅེན་དུ་ཆད་པ་（བཏུང）་ཀྱང་གདའ་ན་འདིར་ཡང་བོང་བུ་ཡང་སྐྱར་ན་ཆུང་མཆིས་ཁྲི་ནས་ཁམ་ག་ཀྱང་མར་

---

① 王尧：《吐蕃金石录》，北京：文物出版社，1982 年。

② 郑炳林、黄维忠主编：《敦煌吐蕃文献选辑 · 占卜文书卷》，北京：民族出版社，2016 年，第 171 页。

③ 王尧、陈践：《敦煌吐蕃文书论文集》，四川民族出版社，1988 年。

④ 王尧、陈践：《敦煌吐蕃文献选》，四川民族出版社，1983 年。

⑤ 同上。

⑥ 同上。

3 ཟྨེ་ཟྨིན་ན་མཆིས་ན། སྣར་གདུང་བཙུ་ཚོན་ཆད་ཙམ་གིས་བགྲོལ་ལགས་ན།

……所派我等王差繁重频频，如今，此地毛驴有小病，（口粮）粟米、青稞颗粒也无，恳求宽限十天再去(可否?）……①

由上可知，རྗེ་བླས（王差)内涵十分广泛,大至恩兰·达札路恭奉墀松德赞令率兵攻下唐都长安（763 年)，小至遵令自带牲畜、口粮去修桥铺路、运送物资，均为完成王差（རྗེ་བླས)。所以，吐蕃王朝崩溃后，རྗེ་བླས། 这个语词也随着赞普消亡而消失了。

西藏洛扎吐蕃摩崖石刻，先后已有巴桑旺堆、霍巍、李方桂等诸位学者释读。今见《民族翻译》2014 年第 4 期第 37 页，有学者将རྗེ་བླས། 一词分割作二词解，རྗེ། 下注汉文为“王”，བླས། 下面注“誓言”。笔者感到十分意外，吐蕃文献中关于盟誓、誓言之语词颇多，有དཀུ་རྒྱལ།、དབུ་སྙུང་།、དམ་ཚིག、ཐ་ཚིག ཡི་དམ།、སྨོ།、མནའ། 等等，还有表示集会议盟的འདུམ་མ།；表示盟文之གཙིགས；以及加在及物动词后表示“发誓不”之རེ།②。རྗེ་བླས། 王差，王事一词，早在 30 年前已有公认，为何到 30 年后被分解为两个生词？可能是缺少一本《吐蕃古藏文辞典》的缘故，现在人的生活节奏快而忙碌，无暇翻阅早已问世的相关书刊，致使有的学者，翻译时凭主观想象，出现了这种令人遗憾的错误，如拙文能引起研究古藏文课题学者的注意，将是本文最大的收获。

---

① 王尧、陈践：《吐蕃简牍综录》，北京文物出版社，1986 年，第 380 号。

② 陈践：《吐蕃时期藏文文献中的盟誓》,《中国藏学》2009 年第 3 期。

若干典型古藏文语词疏释之三①

——重读吐蕃文献之体会

本文系解读过去发表的吐蕃文献中之古词语内涵的系列文章之一。这些典型语词，《藏汉大辞典》中虽已收入，但不是文献中之含义，而是与其可以交替的异体字，如སོག为ཟོག之异体字；ཆད་ཀ为ཆས་ཀ之异体字；འཕེན།为འཕན།之异体字。另，阐述了ཟང་ཆེན།与གཙང་ཆེན།的不同含义。均用文献例句进行比较、说明，供读者参考。

1. སོག→ཟོག　牲畜

碑文和I. O. 750号文书中之སོག།实为ཟོག（牲畜）之异体字，由于སོག在《藏汉大辞典》中为“草”之意，因此，有的学者将其译作“草料”；将སོག་རིལ།译作“草料税”。若将碑文和I. O. 750号中之སོག译作“草料”，赞普颁赐之འཛོག（牧场）难道不长草吗？笔者1956—1957年去青海调查安多方言时，既去过夏季牧场，也去过冬季牧场，印象深刻的青海省海晏县金银滩牧草，有一尺多高，躺在茂密的草上很松软。吐蕃时期的牧场，比当今更为辽阔，牧草也更为茂盛，不大需要储备大批草料。

---

① 本文为国家社科基金重大项目“敦煌吐蕃文献分类整理与研究”（12ZD139）成果之一。

吐蕃时期奴隶、田地、牧场、牲畜、园林为生产资料，赞普有权赏赐功臣，草料在当时不会是生产资料。

《恩兰·达札路恭纪功碑》第50—53行：

ཟླ་གོང་གི་བུ་ཚའ་རྒྱུད་འཕེལད་ཀྱི་ལག་ན་བྲན་ཞིང་འབྲོག་སོག་ཚལ་ལས་སྐྱོགས་ཏེ་དབང་ངོ་ཅོག ། ཕྲར་མི་བཞེས་མི་དབྲི……①

汉译文：大公之子孙后代手中所掌管之奴隶、田地、牧场、草料（牲畜——本文译），园林等等一切所有，永不没收，亦不减少……

P. T. 1288号22—23行：བློན་ཆེ་སྟོང་རྩན་གྱིས། གཡུག་ཏུ:གནག་ཤིངས:བཏབ། ད་རྒྱལ:མང་པོ་རྗེས:ཞིང་གྱི་ཕྱིང་རིལ་བསྒྱིས།②

汉译文：大论东赞于“祐”定牛腿税。达延莽布支征收农田贡赋。

P. T. 1288号30行：བློན་ཆེ:སྟོང་རྩན་གྱིས། གཙམ་གྱི་ཡུལ:མར:དུའ་ཤ་ཤིངས:ཆེན:པོ་བཏབ……③

汉译文：大论东赞于“仄木”之玛尔地方，征牧牛腿税。

以上文书说明，吐蕃在公元653年、656年，已有“牛腿税”，即“牲畜税”。

I. O. 750号157—158行：རུ་གསུམ་གྱི་རྗེ་ཞིང:ཞིངས་གྱི་ཕྱིང་རིལཟ། སོག་རིལད་བསྒྱིས།④

汉译文：征收三茹王田农田贡赋和牲畜税。——本

① 王尧：《吐蕃金石录》，北京：文物出版社，1982年，第68页。

② 王尧、陈践：《敦煌本吐蕃历史文书》（增订本），北京：民族出版社，1992年，第13页。

③ 同上，第13页。

④ 同上，第23页。

文译

I. O. 750 号 160 行：ཉ་གསུམ:ཀྱི་རྗེ་ཞིང་ཀྱི་ཕྱིང་རིལ:ཀྱི་རྩིས:བྱ། སོག་མའི་རྩིས:བྱ།①

汉译文：统计三茹王田农田贡赋和牲畜税。——本文译

上述文书，止贡·嘉衮切仓（འབྲི་གུང་སྐྱབས་མགོན་ཆེ་ཚང་།）藏文解读如下：

ཉ་གསུམ་ཀྱི་བཙན་པོའི་ཞིང་གི་ཁྲལ་བབ་དང་། རྩྭ་ཁྲལ་བསྡུས།②

汉译文：征收三茹王田农田贡赋和草料税。

ཉ་གསུམ་ཀྱུ་རྗེ་ཞིང་ཁྲལ་ཀྱི་ཡོང་འབབ་དང་། རྩྭ་རིན་གྱི་རྩིས་རྒྱག་བྱས།③

汉译文：统计三茹王田农田贡赋和草料价。

若将སོག作正字解读为“草料”，则从公元 656 年之后，吐蕃在长达百余年中，只有农田贡赋，即农业税，而无牲畜税，即牧业税，这会是吐蕃时期的生产状况吗？只有既征收农业税，又征收牧业税，具备雄厚的经济基础，吐蕃庞大的政治机构才能快速运转，并有军事实力去征服周边民族，侵占他人城池。

2. ཆད་ཀ→ཆས་ཀ　器物，财物

ཆད། 在《藏汉大辞典》中有“断、亏”之意，但在吐蕃文献中，ཆད་ཀ 为ཆས་ཀ 之异体字，在当今卫藏方言和安多方言中ཆད། 与ཆས། 发音相同，可能在吐蕃时期也是如

① 王尧、陈践：《敦煌本吐蕃历史文书》（增订本），北京：民族出版社，1992 年，第 23 页。

② 止贡·嘉衮切仓：《敦煌藏文历史文书所见吐蕃史》，松赞图书馆印行，2010 年，第 389 页。

③ 同上。

此。ཆས། 在字典中为“材料、器物”，在文献中也是此含义，也可译作“器物、财物”。

（1）P. T. 997 号《瓜州榆林寺之寺户、奴仆、牲畜、公产物品之清册》第 13—15 行：ཐོག་མ་མངན་མེག་ལྷེ་བཞག་ལྷེ་ལ་（ལྷ）འབངས་དང་དཀོར་སྣང་དང་ཁབ་ཟས་ལསྩོགས་པ་ཐང་དུ་གཏད་པ་དང་། ཡོན་དང་ཁྭ་དང་ཆད་ཀ་བླ་སྟོན་ཐོར་བུ་ཇི་མཆིས་པས་ཀྱུང་གཉེར་དུ་ཆས་ནས།①

汉译文：往昔，寺户、信财、粮食、用品等之登记册，以及布施品、供养粮、器物、上峰所赐全部零星之物，交与总管岸本迷迪管理。

（2）《楚布江浦建寺碑》第 28—29 行：ལྷ་རིས་ཀྱི་འབངས་དང་། དཀོར་ལ། ཁྲལ་མྱི་དབབ་པ་དང་། ཁྭ་དང་། ཆད་ཀ་མྱི་བཞེས་པ་ལས་སྩོགས་པ།②

汉译文：对寺产之百姓，信财，不征赋税；对供养粮、财物不没收。

以上例句中之ཆད་ཀ语词，均与ཁྭ（供养粮）并列，它必然也是一个物质的名词，如“器物、财物”，有的学者照字典译作“亏欠”，则在以上例句中就难以讲通了，本人以为，主要是他未接触以上文献，而在 I. O. 750 和 Or. 8212 号大事记年“亏欠”也能讲通，故在注解中将ཆད་ཀ解读为ཆད་ལྷག（余欠），在录文中解读为“余欠”和“亏欠”，例如：

（1）第 228 行：ཆད་ཀ་བཅད།③ 藏文解读为ཕོ་བྲང་གི་ཆད་

---

① 王尧、陈践：《敦煌吐蕃文书论文集》，成都：四川民族出版社，1988 年，后附藏文第 31 页。

② 王尧：《吐蕃金石录》，北京：文物出版社，1982 年，第 176 页。

③ 王尧、陈践：《敦煌本吐蕃历史文书》（增订本），北京：民族出版社，1992 年，第 27 页。

ཉག་རྩིས།①（统计宫廷余欠）（本文汉译：确定［宫廷］财物）

（2）第 31 行：ཡུལ:ཡུལ:དུ་ཚད་ཀ་བགྲངས།② 藏文解读为：ཡུལ་དང་ཡུལ་དུ་ཚད་དོན་གྱི་རྩིས་བགྱིས།③（统计各地亏欠事项）（本文汉译：计算各地财物）

另在第 32 行、第 229 行，止贡·嘉衮切仓都解读为“亏欠”。

我们认为：1. 若将ཚད་ཀ解读为“亏欠”，在 I. O. 750 和 Or. 8212 号大事纪年中虽讲得通，但在《楚布江浦建寺碑》和《P. T. 997 号瓜州榆林寺之寺户、奴仆、牲畜、公产物品之清册》中讲不通。2. 若将ཚད་ཀ作“亏欠”解读，反映吐蕃时期经济不景气，入不敷出。其实，从松赞干布至墀祖德赞近二百年期间，吐蕃社会是发展、壮大的，其经济也是欣欣向荣的。还是将ཚད་ཀ解读为“器物、财物”才能在所有文献中讲得通。

3. འཕེན་པ→འཕན　丰富，引申为“魁伟”

在古文献中，当后加字为ད། 或ན། 时，元音［a］与འགྲེང་བོ［e］发生音变，有时元音［a］变音为元音［e］，有时元音［e］又音变为［a］，这种音变现象，在当今卫藏方言和安多方言仍然存在。如གཉན།（པོ）| 凶恶、严厉、灵验，与གཉེན། 亲戚、联姻，二者语义迥异，但由于

① 止贡·嘉衮切仓：《敦煌藏文历史文书所见吐蕃史》，松赞图书馆印行，2010 年，第 392 页。

② 王尧、陈践：《敦煌本吐蕃历史文书》（增订本），北京：民族出版社，1992 年，第 31 页。

③ 止贡·嘉衮切仓：《敦煌藏文历史文书所见吐蕃史》，松赞图书馆印行，2010 年，第 417 页。

后加字为“ན”，发生音变，有的གཉན། 实为གཉེན།；有的གཉེན། 实为གཉན།。例如：

（1）P. T. 351 号第 2 行：རྟགས་གཉེན་པོ（གཉན་པོ）་བཞག་སྣ། 征兆灵验。

（2）P. T. 1051 号第 29—30 行：གཉན（གཉེན）་བྱ་ན་ཡང་གཉེན་དང་བྱན་མོ་བཟང། མོ་ཕན་ཐོགས་པ་རྟད（རྟེད）་ཅིང་།① 若联姻，能获贤惠、手巧之妻兆。P. T. 127 号第 4、8、10、12、14、15、17 行中联姻གཉེན་བྱེད་པ། 均写作གཉེན་བྱད་པ།

（3）ITJ747 号鸟卜占卜表中，南方，上午前段时之卜辞为：གཉེན་ལྷ་སྐྱེས་པོ（པ）་ལ་ཚེ་བ་ཞིག་འོང་བར་སྟོན།② 若照字面译为“亲戚神伤害男人之兆”，前后语意矛盾。若将གཉེན། 解读为གཉན། 之异体字，则应译为：“凶神伤害男人之兆”。如此，语意就贯通了。

（4）P. T. 1287 号第 487 至 490 行，是叙述墀都松远征（南诏）时雄壮之马队，浩浩荡荡，为首者是何人，压阵者是何人，最中者为墀都松，其坐骑无论慢走或大跑，均不见蹄印。从前后文来分析，大部队是在行进中，而非静止中。

该段第 488—489 行：

དབུས་ནས་ནི་འཕེན་པ་འདི། ཆེ་འམ་ནི་ཆུང་མ་འཚལ། འདུས་སྦྲོང་ནི་མང་པོ་རྗེ། སྐྱུ་ལ་ནི་འབྲུལ་ཡང་མངའ།③

有的学者藏文解读为：ཏ་རགས་ཀྱི་དབུས་ནས་མདའ་འབེན་ལ

① 郑炳林、黄维忠主编：《敦煌吐蕃文献选辑·文化卷》，北京：民族出版社，2011 年，第 92 页。

② 同上，第 125 页。

③ 王尧、陈践：《敦煌本吐蕃历史文书》（增订本），北京：民族出版社，1992 年，第 63 页。

འཕེན་མཁན་དེ་ནི་དཀྱུང་ལོ་ཆེ་ཡང་མ་ཆེ། ཆུང་ཡང་མ་ཆུང་བ་འདུས་སྲོང་མང་རྗེས་ལགས། དེའི་སྐུ་ལ་རྫུ་འཕྲུལ་ལྡན་ཞིང་།……①

汉译文：马队中间射箭中靶者，年纪不大也不小，是都松莽波杰，圣躬会变幻……

这些学者将འཕེན། 解读为འཕེན་པ། 射箭、发射之意，因而连句为 མདའ་འཕེན་ལ་འཕེན་མཁན།（射箭中靶者）。从字面分析无错，但从前后文逻辑分析，讲不通。马队在行进中，如何在队伍中心射箭中靶？那么，可否将འཕེན། 解读为འཕན་པོ། 的异体字，原意为“丰富”，引申为“魁伟”，则汉译文为：

（马队）中身体魁伟者，年纪不大也不小，是为墀都松莽波杰，圣躬会变幻……

以上系描述墀都松的外貌和气质，与众不同。整个行文的意思是连贯的。

4. རྩང་ཆེན། གཙང་ཆེན། 藏钦与大藏

རྩང་ཆེན། 与 གཙང་ཆེན། 二者读音相同，我们在上个世纪 80 年代翻译《敦煌本吐蕃历史文书》中 P. T. 1288 号大事纪年和 P. T. 10[illegible]号狩猎伤人文书时，均译作“大藏”，致使有的读者认为“大藏”有两个义项，一为地域名称，一为告身大藏。为了不引起误读，现将རྩང་ཆེན། 按照翻译地名、人名原则，采用音译，译作“藏钦”，而将གཙང་ཆེན།，采取音译加意译为“大藏”，以使二者有别。

（1）རྩང་ཆེན།（藏钦）在何地？

---

① 止贡·嘉衮切仓：《敦煌藏文历史文书所见吐蕃史》，松赞图书馆印行，2010 年，第 322 页。

①根据 I. O. 750 第 54—56 行载：དགུན:བཙན་པོ:འོན་གྱི་འག་ཙལ་ན་བཞུགས་ཤིང་། དབོན་ད་རྒྱལ:ཟ་བློན་ཆེ:ཁྲི་འབྲིང་གྱིས། རྩང་གྱི་གླིང་ཀར་ཚལ་དུ་བསྡུསྟེ། རྩང་ཆེན་པའི་ཁྲམ:དམར་པོ་བཏབ་པ་ཟླ། མགར:འབྲིང་རྩན། རྩང་རྟོན་ཟླ། པ་ཙབ:རྒྱལ་ཙན་ཐོམ:པོ:གཉིས:གྱིས། གཡོ་རུའི་ཞིང་གྱི་ཁྲིང་རིལ་བཏབ་པར:ལོ་གཅིག།①

汉译文：冬，赞普驻于“温”之阿噶园。坌达延与大论钦陵于藏之“林噶园”集会议盟，立藏钦御林军之红册。噶尔·没陵赞藏顿与巴曹·野赞通保二人征收腰茹之地亩赋税，是为一年。

འོན（温）位于当今山南乃东县“温区”。公元 690 年，在该地域岔达延与大论钦陵建立藏钦御林军红册。御林军是赞普的贴身保护军，赞普驻于“温”，御林军也应该在“温区”附近，而温区在吐蕃时期属腰茹（གཡོ་ར།），则རྩང་ཆེན། 也会在腰茹。

I. O. 750 号第 38、47、55、64 等行，均有རྩང་ཆེན། 地名，本人曾查阅过原件，རྩང་། 字有清晰之上加字“ར”，无一例外。不知为何，有的学者一概录作ཙང་ཆེན།，并加括号注明为གཙང་ཆེན།。录文是不允许改动的，他是否认为རྩང་ཆེན། 即日喀则地区གཙང་།。

②P. T. 1287 号文书第 198 至 200 行：……རྒྱལ་པོ་འདི་འི་རིང་ལ།། ཁྱུང་པོ་སྤུང་སད་ཀྱིས། རྩང་བོད་ཀྱི་རྗེ་པོ་མར་མུན་མགོ་བཅད་དེ།། རྩང་བོད་ཁྲིམ་ཉི་གྲི། བཙན་པོ་འི་ཕྱག་དུ་ཕུལ་ཏེ།……བཙན་པོ་སློན་བཙན་གྱིས།། རྩང་

① 王尧、陈践：《敦煌本吐蕃历史文书》（增订本），北京：民族出版社，1992 年，第 17 页。

བོད་ཁྲིམ་ཉི་ཁྲི།། ཟུ་ཙེ་སྣ་བ་ཉེ་བ་འི་བུ་དཀའར་སྩལ་ཏོ།།①

汉译文：……此王之时，有琼保·邦色者，割藏蕃小王马尔门之首级以及两万户来献……伦赞赞普乃将藏蕃二万户悉数赏赐予之。

③P. T. 1287 号文书第 222 行，琼波·邦色于宴前对酒高歌：ཙང་བྲང་ནི་ཡ་སྟོད་ཀྱི་ཐང་ཁྲམ་ནི་གོད་ཕྱིང་བའ།།②

汉译文：藏之牙帐上方，白鹫在空中翱翔。

上述录文中之ཙང་།，是日喀则地区，吐蕃时期属于གཡས་རུ།（叶茹）。而ཙང་ཆེན།，有的学者认为系ཙང་།（藏）之扩大地区，即也在གཡས་རུ།，究竟在གཡས་རུ།（叶茹）还是在གཡོ་རུ།（腰茹），待考。

（2）གཙང་ཆེན། 大藏告身（低于红铜告身）

P. T. 1071 号狩猎伤人赔偿律，是根据狩猎时误伤不同官阶之人作不同赔偿之律例。官阶低者误伤官阶高者，则赔偿万两，是银是铜未加说明。官阶高者误伤官阶低者，则赔偿千两。其官阶排列顺序如下：

གཡུའི་ཡི་གེ་པ།	瑟瑟告身
གསེར་གྱི་ཡི་གེ་པ།	金告身
ཕྲ་མེན་གྱི་ཡི་གེ་པ།	金涂银告身
དངུལ་གྱི་ཡི་གེ་པ།	银告身
ཟངས་ཀྱི་ཡི་གེ་པ།	黄铜告身
ར་གན་གྱི་ཡི་གེ་པ།	红铜告身
གཙང་ཆེན།	大藏告身

① 王尧、陈践：《敦煌本吐蕃历史文书》（增订本），北京：民族出版社，1992 年，第 45 页。

② 同上，第 47 页。

P. T. 1071 号文书中，对以上告身相互并提，并加以比较。一般来说，凡能作比较者，都是同类、同性质的，因此，我们认为གཙང་ཆེན། 大藏也应属于告身。

关于吐蕃告身质地、形状的记载，《新唐书 · 吐蕃列传》记为："其官之章饰，最上瑟瑟，金次之，金涂银又次之，银（又）次之，最下至铜止，差大小，缀臂前以辨贵贱"。

《册府元龟》卷九六一，《外臣部 · 土风三》记为："大略其官章饰有五等：一谓瑟瑟，二谓金，三谓金饰银上，四谓银，五谓熟铜。各以方圆三寸褐上装之，安膊前，以别贵贱。"

以上记载，弥足珍贵，因为藏文史料并未叙述在"方圆三寸褐上装之，安膊前"。

《贤者喜宴》也将告身与官品作了分类排列，最上为大玉告身，授予"贡论上"；最下铁告身授予"勇士"。而 P. T. 1071 号中最下一级为"大藏告身"，也说与"勇士"地位相当。

①录文 247 行：གཙང་ཆེན་དང་། སྟོང་མཉམ་པ། ཀོད་དེ་འཚལད་ལ: །①

汉译文：大藏告身和与之命价相同之一切武士。

②录文 232—234 行：ཟངས་ཀྱི་ཡི་གེ་པ། ངོ་བོ་དང་། ཟངས་ཀྱི་ཡི་གེ་པ་དང་། སྟོང་མཉམ་པ་ཞིག་ལ: ། གཙངས་ཆེན་མན་ཅད། དམངས་མཐའ་མ་

① 陈践、王尧：《ཏུན་ཧོང་ནས་ཐོན་པའི་གནའ་བོའི་བོད་ཡིག་ཤོག་དྲིལ》（《敦煌本藏文文献》），北京：民族出版社，1983 年，第 32 页。

ཡན་ཅད། གྱིས་རི་དགས་ལ་སྨྱུགས་པ། ལ: ། མདའས་རྫུལ་ཕས་ཕོགས་དང་། ……①

汉译文：红铜告身者本人和与红铜告身命价相同之人，被大藏告身以下、平民百姓以上之人因狩猎等射中……

③录文 248 至 249 行：གཙང་ཆེན་ངོ་བོ་དང་། ཟངས་ཀྱི་ཡི་གེ་པའི: ། བུ་པོ་སྤད་ཕན་ཅད།……②

汉译文：大藏告身本人和红铜告身者之子侄……

从以上录文分析，“大藏”应为告身之一种，其品位与《贤者喜宴》中之“铁告身”等同。

④又如 P. T. 1089 号吐蕃官员请求复职表：其主要内容为何等职务授何等告身，例如第 58 至 62 行：ཡིམ་ཕེང་སྟོང་བླར་བསྐོས་ཏེ། ཐབས་ར་གན་གྱི་ཡི་གེ་ཆུ་ངུ་དབང་བ། སྤན་ན་ར་གན་གྱི་ཡི་གེ་ཆུ་ངུ་མཆིས་པ་ལས། ཐུགས། པགས་མཇད་དེ། ངའི་ཆོ་ན་ཅིག་བསྟོད་དེ། ར་གན་གྱི་ཡི་གེ་ཆེད་ཀ་བྱིན་ནོ། ཅང་མདོ་ཅེ་སྙེ་གཅིག་གི་ཁྲལ་པོན་དང་གཞི་རྫོང་སུ་བསྐོས་སོ། སག་ཞོ་སྟོན་ཏོ་དོག་གི་རྒྱུད་ལགས་པས། རྗེསུ་ཐུགས་པགས་མཇད་དེ།། སྤྱིའི་ཁྲལ་པོན་ཆེད་པོ་བསྐོས་ཏེ། གཙང་ཆེན་རྒྱེན་གྱི་བྱ་དགའ་ཞིག་བྱིན་ནོ།། ཆོའུ་ཅང་ཞི་སྙེའི་ཆུ་མངན། ངུ་བསྐོས།། ལོ་ཕུ་ཏུར་སྤྱིའི་ཞིང་པོན་ཆེད་པོར་བསྐོསྟེ། ཐབས་གཙང་ཆེན་མཆིས་པ། ཐུགས་པགས་མཇད་དེ། གཙང་ཆེན་རྒྱེན་གྱི་བྱ་དགའ་ཞིག་སྩལ། ཏོ

༑༔༑③

---

① 陈践、王尧：《ཏུན་ཧོང་ནས་ཐོན་པའི་གནའ་བོའི་བོད་ཡིག་ཤོག་དྲིལ》（《敦煌本藏文文献》），北京：民族出版社，1983 年，第 31 页。

② 同上，第 32 页。

③ 郑炳林、黄维忠主编：《敦煌吐蕃文献选辑 · 社会经济卷》，北京：民族出版社，2013 年，第 229 页。

汉译文：派尹佩为东本助理，授有小黄铜告身，虽授小黄铜告身，因重用，当面晋升一级褒奖，颁以大黄铜告身。派张奴子为一部落之税务官兼地方官员。萨宝因出身都督世家，后，受关注重用，任命为地方总税务官，给予“大藏告身”之物质奖赏。派曹昌熙为部落水官；派李普华为地方总大农田官，品位与“大藏告身”等同，受关注重用，给以“大藏告身”之物质奖赏。

⑤P. T. 1089 号文书第 25 至 26 行：དམག་པོན་ཆེད་པོ་གཙང་ཆེན་པོ་ལྟ་སྨོས（ཀྱང་སྨྲི）་འཚལ།། དམག་པོན་ཆུང་སྙོ་གཙང་པའི་འོག་ན་མཆིསྟེ།①

汉译文：大军官与大藏告身者等同，毋庸多言；小军官低于大藏告身者。

本文将第 26 行的སྙོ།解读为གོ་གནས།（地位），གཙང་པ།解读为གཙང་ཆེན་པ།之缩写。

吐蕃时期的告身（ཡིག་ཚང་།或ཡིག་གཙང་།或ཡི་གེ་པ།）也是逐渐完善的。最早见于文献的，是在松赞干布之父囊日伦赞（གནམ་རི་སློན་མཙན）时期，尚囊琵乌苏凌对歌击败了野心勃勃的琼布·邦色，赞普赏赐其一枚表大论身份的“镶嵌小冰珠石之银牌告身”②，这可能是最早的告身。松赞干布曾赏赐韦·义策子孙后代中一人以金字告身。墀松德赞赏赐恩兰·达札路恭子孙后代中一人以大银字告身。文献中透露出，告身刚开始时可能没有六种、

① 郑炳林、黄维忠主编：《敦煌吐蕃文献选辑·社会经济卷》，北京：民族出版社，2013 年，第 227—228 页。

② 止贡·嘉衮切仓：《敦煌藏文历史文书所见吐蕃史》，松赞图书馆印行，2010 年，第 389 页：སྟོན་པོའི་མཚན་མར་ཡང་རྡུལ་གྱི་ཡུག（ཕྱུག）·ཐ་ཆུང་ཅལ་ཏོ།།

七种，也不分大小。随着政治机构的成熟、完善，逐渐完备为如《贤者喜宴》中载，何等官位之人获何等品位，相当全面、清晰，这可能是吐蕃晚期的告身描述。

5. བང་། 大跑，飞奔

P. T. 1065 号敦煌古藏文《驯马经》① 之残卷中多次出现བང་།一词，即驯马大跑之后要小走。日本藏敦煌藏文文献《古太公教》第 45—46 行：བང་རྟ་དང་མཉམ་ཡང་། རྟ་ལ་བང་གྱིས་མི་རྒལ་ལོ། 萨尔吉、萨仁高娃译文为："信使与马相当，然信使无过于马。"② 将བང་།解读为བང་ཆེན།"信使"。从第 44 至 46 行整体藏文来分析，此段系阐述上等人比赛智慧，下等人比赛力气，"下等人"虽力大如牛，但比不过牛；虽飞奔如马，但比不过马，并非指"信使"。

6. ལྷ（1）天，（2）对皇族的尊称，（3）六道轮回中之神

ལྷ 一词我们在 20 世纪 80 年代《吐蕃时期的占卜研究》③ 一文中也曾译作"神"，如མི་ལྷ། 译作"人神"。后来，认识到ལྷ།起码有以上 3 个义项。如（1）天，《工布第穆萨摩崖刻石》第 12、13 行有ལྷ་སྲས། 即"天子"。（2）对皇族的尊称，P. T. 1288 号第 10 行④：བཙན་པོ་གཅེན་ལྷ་བལ་པོ……། 赞普兄（皇族）拔布……。又如 11 世纪古格王

---

① 土尧、陈践：《敦煌吐蕃文书论文集》，成都：四川民族出版社，1988 年，藏文部分第 315—335 页。

② 萨尔吉、萨仁高娃：《敦煌藏文儒家格言读物研究——以中村不折旧藏本〈古太公教〉为中心》，《中国藏学》2017 年第 1 期，第 51 页。

③ 王尧、陈践：《敦煌吐蕃文书论文集》，成都：四川民族出版社，1988 年。

④ 王尧、陈践：《敦煌本吐蕃历史文书》，北京：民族出版社，1980 年。

ཡེ་ཤེས་འོད被称为为ལྷ་བླ་མ།，因为他是舍弃王位而出家的喇嘛。(3) 六道轮回中之神，属于世间神，有生有死，有善有恶，有的保佑人，有的加害人，与汉文词中“神”之概念不完全相同。对于加害人者译作“鬼”，如འཁོན་ལྷ།《藏汉大辞典》译作“挟嫌鬼”。对助人战胜妖魔鬼妖之དགྲ་ལྷ།译作“战神”。P. T. 1047号羊胛骨占卜文献中之མི་ལྷ།，不仅加害人，也加害神灵和其他鬼怪，故笔者在《吐蕃卜辞新探》① 一书中已改译为“人鬼”。萨尔吉文中将ལྷ།一律译作“仙”“神仙”。如第22—23行：མི་ངན་མ་བྱས་པས་ལྷར་གྱུར་ཏེ།不作恶人，变为神仙。该段是阐述名为拉苏（音译）者虽身躯平凡，但勤奋学礼，不作恶人，而成为“王族”，即儒家“学而优则仕”之观点。“变为神仙”之译法，与《古太公教》整篇的中心思想相悖。第18行ལྷ་བོན་པོ།该文译作“仙师”，本文译作“王族巫师”或“王族道士”；第24、60行ལྷ་འི་ཡི་གེ།该文译作“仙书”，本文译作“天书”或“圣书”。

7. ཆིའ་བ(འཆི་བ)། 死亡(未来时)

整篇《古太公教》都是译自汉文化中之经典故事和富含哲理之谚语，如：“孟母三迁”“太公未遇，钓鱼渭水”“三人行必有我师”“凡人不可貌相，海水不可斗量”“近朱则赤，近墨则黑”等等。唯独第18—21行是讲一则吐蕃人的小故事，中心思想是宣扬“善有善报”，大意是：“一位汉地王家巫师（道士），七日后将亡故，后因其救起七只被水冲走之蚂蚁，寿命延长至七年后去

---

① 陈践：《吐蕃卜辞新探》，上海：上海远东出版社，2015年。

世。”藏文原文中“ཆིའ་བའི”出现两次，这是故事的关键词，它是正字འཆི་བ།的异体字，有人将其音译为“车陪”，自然无法译出故事之真实内涵，也没有译对所谓音译。1. འཆི་བ།第一个音节之汉译声母“q”加韵母应音译为“其”，而非声母为“j”之卷舌音“车”。2. 藏文“བ”出现在第二音节时，三大方言均读作“瓦”，而非“巴”。3. 第二个音节“བ”后之语法词属格“འི”不应加入音译。虽说藏语三大方言语音有别，如བང་ཆེན།（信使），拉萨人音译为“旁钦”，安多人音译为“旺钦”，这是因为“བ”拉萨人读作“拔”，安多人读作“瓦”。当我们翻译敦煌古藏文音译时，应按照规范的汉语普通话去音译，不要用自己母语的读音去译，“车”在四川汉语中声母是不卷舌的。

8. ཁྱེར་བ——སྐྱེར་བ། 支撑

《古太公教》第 73—74 行：ང་མོ་འི་ཚེར་མ་ལས་བྱང་ལ་ཁྱེར（སྐྱེར）་བ་ཉིད་ཀྱང……本人理解：藏文中之主语可能被省略或遗漏，因“ལས”为从格，可作“比”解，何物与“骆驼刺”对比？按照汉原文，应为“蓬草”。“蓬生麻中，不扶自直”。ཁྱེར་བ单独出现时，是为量词“一掬”。吐蕃时期，一蕃斗为二十蕃升，一蕃升为六蕃合，一蕃合为二蕃掬（把）。因此，如果不仔细辨别，很容易将ཁྱེར་བ།照“一掬”理解。需要指出的是，1. བྱང་།是长度；ཁྱེར།是指容量，为不同的量词，怎可作等同对比呢？2. ཁྱེར་བ།不作 སྐྱེར་བ།（支撑）异体字解，“不扶”难以支撑的内涵就未表达出来。3. 骆驼刺又名骆驼草，是生长在沙漠和戈壁中耐旱的半灌木，主要分布在内陆干旱地区，它不会与麻生长在一起，若比喻蓬草比麻短矮是讲得通的。4. 敦煌古藏文中不乏异体字，一类是有规律的，如不送气的ཀ、ཙ、ཏ、པ、ཙ可以与送气的ཁ、ཚ、ཐ、ཕ、ཚ互换；另一类是无规律的，如18行的འཚེ་བ།写作ཚེའ་བ།73—74行的ཕྲོར་བ།写作 སྤྲོར་བ།。因此，当我们翻译吐蕃时期文献时，应多从逻辑角度，从前后文所表达的思想加以考虑，就会少让小石子绊脚。

9. རྐྱེན་རིས། 与ལྷ་རིས། 顺缘与庙产

寺庙神殿所有财产，可分作两类，一类是རྐྱེན་རིས།顺缘，即僧众生活所依。另一类是ལྷ་རིས།庙产，即献与寺庙，或由赞普赐予寺庙之庙产。对རྐྱེན་རིས།和ལྷ་རིས།的内涵，在赤祖德赞（815—836）时期建树的《楚布寺江浦建寺碑》中有详尽之说明。རྐྱེན་རིས།包括奴隶、农田、牧场、供品、财物、牲畜等六样。ལྷ་རིས།庙产，包括寺户（百姓）、三宝财物、供养粮、公共财物四样，但在敦煌古藏文文书中，对“奴隶”和“百姓”之归属，与碑文内容相异，其原因待考，现将文献中རྐྱེན་རིས།与ལྷ་རིས།相关之例句罗列如下：

（1）《楚布寺江浦建寺碑》第15－22行：

15 ……རྒྱ་ཆེར་བཏབ་ནས། སྟོད་ལུངས་ཀྱི་ལྷུང་བུར༑

16 གཙུག་ལག་ཁང་བརྩིགས་སྟེ། དཀོན་

17 མཆོག་གསུམ་གྱི་རྟེན་བཙུགས། དགེ་

18 སློང་བཞི་གནས་པར་སྦྱར་ནས། རྐྱེན་གྱི་

19 བྲན་དང་ཞིང་འབྲོག་དང་། ལྷ་ཆ་དང་། ནོར་རྫས་

20 དང་། རྐང་འགྲོས་ལས་ལྷུགས་པ། ཚང་བར༑

21 བཙད་དེ། །བཙན་པོ་ཁྲི་གཙུག་ལྡེ་བརྩན

22 གྱི་སྐུ་ཡོན་རྒྱུན་མི་འཆད་པར་བྱེད་དོ།①

汉译文：乃于堆龙之江浦，建神殿，立三宝之所依处，供养四位比丘；作为顺缘之奴隶、农田、牧场、供品、财物、牲畜等，一应齐备。悉充赞普可黎可足猎赞之常川不断之供养功德。

第 28—42 行

28 …… །ལྷ་རིས་ཀྱི་འབངས་དང་། དཀོར་

29 ལ། ཁྲལ་མྱི་དབབ་པ་དང་། ཁྭ་དང་། ཆད་ཀ་

30 མྱི་བཞེས་པ་ལས་སྩོགས་པ་ཡང་། །ལྷ་རིས༔

31 ཆེན་པོའི་ཐང་དུ། །བཀའ་གནང་ངོ། །

32 གཙུག་ལག་ཁང་འདིའི་རྐྱེན་རིམ[ས]་བསྔོ་ཞིང་

33 སྤྱད་པ་ཡང་། །ཞང་ཉ་སྟོས། །ཇི་ལྟར་བྱས་ཤིང་།

34 བསྔོས་པ་བཞིན་བརྩན་པར། བཀའས་གནང་

35 ནམ་ཞིག་ན། །ཞང་ཉ་སྟོ་ལ་། བུ་ཚ་རྒྱུད་ཡོང༔

36 མྱེད་པ་ཞིག་དུ་གྱུར་ན་། །ཁོལ་ཡུལ་ལས་སྩོགས་

37 པ་དབང་ངོ་ཚོག། །སླར་ཡང་མྱི་བཞེས།

38 ཀྱང་མྱི་སྩོན་བར། །གཙུག་ལག་ཁང་འདི་ཀྱིས།

39 དུ་བསྟན་པར། །བཀའས་གནང་ངོ།

40 གཙུག་ལག་ཁང་གི་རྐྱེན་བཅད་པའི་དཀར༔

41 ཅག་དང་། བསྔོས་ཡིག་བླ་དཔེ་ནི། །བཅོམ་ལྡན་

42 འདའས་རིང་ལུགས་ཀྱི་འདུན་སར་བཞག། །②

汉译文：作为神殿庙产之百姓和三宝财物，不征赋税；作为供养粮和公共财物不会收回等，颁诏该神殿为

① 王尧：《吐蕃金石录》，北京：文物出版社，1982 年，第 174—175 页。

② 同上，第 176—178 页。

庙产诸多之神殿之列。供养此神殿之顺缘回向及使用，亦由尚·聂多所行所施，严以昭示。今后，倘若聂多子嗣断绝，其所辖佣奴和土地，上峰不会收回，亦不转赐他人，均赠赐为此神殿僧人之顺缘。神殿顺缘信财清册及回向功德文书，节目正文置于世尊教法堪布处。

王尧先生在 20 世纪 80 年代编注的《吐蕃金石录》第 180 页汉译文中，将ཁྲ། 与ཚད་ཀ། 译作：“不征徭役，不取租庸、罚金”，这是难免之误，因为当时他只接触到一个“ཁྲ།”和一个“ཚད་ཀ།”，根据前后文，作了以上翻译。2012 年《王尧藏学文集》再版时，他无暇修订；而我只关注自己教科书中讲授的碑文，曾对个别词语向他提过参考意见。如今黄维忠博士让我写《若干典型古词译释》时，才发现以上问题，谨说明如下：ཁྲ། 作“供养粮”解，详见本书《敦煌古藏文“ཁྲ”字考》一文（亦曾发表于《民族翻译》2014 年第 2 期）。ཚད་ཀ། 为ཚས་ཀ། 之异体字，《藏汉大辞典》第 792 页作“材料，器物”解，碑文中引申为“公共财物”。

另，第 36 行ཁོལ་ཡུལ། 一词，以往曾译作“所辖之土地”和“所领之属民”，即将ཁོལ། 译作“属民”，将ཡུལ། 译作“土地”，看来欠妥。在前文中已经提到，巴塘口语中：ང་ཡུལ། 我们，ཁྱོད་ཡུལ། 你们，ཁོ་ཡུལ། 他们，以上三词中之ཡུལ། 是构词词素，并非具体意义的“土地”。因此，在ཁོལ་ཡུལ། 一词中，ཡུལ། 也是一个构词词素，而非“土地”之义，故ཁོལ་ཡུལ། 译作“奴户”。

（2）《噶迥寺建寺碑》第 49—51 行：

དཀོར་མཆོག་གསུམ་གྱི་རྒྱུན་བཅད་པའི་རྣམས་ཀྱང་མ་དམའས་མ་ཞིག་པའི་

ཆོས་སྲུ་ལྷ་རིས་ཀྱི་ཁྲིམ་ཡིག་གི་མགོ་ནག་ལས་འབྱུང་བ་བཞིན་དུ་ཆིས་མཛད་དོ། ①

汉译文：定断作三宝之顺缘者决不降低减少，不隳不灭，如同寺庙庙产户籍文书开头所载，管理行事。

（3）P. T. 997 号第 2—3 行：

ཡུ་ལིམ་གཙུག་ལག་ཁང་གི་རྐྱེན་གྱི་འབངས་དང་། དཀོར་རྐང་འགྲོས་དང་སྣང་ནས་འབྲས་དང་ཁབ་རྫས་ལ་སྩོགས་པ་གཏད་པའི་ཐང་ཡིག་ཏུ་བྲིས་པ།

汉译文：榆林寺顺缘之寺户、信财、牲畜、粮食青稞、大米和物品等登入簿本清册。②

（4）P. T. 960 号第 51 行：

དཀོན་ མཆོག་ གསུམ་ གྱི་ ནོར་ རྫས་ དང་། ཚར་ དང་ རྐྱེན་ རིས་ རིལ་ གྱིས་ ཕྲོག་ནས།

汉译文：将三宝财物与比丘食粮，僧众生活所依悉数抢走。③

（5）P. T. 960 号第 58 行：

ཀོང་ཅོས་བོད་ཡུལ་དུ་གཙུག་ལག་ཁང་ཆེད་པོ་གཅིག་བརྩིགས་ནས། རྐྱེན་རིས་ཀྱང་བཅད་དེ།

汉译文：公主于吐蕃修建很大的寺庙，并供上顺缘（僧众生活所依）。④

（6）P. T. 1104 号第 12—13 行：

ལྷ་རིས་ཀྱི་སྣང་ལས་ཁྲི་སྲོལ་ཁལ་བཅུ། བློན་ཀྱི་བཟང་གིས་གཡར་པོར་འཚལ་ཏེ། ལན་འདིའི་སྟོན་སླ་ཐ་ཙུངས་ཉ་ལ་ལྷ་རིས་ཀྱི་བང་སྒོར་འབུལ་བར་བགྱིས་པ།

---

① 王尧：《吐蕃金石录》，北京：文物出版社，1982 年，第 159 页。

② 王尧、陈践：《敦煌吐蕃文书论文集》，成都：四川民族出版社，1988 年。

③ 陈践、王尧：《ཏུན་ཧོང་ནས་ཐོན་པའི་གནའ་བོའི་བོད་ཡིག་ཤོག་དྲིལ》（《敦煌本藏文文献》），北京：民族出版社，1983 年，1983 年。

④ 同上。

汉译文：论嘘律卜藏从庙产粮仓借粟米十硕，于今年秋季九月十五日还于庙产粮仓（功德库）。①

P. T. 1079 号为“比丘邦静根诉状”，诉说其女奴公噶尔邱子生有三女，其共有四名女奴，后将公噶尔邱子、盐盐、鲁鲁三名女奴供养寺院，登记入庙寺名册，另一名女奴才井赠与比丘尼邦洒芒训之事情经历。

（7）P. T. 1079 号第 2—3 行：

……སྣར་གྱིས་གུམ་ཀར་འབྱེའུ་ཅོ་དང་། ཡམ་ཡམ་དང་། ལུ་ལུ་གསུམ་ནི་།ལྷ་རིསུ་ཕུལ་ཏེ། ཁྱིམ་ཡིག་ལ་ཡང་བྲིས་ནས།……②

汉译文：后又将（女奴）公噶尔邱子、盐盐、鲁鲁三人供养寺庙庙产，登记入于寺户名册之上……。

（8）P. T. 1079 号第 16—17 行：

……འབྱེའུ་ཙུ་དང་ཡམ་ཡམ་དང་། ལི་ལི་སྨད་གསུམ་ནི། ལྷ་རིས་ཀྱི་ཁྱིམ་ཡིག་ལ་རྒྱ་བ་ལས། ལུ་ལུ་ནི་ཤི།

汉译文：但（女奴）邱子、盐盐、鲁鲁母女三人，在寺庙庙产户册上写明，却是鲁鲁已死。

（9）P. T. 1203 号：

མཁན་པོ་ཧོང་བེན་གྱིས་ཁྲི་ཁལ་ཉི་ཤུ་གཡར་པོར་འཚལ་ཏེ། ཁྱིའི་ལོ་འི་སྟོན་སླ་འབྲིང་པོ་ཉ་ལ། སྣར་ལྷ་རིས་ཀྱི་བང་སྐོར་འབུལ་བའི་གཏན་པ……།③

汉译文：堪布洪辩借粟子二十蕃斗，定于狗年秋季八月十五日还与庙产粮仓……

《楚布江浦建寺碑》将 བྲན། 奴隶归入 རྐྱེན་རིས། 顺缘之

① 王尧、陈践：《敦煌吐蕃文书论文集》，成都：四川民族出版社，1988 年。

② 同上。

③ 同上。

中，而敦煌古藏文文书中，如 P. T. 1079 号将མོ་བྲན། 女奴归入ལྷ་རིས། 庙产之中。而རྒྱན་རིས། 与ལྷ་རིས། 是有区别的，རྒྱན་རིས། 是可动产，即为僧侣们生活所依；而ལྷ་རིས། 是不动产，是属于寺庙的庙产，二者对奴隶的归属不同，是因为尚·聂多为赞普联姻氏族所准许的特权，还是有其他原因，待考。另，P. T. 997 号将འབངས། 百姓（自由民）归入"顺缘"，也与楚布碑归入庙产不同。以上文书对བྲན། 奴隶和འབངས། 百姓归属相异，有待进一步研究。

10. ངས་པོ། 与འཕན་ཡུལ། 岩波与番域

吐蕃赞普墀伦赞亲率精兵，灭顽敌སུམ་པོ།（孙波）王森波杰后，上起帕之勇瓦那以下，直至工布资那以上，均为赞普统领之辖土，赞普墀伦赞乃发布命令，将原统辖地总名ངས་པོ།（岩波）改名为འཕན་ཡུལ།（番域）。P. T. 1287 号第 187—189 行：དེ་ནས་ཡུལ་ངས་པོ་འི། འབངས། དབའས་དབྱི་ཚབ་འཚོགས་པས།། བཙན་པོ་འི་མཚན་གསོལ་བ།། ཆབ་སྲིད་གནམ་བས་མཐོ།། དབུ་རྙུག་རི་བས་བརྩན་ཏེ།། གནམ་རི་སློན་བཙན་དུ་བཏགསོ།①（此后，岩波辖地之民庶以及韦·义策等人乃上赞普尊号，云：政比天高，势比山坚，可号"天山赞普"。）

以前，我们将"番域"解读为今拉萨以北之འཕན་པོ།（澎波），认为该地原名为ངས་པོ།，是墀伦赞将其更名为འཕན་ཡུལ། འཕན་པོ།（澎波），但同时也犯疑，以韦·义策为首之勋臣，攻下的是孙波辖地，离澎波很远，为何将其更名？为何只有ངས་པོ།（误解为"澎波"）一个小地方之庶民和韦·义策等人给墀伦赞上尊号为"天山赞普"？今

① 王尧、陈践：《敦煌本吐蕃历史文书》（增订本），北京：民族出版社，1992 年，第 45 页。

见止贡·嘉根才仓《敦煌藏文历史文书所见吐蕃史》第181页所载：ངས་པོ། 为墀伦赞原辖地总名，འཕན་ཡུལ། 为征服སུམ་པོ།（孙波）后，新、旧辖地合并之总名，与当今之“澎波”无关。① 此解读十分重要，因为ངས་པོ། འཕན་ཡུལ། 二词在P. T. 1287号文书中多次出现。此论述解答了本人两个疑点，一是ངས་པོ། 非当今འཕན་པོ། 之旧名，而是墀伦赞原辖地总名，可能指雅砻一带；二是“岩波辖地之民庶”是指墀伦赞所辖区内全部百姓皆拥戴给其上尊号“天山赞普”。这样就没有矛盾了。

以后，有琼保·邦色苏孜者，割藏蕃小王玛尔门之首级及藏蕃两万户来献（土地、民户），墀伦赞将两万户悉数赏赐予之，后苏孜又参与除灭森波杰。此人聪敏过人，狂妄自大，颇具野心，在庆功会上，炫耀自己功大无比，P. T. 1287号第227—229行，苏孜唱道：……རློ་རྔེགས་ནི་འཕན་གྱི་སྟོན། སེ་ཁྲུང་ནི་འཕན་གྱིས་བཏབ། སྔ་ན་ནི་འཕན་བ་ལ། ད་ཙམ་ནི་སྤྱན་ཡང་ཡས། དབུ་ཕྱིང་ནི་གྲོ་བོ་ལ། ཐ་མ་ནི་གཡགིས་བསྐོརད། ཟུ་ཙེ་ནི་སྐྱལ་ལགས་ཀྱང་།②（洛、埃添加了番域领土，色穷扩展了番域属地。往昔就已宽阔，如今一望无际。秦瓦有如粮仓，四周皆有牧场，岂不是苏孜之勋劳所归乎？）

墀伦赞闻后心甚不悦，让尚囊对歌回击，尚囊唱道：

……ངས་པོ་ནི་སྔང་དྲས་ཤིང་། ཡར་མོ་ནི་ཁོལ་དུ་སྐྱལ། སྔ་ན་ནི་ཆེ་བ་ལ།

---

① 止贡·嘉根才仓：《敦煌藏文历史文书所见吐蕃史》，松赞图书馆印行，2010年，第181页。

② 王尧、陈践：《敦煌本吐蕃历史文书》（增订本），北京：民族出版社，1992年，第47页。

ད་ཙམ་ནི་མཐའ་ཡང་ཡས། ལྷ་ཇེགས་ནི་འཕན་གྱི་སྣོན། ལྡོང་ཏོང་ནི་འཕན་གྱིས་བཏབ།①（岩波将“孙波”征服，并归入雅砻属地。往昔已辽阔无比，如今更无边无际。洛、埃添加了番域领地，董、东扩展了番域属地。）

洛、埃为氏族名，是传说中聂墀赞普下凡为王时之重臣。董、东也是氏族名，传说吐蕃早期为四大氏族，即སེ། རྨུ། ལྡོང་། སྟོང་།（色、穆、董、东）。尚囊在上段歌词开头，已点名擒拿孙波王森波杰者为韦·义策；担负进攻者为娘·曾古；占领孙波者为农·准保……总之，不认同琼保·邦色为打下江山功勋之臣。

后，韦·义策老耄，曝日闲住，请求松赞干布与其子孙单独结盟时，松赞唱道：……ཚོད་ཀྱིས་ནི་ང་བཏང་ན།། ངས་པོ་ནི་ཆད་དུ་ཅུང་།②（你若是背离吾王，吾王可将你惩处。）后来，松赞干布攻象雄王，统其国政，会聚众大臣欢庆宴乐时，对禄东赞唱道：……འབངས་ཀྱིས་ནི་རྗེ་མ་གཏང་། འབངས་ཀྱིས་ནི་རྗེ་བཏང་ན། ངས་པོ་ནི་ཆད་དུ་ཅུང་།③（臣下不能背离王者，臣下若背离王者，吾王可将你惩处。）以上两段歌词中出现之ངས་པོ།，止贡·嘉根才仓认为仍是墀伦赞时期旧辖地之总名，在其书第 181 页载：སྣོན་པོས་རྒྱལ་པོ་སྣོས་བཏང་ན། ངས་པོའི་ཡུལ་དེ་ཏ་སྒའི་ཆེད་ལྟར་དུ་སྨད་དུ་ཅུང་།④（臣下若背离王者，岩波辖地将你如马鞍后鞧一样取下。）或者（……将岩波辖地

① 王尧、陈践：《敦煌本吐蕃历史文书》（增订本），北京：民族出版社，1992 年，第 48 页。

② 同上，第 50 页。

③ 同上，第 60 页。

④ 止贡·嘉根才仓：《敦煌藏文历史文书所见吐蕃史》，松赞图书馆印行，2010 年，第 181 页。

如马鞍后鞧一样摧毁。）第 270 行藏译文为ངས་པོའི་ཡུལ་དེ་སྣད་པས་ཆོག①（可以将岩波辖地摧毁）。

本人认为这一解释值得商榷，理由有二：（1）时间有误，ངས་པོ། 是松赞干布之父墀伦赞时期对旧辖地之总称，攻下孙波后已更名为འབན་ཡུལ།（番域），松赞干布不会再用二十多年前之旧名。（2）逻辑有误，无论是韦·义策背离松赞干布，或者是禄东赞背离松赞干布，松赞干布必然是惩处背离者，不会惩处非背离者，更不会是其他人来惩处背离者。因此，本文认为，上述歌词中之ངས་པོ། 非归辖地之总名，有可能原文中ངས་པོ། 之ངས། 为“我”之主动词，པོ། 可能为ཁོ་རང་།“他”之意，这样，ངས་པོའི་ཡུལ་དེ་སྣད་པས་ཆོག 译为“吾王可将其属地摧毁”从逻辑上就讲通了。

敦煌藏文文书均为民间手抄本，而且多半抄写在汉文佛经之背面。异体字、俗体字、笔误也常有出现，翻译时若不考虑历史背景和前后文之衔接，照字面直译，就会出现我们那样和止贡·嘉根才仓那样的误译，值得大家借鉴。

11. ཞུགས་ཞོང་དམར་པོ། 红册

《敦煌本吐蕃历史文书》是一本十分珍贵的吐蕃史书，就其第一部分“大事纪年”内涵而言，有公元 650 年以前（640）至 764 年期间的重大事件：制定法律，区分廓、庸，任命大臣，惩罚叛臣，征收农业税、牧业税，夏季会盟、冬季会盟地点，赞普冬夏所驻地点，赞普诞

① 止贡·嘉根才仓：《敦煌藏文历史文书所见吐蕃史》，松赞图书馆印行，2010 年，第 198 页。

生、登基、婚丧时日，文成公主入藏、金城公主入藏年份，清点、设立御林军时间、地点等。个别纪年澄清了汉文史书中所载年份之谬误，如赞普墀芒伦薨于676年，因嗣君刚立，政局不稳，匿丧不报，至678年冬才公开发丧，679年正式祭祀，唐书将公开发丧时间678年记为薨逝时间，后宋令文到吐蕃参加会葬典礼才了解实情，就支吾其词作“仪凤中”了事。

本人先后两次通读该书，写过关于《温故知新——重读〈敦煌本吐蕃历史文书〉之体会》，主要是自我纠谬，免误后世。本以为该检查的都检查了，没想到还有遗漏，现在补遗。

（1）一位老友学者问我，为何将ཞུགས་ཤོང་དམར་པོ། 译作“红册”？用文献举例说明。

①先说ཞུགས། 火。在《汉藏大词典》第2396页解读为“火之敬语”，但在敦煌文献中就是“火”，没有敬语之义。例如：P. T. 1287号第464—465行，墀都松怒斥噶尔（ལགར）家族叛离时唱道：ཤམས་པོ་ནི་གངས་དྲུང་དུ། ཉིང་དང་ནི་ཞུགས་བལྟམ་ཡང་། ཤམ་པོ་ནི་གངས་མི་ཞུ། ཡར་ཆབ་ནི་སྔོན་པོ་ལ། ཆུ་པ་ཆད་ཀྱི་ཡུར་དྲངས་ཀྱང་། ཡར་ཆབ་ནི་གཞུང་མི་སྐམས།①（在香波雪山脚下，纵然日晒、点火，香波雪山也不会融化；雅砻河水清澄明澈，纵然截流引水入渠，雅砻河流也不会干涸。）

以上引文中，墀都松将自己比喻为“不会融化的香波雪山和不会干涸的雅砻大河”，将噶尔家族比喻为想融化雪山之“火”和想抽干大河之“渠”，怒斥噶尔休想动

① 王尧，陈践：《敦煌本吐蕃历史文书》（增订本），北京：民族出版社，1992年，第61页。

摇赞普政权。

再如，《道次第格言》（《ལེགས་བཤད་ལམ་རིམ།》）中：ཙན་དན་སོལ་བའི་ཞུགས་ནང་དུ། སྲེག་ན་བཟོད་སླགས་མེད་བཞིན་དུ།（即使被檀香炭火焚烧，也难于忍受［炙热］。）

以上文中之“火”均非“敬语之火”。

②再说སོང་། 环。如：ར་སོང་། 耳环，ཡ་སོང་། 圆环，器物上作把儿的环套等。ཞུགས་སོང་། 是在木牍右侧用铁棍烫烧出的“火洞”，用皮绳穿火洞成韦编。དམར་པོ། 指木牍上，御林军人名是用红色书写的，只有御林军才能用朱笔写人名，普通军丁是用墨笔书写人名于木牍上。因此，ཞུགས་སོང་དམར་པོ། 全称应为“右侧有火洞用朱笔书写御林军人名之木牍”，一兵一牍。清点红册，即清点御林军人数；设置红册，即设置御林军。简译作“红册”没有错，只是未作注释，引起误解。

御林军是专门保卫赞普和王室成员的特种军。吐蕃时期，但凡赞普常驻常巡之地区均设有御林军，从“大事纪年”来分析，御林军的建立也是由点到面逐年增加的，最早在公年674年，I. O. 750号第10行：འདུན་མ: སླག་གི་བུ་ཚུང་དུ: འདུསྟེ། ཞུགས་སོང: དམར་པོ་བརྩིས: པར: ལོ་གཅིག།①（于“拉”之“布穷”集会议盟，清点御林军红册）

公元690年，I. O. 750号第54—55行：དགུན་དུ་རྒྱལ: ཛ་བློན་ཆེ: ཁྲི་འབྲིང: གྱིས། ཙང་གྱི་སླིང་ཀར་ཚལ་དུ་བསྡུསྟེ། ཙང་ཆེན་པོའི་ཁྲམ: དམར་པོ་བཏབ་པ་ཛ།②（垒达延与大论钦陵于“藏”之“林噶

① 王尧，陈践：《敦煌本吐蕃历史文书》（增订本），北京：民族出版社，1992年，第15页。

② 同上，第17页。

园”集会议盟，设置（建立）“藏钦”之御林军红册。）

公元709年，I. O. 750号第122行：འདུན་མ: འོན་ཅང་དོར:འདུས྄། རུ་ལགི་ཞུགས་སོང་དམར་པོ་བརྩིས།①（于温江岛集会议盟，清点茹拉御林军红册。）

（2）ཞུགས་སོང་དམར་པོ། 有人认为是“烽火台”，你有何看法？

①地理逻辑有误：I. O. 750号文书中所载，清点或建置“红册”所在地有：茹拉、几曲（拉萨河）、三茹、藏钦（今日喀则）、达布，等等，这些地望都在当今西藏本土，不在西域、敦煌，怎么会有预防匈奴入侵的长城烽火台呢？

②时间有误：吐蕃占领敦煌于公元786年，占领安西四镇早于敦煌百余年，而敦煌、安西四镇之长城烽火台早在汉朝以前就有了，怎么会是吐蕃人所建呢？若说吐蕃人维修了敦煌烽火台倒有可能性。

③语音、语义有误：这位学者云：“在古藏语中，元音［i］［o］常常写成同音词，说明元音［i］［o］是很接近的。”他并未举出任何文献例句，就将ཞུགས་སོང་།（火洞）等同ཞུགས་ལིང་།（火塘、火盆）；接着，又认为藏文ཞུགས། 与汉文“燧”（烽燧）是同音词，因此断言ཞུགས་སོང་དམར་པོ། 译作“红册”有误，应该译作“烽火台”，并说国外学者也这样认为。ཞུགས། 之“中古音”为［ʑuks］；“燧”之“中古音”为［zwi］，二者声母、韵母差别较大，怎会是同音词呢？本人过录、翻译敦煌文书上百篇，

① 王尧，陈践：《敦煌本吐蕃历史文书》（增订本），北京：民族出版社，1992年，第21页。

从未见过元音［i］［o］写成同音词，倒是有元音［i］和［u］写成同音词的，因为安多方言中元音གི་གུ［i］屈折变化为元音［ə］；元音ཞབས་ཀྱུ།［u］也屈折变化为元音［ə］，因此，同一个藏文基字带元音གི་གུ或ཞབས་ཀྱུ།发音相同，估计这种方言情况吐蕃时期也已存在。如：སུ།谁 有时写作སུ། 有时写作སི།①。

1）P. T. 1071 号狩猎法律文书第 372 行：……སྤྱུག་པ། སིའི་འབངས་སུའི་བྲན་སོ་སོར་བཞིས་འཚོལ་ཞིག②（……逐出后，其奴户愿为谁之民谁之奴，各随其愿。）

2）第 384 行：……སྤྱུག་པ། སིའི་འབངས་སིའི་བྲན་སོ་སོར་བཞིས་འཚོལ་ཞིག③

（……逐出后，其奴户愿为谁之民谁之奴，各随其愿。）

3）I. O. 750 号第 20 行：བཙན་པོ: ཡབ་ཀྱི་རིང། བ་ལམ: ན: མཁིད（མཁུད）ཅིང་བཞུགསྟེ།④（赞普父王遗骸隐匿不报，厝于“巴拉木”。）

4）ITJ739 号第 6 行：ཞལ་བཟང་ནི་མཚོན་བྲིས（བྲིས）པས། པུར་（པིར། 笔，借词）གི་ནི་རི་མོས་བཏབ།⑤（俊脸涂上颜色，用笔绘上花纹。）

吐蕃时期的“赭面”化妆习俗，跃然出现在眼前。

---

① 陈践、王尧：《ཏུན་ཧོང་ནས་ཐོན་པའི་གནའ་བོའི་བོད་ཡིག་ཤོག་དྲིལ》（《敦煌本藏文文献》），北京：民族出版社，1983 年，第 43 页。

② 同上。

③ 王尧，陈践：《敦煌本吐蕃历史文书》（增订本），北京：民族出版社，1992 年，第 44 页。

④ 同上，第 15 页。

⑤ 陈践：《敦煌藏文 ITJ739 号散卜文书繇辞译释》，《民族翻译》2014 年第 03 期，第 32 页。

若将ཁྲར། 按正字“橛子”汉译，则为“（在俊脸上）用橛绘上花纹”，这就令人费解了。

（3）藏族学者对ཞུགས་ཤོང་དམར་པོ། 之解读

藏族学者止贡·嘉衮切仓在其藏文译释《敦煌藏文历史文书所见吐蕃史》一书中译释如下：

①I. O. 750 号第 246—248 行：……ཡུལ་ཡུལ: དམག་ཀྱི: ཁྲམ: སྐྱ: བརྩིས།……བཙན་པོ་སྣས: ཁྲམ་དམར་པོ་ཤོག་ཤོག་སེར་པོ: ལ: སྤོས་པར་ལོ་ཅིག①

止贡之藏译文：ཡུལ་དང་ཡུལ་དུ་དམག་མིའི་བྱང་བུ་སྐྱ་བོར་རྩིས་བཤེར་བྱས།……རྒྱལ་པོའི་བཀའ་ལྟར་སྐུ་སྲུང་དམག་མིའི་སྡེ་ཤོག་ཤོག་གི་དཔུང་རྟགས། བྱང་བུ་མདོག་དམར་པོ་ནས། སེར་པོར་བསྒྱུར་པར། ལོ་གཅིག②（清点各地军丁白牌……遵赞普令，将各部御林军臂章牌，由红色改为黄色之年。）

本文汉译：清点各地军丁白册……遵赞普令将“红册”军丁人名改写到黄色封面之纸册，是为一年。

②I. O. 750 号第 55 行：རྩང་ཆེན་པོའི་ཁྲམ: དམར་པོ་བཏབ་པ།③

止贡之藏译文：གཙང་ཆེན་ཁུལ་དུ་སྐུ་སྲུང་དམག་གི་དཔུང་རྟགས་ཤིང་བྱང་དམར་པོ་བཟོས།④（制作藏钦地区御林军红色木牌臂章。）

本文汉译：建立藏钦地区御林军之红册木牍。

① 王尧，陈践：《敦煌本吐蕃历史文书》（增订本），北京：民族出版社，1992 年，第 28—29 页。

② 止贡·嘉衮切仓：《敦煌藏文历史文书所见吐蕃史》，松赞图书馆印行，2010 年，第 393 页。

③ 王尧，陈践：《敦煌本吐蕃历史文书》（增订本），北京：民族出版社，1992 年，第 17 页。

④ 止贡·嘉衮切仓：《敦煌藏文历史文书所见吐蕃史》，松赞图书馆印行，2010 年，第 347 页。

③I. O. 750 号第 59 行：ཞུགས་སོང་དམར་པོ: ཁྲང་ཧོན་བཀྱིས་པར་ལོ་གཅིག①

止贡之藏译文：སྐུ་སྲུང་དམག་གི་དཔུང་རྟགས་དམར་པོར་བཟོས་པར་ལོ་གཅིག②（该年制作御林军之红色臂章。）

本文汉译：该年依红册征集兵丁。

止贡·嘉衮切仓将ཞུགས་སོང་དམར་པོ། 和ཁྲམ་དམར་པོ། 均译作：སྐུ་སྲུང་དམག་གི་དཔུང་རྟགས་དམར་པོ།（御林军红色臂章）。本文将前者译作“红册”；将后者译作“红册木牍”，认为二者都是御林军的标志物，所不同的是嘉衮切仓认为是“臂章”，我们认为是“木牍花名册”。对ཁྲམ་སྐྱ།，双方都译作“白册”。对 I. O. 750 号第 248 行：ཁྲམ་དམར་པོ་ནོག་ནོག་སེར་པོ་ལ་སྤོས་པ།，他译作“将各部御林军臂章牌，由红色改为黄色”；本文认为欠妥，这是公元 744 年所载。

1）“臂章”在藏文文献里称作ཡིག་གཙང་།，在汉文史书中译作“告身”。如《册府元龟》卷九六一,《外部臣·土风三》记为“……大略其官章饰有五等：一谓瑟瑟，二谓金，三谓金饰银上，四谓银，五谓熟铜。各以方圆三寸褐上装之，安膊前，以别贵贱。”未见藏汉文史料中记载有“黄色木质臂章（告身）”。

2）纸张在当时应该是珍贵之物，ITJ1359 号载：“每位抄经生所领抄经纸张，均要登记在册，扣除废纸和护

① 王尧，陈践：《敦煌本吐蕃历史文书》（增订本），北京：民族出版社，1992 年，第 18 页。

② 止贡·嘉衮切仓：《敦煌藏文历史文书所见吐蕃史》，松赞图书馆印行，2010 年，第 347 页。

经纸，检查上交经文纸数与所领张数是否相符。”诸多敦煌古藏文文书均抄写在汉文佛经背面。中原皇帝之书籍、档案封面皆用黄色装裱。御林军是赞普的精锐部队，将其人名从红册木牍移至黄纸册内，反映御林军的特殊性与重要性。

3）吐蕃第一次占有西域的安西四镇是在龙朔二年（662 年）至长寿元年（692 年）的 30 年间；第二次占有西域的安西四镇是在长寿二年（693 年）至咸通七年（866 年），长达 170 多年。西域木简，是在新疆若羌县米兰故城遗址—古堡内和于阗以北慕土塔古地区发掘的，约 400 余支，其内容有经济、军事、氏族部落、文书、宗教等，关于斥候（巡逻兵）内容的也不少，如《吐蕃简牍综录》第 150 枚：ཚེའུ་ཅག་སོ་པའ།①（孳乌恰之斥候）；第 152 枚：སྟག་སྐུགས་ཀྱི་སོ་པ།②（达古之斥候）；第 153 枚：ཁྲི་སྐུགས་འཇོར་གྱི་སོ་པ་ལི་གཅིག་ཆད་③（墀古啜尔之斥候缺于阗人一名）；第 159 枚：སོ་བགས་རྒྱ་ཉི་ཤུ་རྩ་བདུན་མཆིས།④（二十七户应派斥候）。

སོ་བ། 斥候，是巡逻兵，但凡巡逻所属地段名称及其人数，均载于木牍，有实物照片，为右侧有火洞的长形木牍。因此，吐蕃本部清点和建置设立御林军的ཞུགས་པོང་དམར་པོ། 和ཁྲམ་དམར། 也会是记载在木牍上之韦编，而不会

① 王尧、陈践：《吐蕃简牍综录》，北京：文物出版社，1986 年。

② 同上。

③ 同上。

④ 同上。

是佩戴在手臂上之木质臂章。

本人再次老生常谈，产生这种误译的主要原因之一，还是因为缺少一本工具书——《吐蕃敦煌古藏文辞典》，致使30年前的成果无法利用，以致仍然在低水平徘徊，让人感到遗憾。希望这篇短文对古藏文辞典的问世，能起到点滴作用。

若干典型古藏文语词疏释之四[①]

——再读 ITJ 370 号虎皮告身残卷

一、解题

ITJ 370 号文书存 14 行，首尾和左侧均残，但这是一份重要的残卷，它揭示了吐蕃时期虎皮告身完善阶段的真实情况，即凡立战功的大小军官，均褒以相应之金、银、铜告身外，还颁赏匹配之虎皮告身。虎皮告身与金属告身一样，有其演变完善过程，最早的金属告身，为小银字告身，是墀伦赞授与娘尚囊为论布之标志。详见 P. T. 1287 号第 244—246 行。最早的虎皮章饰在墀松德赞时期（755—797 年），P. T. 1287 号第 385—386 行载：

འབངས་ཀྱི་ནང་ན། ངོར་ཏེ་ཕྱུག་ཚམས་སྡེ་འཛོམ［འཛོམ］་དཔའ་བ་འི་མཚན་མར། སྟག་ཐོག་བུ་སྩལ་ཏོ།།[②]（民庶之中攻克多尔部与秋琛部之英勇善战之勇夫，颁赐小块虎皮章饰）

以上引文揭示，公元 8 世纪末，已有对勇士颁赐虎皮章饰。

---

① 本文为国家社科基金重大项目“敦煌吐蕃文献分类整理与研究”（12ZD139）成果之一。

② 王尧、陈践：《敦煌本吐蕃历史文书》（增订本），北京，民族出版社，1992 年。

《藏汉大辞典》第 1191 页释ཐོག་ཏུ། 为果实，故སྟག་གི་ཐོག་ཏུ། 可能指大小如果子的小块虎皮章饰，不能算虎皮告身。

P. T. 1217 号第 2—4 行载：

བདག་ངན་པས་སྔ་སྣད་ཆབ་སྲིད་ཀྱི་འདབ་ཏུ་དཔེན་པ་འི་ཚེ་ཤ་ཕྱུལ་པ་འི་ངོ་འཕྲུལ་གྱི་ཡི་གེ་སྟགི་ཟར་ཅེན་གནང་བ་ཙཾ་ཞིག། ཕོག་དཔེ་ཕྱག་རྒྱ་འགའ་འཚང་བར་ཅི་གནང་ཞེས་གསོལ་པ་ལས……།（卑职先后为政事效劳，忠心耿耿，仅褒以虎皮鞍鞯告身，今请求颁一封文副本。后赏其小银字告身和虎皮鞍鞯告身。）①

上述引文表明，吐蕃早期，立战功之军官，只颁赏虎皮鞍鞯告身，并无对应之金属告身。随着形势的发展、战争的需要，才有了 ITJ 370 号大、中、小三种虎皮告身和与之相匹配的金属告身。

ITJ 370 号中出现了三种虎皮告身，即：སྟག་གི་སྟོད་བཞག（虎皮褂告身）、སྟག་གི་ཟར་འབྲིང་།②（虎皮鞍鞯告身）、སྟག་གི་ཟར་ཆུང་།③（虎皮蹬垫告身），与之相匹配的有：大金字告身、大银字告身、大黄铜告身、小黄铜告身、红铜告身。现按行次列表如下：

---

① 陈践、王尧：《ཏུན་ཧོང་ནས་ཐོན་པའི་གནའ་བོའི་བོད་ཡིག་ཤོག་དྲིལ》（《敦煌本藏文文献》），北京：民族出版社，1983 年，第 108 页。

② 东噶·洛桑赤列：《东噶藏学大辞典》，北京，中国藏学出版社，2002 年，第 1820 页。

巴卧·祖拉陈瓦著，黄颢、周润年译：《贤者喜宴——吐蕃史译注》，北京，中央民族学院出版社，2010 年，第 51 页。

③ 东噶·洛桑赤列：《东噶藏学大辞典》，北京，中国藏学出版社，2002 年，第 1820 页；巴卧·祖拉陈瓦著，黄颢、周润年译：《贤者喜宴——吐蕃史译注》，北京，中央民族学院出版社，2010 年，第 51 页。

行次	金属告身	虎皮告身
2	གསེར་གྱི་ཡི་གེ་ཆེན་པོ། （大金字告身）	སྟག་གི་སྟོད་བཞག （虎皮袝）
3	[གསེར་གྱི་ཡི་གེ]་ཆེན་པོ། （大金字告身）	སྟག་གི་སྟོད་བཞག （虎皮袝）
3	དངུལ་གྱི་ཡི་གེ་[ཆེན་པོ] （大银字告身）	残缺
4	དངུལ་གྱི་ཡི་གེ་ཆེན་པོ། （大银字告身）	སྟག་གི་ཟར་[འབྲིང]། （虎皮鞍韂）
5	ཟངས་གྱི་ཡི་གེ （红铜告身）	གུང་གི་སྲམ་ཐབས། （草豹桑踏）
6	ར་གན་ཡི་གེ་ཆུང་ངུ། （小黄铜告身）	སྟག་གི་ཟར་[འབྲིང]། （虎皮鞍韂）
7	ར་གན་ཆུ་ངུ། （小黄铜告身）	སྟག་གི་ཟར་[འབྲིང]། （虎皮鞍韂）
9	ར་གན་ཆེན་པོ། （大黄铜告身）	སྟག་གི་སྟོད་བཞག （虎皮袝）
10	残缺	ཟར་ཆུང་། （虎皮鞍韂）
11	ར་གམ[གན]་ཡི་གེ་ཆུ་ངུ། （小黄铜告身）	ཟར་ཆུང་། （虎皮蹬垫）
12	ར་གན་ཡི་གེ （黄铜告身）	残缺

几点说明：

（1）表格中金属告身的高低，与虎皮告身之大小基本成正比。但也有个别金属告身低而虎皮告身较大者，如第 7 行。

（2）文书中之ཟར། 为གཟར། 之异体字，且为作名词之གཟར།，依据《东噶藏学大辞典》和《贤者喜宴——吐蕃史译注》，将སྟག་གི་ཟར་འབྲིང་། 译作“虎皮鞍鞯告身”，སྟག་གི་ཟར་ཆུང་། 译作“虎皮蹬垫告身”。但格西喜饶旦丹尔认为，གཟར། 应作动词解，即有“悬垂”之意。其理由是：虎皮告身是表战功让人看的，不会垫在马鞍之下，故上述三种虎皮告身，大小肯定有别，其所处位置也应不同。སྟག་གི་སྟོད་བཞག，置于藏袍领子部位；སྟག་གི་ཟར་འབྲིང་། 置于手臂；སྟག་གི་ཟར་ཆུང་། 可能置于腰侧。此说谨请读者注意。

（3）武内绍人《大英图书馆斯坦因藏品中新疆出土古藏文写本》书内吐蕃文书之拉丁转写，因其有条件阅读到原件，一般来说，是很准确的。但由于 ITJ 370 号为藏文行书，而他又忽略了每位抄写人之个性习惯，对最关键词ཇོ་འཕྲད།（战功）又很陌生，竟录为སའི་འཕྲད།。对所有后加字ར། 均录作ང།，即将ཟར་འབྲིང་། ཟར་ཆུང་། 全录为ཟང་འབྲིང་། ཟང་ཆུང་།，致使文书没有了“主题”，无法准确释解，本人有幸见到了文书图版，让它重现真容。本文书解读也留有遗憾，即不明第 5 行གུང་གི་སྨྲམ་ཐབས། 为草豹何种告身。第 14 残行也还不知所云，但对整个卷子“立不同战功授不同虎皮告身”这个核心是阐述清楚了的。

（4）虎皮告身还可以颁赏给有军功的其他民族，如莫高窟第 144 窟东壁供养人题记：“夫人蕃任瓜州都□（督）□仓□曹参军金银间告身大虫皮康公之女修行顿悟优婆姨如祥□（弟）一心供养”。“康公”为粟特人。

另，南诏德化碑碑阴第 4—5 行载有“大军将开南城大军将大□告身……大大虫皮衣赵眉丘。”① 又如第 18 行“……（赏二色）绫袍金带兼大大虫皮衣孟绰望。”② 上述“大虫皮衣”“大大虫皮衣”，即藏文中之“虎皮褂。”

二、藏文原文

1 ༄།:། སྐ་བ་བོང་ཡུལ་ན་མཆིས་པ་ལས་ངོ་འཕྲུལ་སྟག་ཡིག……

2 གསེར་ གྱི་ ཡི་ གེ་ ཆེད་ པོ་ དང་ སྟག་ གི་ སྟོད་ [བཞག] སློམ་ བཙན་ སུམ་ གསེར……

3 [ཆེད] ་པོ་ དང་ སྟག་ གི་ [སྟོད] ་བཞག སློམ་ དགེ་ བཞི་ དངུལ་ གྱི་ ཡི་ གེ……

4 དངུལ་གྱི་ཡི་གེ་ཆེད་པོ་དང་སྟག་གི་ཟར……

5 ཟངས་གྱི་ཡི་གེ་དང་གུང་གི་སྲམ་ཐབས་ཁྲུ……སྟག་གི་ཟར……

6 དགེ་བཟང་སྨོན་ལེགས་ར་གན་ཡི་གེ་ཚུང་ངུ་དང་སྟག་གི་ཟར་[འབྲིང་] ……སྲམ་ཐབས……

7 བཞག་དང་ར་གན་ཡི་གེ་ཚུ་ངུ། ར་གན་ཚུ་ངུ་དང་སྟག་གི་ཟར་[འབྲིང་] ……པ་ལ། གཙུག……

8 ཅིག་པ། ལྷ་བཟང་ལེགས་སུམ་དཔལ་བརྟན་ཁྲོམ་བཞེར་དབྱི་ཀླུ་དཔལ་བཟང་ཁ་ལེགས།……

9 ཀླུ་དོ་པ། རྒྱལ་[སླེབས] ་ར་གན་ཆེད་པོ་དང་སྟག་གི་སྟོད་བཞག། རྒྱལ་བཟང་ལྷ་སྟོ། སྟ་སྲ་གས……

① 方国瑜主编：《云南史料丛刊》（第二卷），昆明：云南大学出版社，1998 年，第 382 页。

② 方国瑜主编：《云南史料丛刊》（第二卷），昆明：云南大学出版社，1998 年，第 382 页。

10 གོད། བཙན་བཟང་ཁྱེ་ཨུ། ཟར་འབྲིང་ལ་གླུ་སུམ་སྟག་བཙན། གཡུ་བཟང་སྲ་བཙན……

11 ……ཅེན་པ་ཁོང་བཟང་སྟག་ཀོང། ར་གན་ཡི་གེ་ཚུ་ཙུ་དང་ཟར་ཚུང་པ……

12 ར་གན་ཡི་གེ་སྦལ་ཕ་བཙན་བཟང་ཁྲི་སླེབས་གཡུ་བཞེར……

13 གཡུ་དོག་བཙན་བུ། བློན་བཙན་བཟང་རོལ་གསེས……

14 པ་སང་བས་སླད་ཀྱིས་བསྟངས་ནས་གསོལ་བའི་བཀའ……

三、汉译文

1 呷哇彭区域所颁，立军功奖赏虎皮告身……

2 大金字告身和虎皮褂。论赞森获金（告身）……

3 ……大金告身和虎皮褂。论格热获银告身……

4 大银告身和虎皮鞍鞯告身……

5 红铜告身和草豹桑踏告身……虎皮……

6 格桑门勒获小黄铜告身和虎皮鞍鞯告身……

7 ……和小黄铜告身。……小黄铜告身和虎皮鞍鞯告身……

8 拉桑勒森、白旦卓热、依鲁白桑、卡勒……

9 ……鲁多杰历获大黄铜告身和虎皮褂告身。杰桑拉多、达扎色……

10 果，赞桑其吾，获（虎皮）鞍鞯告身。鲁森达赞、玉桑扎赞……

11 ……孔桑达贡获小黄铜告身和虎皮蹬垫告身……

12 赏黄铜告身。赞桑赤历、玉热……

13 玉多赞布、论赞桑卢色……

14 ……以后能获利济之告白……

四、吐蕃时期的告身

吐蕃时期的告身，有两种，一种为金属类告身，即玉、金、银、颇罗弥、黄铜、红铜，这在 P. T. 1071 号“狩猎伤人赔偿律”和 P. T. 1089 号“吐蕃官员请求复职表”中皆有详尽记载，与《贤者喜宴》所述基本一致，不再赘述。另一类是虎皮告身，是赏给为社稷立战功的武官武将的，早期只颁赐虎皮告身，无相应之金属类告身，后来形成金属告身加相应之虎皮告身。

ITJ370 号虎皮告身残卷，最早出现在托马斯《有关西域的藏文文献与文书》第 2 卷，第 407 页，托氏仅译出两行。武内绍人 1997—1998 出版的《英国图书馆藏斯坦因收集品中的新疆出土古藏文写本》一书，完整地收录了这一文书的藏文转写，并做了解题目录，但未将其翻译成英文。新近西南民族大学杨铭教授等选择了其中部分文书，并已出版。[①] 2012 年，感谢中国藏学研究中心黄维忠博士给我带来了武内绍人的录文及附有原文的图片，该图片为藏文行书，不是楷书。我在解读该原文图片时，发现武内绍人录文有错，他可能不习惯认读行书，也忽略了当时每位抄写人的书写个性相异，竟将最关键词རོ༷་འཕྲད།（立战功，立军功）录为སའི་འཕྲད།；将后加字“ར”录作“ང”，于是把སྟག་གི་ཟར༷（གཟར）འཕྲིང་།（虎皮鞍鞯）录作སྟག་གི་ཟང་འཕྲིང་། 将ཀུང་།（草豹，别名大头虎）

① 杨铭等：《英国收藏新疆出土古藏文文书选译》，乌鲁木齐：新疆人民出版总社，2014 年，第 257 页。

录作 གླང་།（黄牛）。

本人借助图片原文，翻译了全文，题目为《ITJ370号虎皮告身残卷》① 录收在《敦煌吐蕃文献选辑——社会经济卷》中。

五、“黄牛皮授带（告身）”和“虎符”?

2019 年底挚友买了一本杨铭的《英国收藏新疆出土古藏文文书选译》送我，我自然立即认真阅读。在该书 257—266 页，我读到了《新疆米兰出土的一件古藏文告身考释》（以下简称《考释》）一文，发现其译文有错。由于该文是用武内绍人书内的藏文拉丁转写汉译的，前者录错的，他只能译错，现罗列如下：

1. 文献第 1 行：……སའི་འཕྲད་（ཇོ་འཕྲད་）སྟག་ཡིག……（虎符）②

《考释》将前二字删节未译，将སྟག་ཡིག译作“虎符”，这四个字正确过录，应译为：“为社稷立军功授虎皮告身。”这是该篇点睛之词，不能拆开，སྟག་ཡིག为“虎皮告身”，非“虎符”，如同གསེར་ཡིག，译作“金字告身”，而不能译作“金符”；དངུལ་ཡིག译作“银字告身”，而不能译作“银符”。

2. 第 3 行、9 行：སྟག་གི་སྟོད་པཞག（虎皮褂告身），《藏汉大辞典》第 1097 页，སྟག་སྟོད།虎皮褂、སྟག་སྨད།虎皮裙，

---

① 郑炳林、黄维忠主编：《敦煌吐蕃文献选辑·社会经济卷》，北京：民族出版社，2013 年，第 187—190 页。

② 杨铭等：《英国收藏新疆出土古藏文文书选译》，乌鲁木齐：新疆人民出版总社，2014 年，第 259 页。

均为“古代奖励战斗英雄的服饰之一。”《考释》译作“虎皮授带”，可能是受当今时尚“授带”之误导。

3. 第5行：……གུང་གི་སྲམ་ཐབས།……。《考释》录作གླང་གི་ཕྲམ①……译作“黄牛皮授带”。གུང་། 在《藏汉大辞典》第 357 页解释为“草豹，别名大头虎”。在 P. T. 1287 号第221—222 行中有：མོན་ཀ་འི་ནི་སྟག་ཅིག་པ། སྟག་བཀུམ་ནི་ཟུ་ཚེས་བཀུམ། གུང་བཀྲོས་ནི་ཕྱག་དུ་ཕུལ། སྣ་ལྟོ་ནི་སྟོ་རིགས་སྩལད།（门域之地有一虎，杀虎者为我苏孜，虎皮奉献上方〔赞普〕，内脏赏予洛埃〔老臣〕。）前两句诗歌中老虎写作“སྟག”，后一句写作“གུང”，可能在吐蕃时期，སྟག 与གུང་། 均可解读为虎。

“考释”在行文中罗列了 P. T. 1071 号、P. T. 1089 号、《贤者喜宴》中全部告身序次，也载有“给英雄挂虎皮，给懦夫挂狐皮”的相关内容，上述文献均未见有“黄牛皮绶带”，“考释”译文中突然蹿出这个陌生告身，应该犯疑，而不应当作“首次发现”来阐述。吐蕃时期给立战功的武官、武将授凶猛虎豹兽皮作告身，是彰显他们的威武，展示特定阶层的社会价值和政治地位。黄牛皮没有这种特性，不能与虎皮并列，显然是“考释”不明就里的结果。

4. 第 6、7、11 诸行出现的正确录文为སྟག་གི་ཟར（གཟར）〔འབྲིང་〕和སྟག་གི་ཟར་ཚུང་།。ཟར། 为གཟར། 之异体字，本意为“衬在鞍鞯下保护马背的褥垫”（见《藏汉大辞典》第 249 页）。སྟག་གི་ཟར་（འབྲིང་）| 为“虎皮鞍鞯告

① 杨铭等：《英国收藏新疆出土古藏文文书选译》，乌鲁木齐：新疆人民出版总社，2014 年，第 258 页。

身”，སྟག་གི་ཟར་ཚུང། 为“虎皮蹬垫告身”。《东噶藏学大辞典》第1820页，与《贤者喜宴》中也是同上解释。由于武内绍人将后加字“ར”录作“ང”，变成སྟག་གི་ཟང་འབྲིང། 和སྟག་གི་ཟང་ཚུང།,《考释》只得弃译“ཟར（གཟར)”，译作“中虎皮”。

5. 第11行，《考释》录为……ར་གན་ཡི་གེ་ཚུ་ཙ་དང་ཟང(ཟར)་ཚུང་བ……(授予小黄铜字告身、小红铜字告身……)

由于将ཟར错录作ཟང།,《考释》错译作“红铜”。一人授两个金属告身，这是不可能的，本文译作：获小黄铜告身和虎皮蹬垫告身。

6. 《考释》第261页所列表格排列有误，左边是金属告身加相应的虎皮授带，授与武官武将，这是对的，但不能与右边的政府文职官员，如“低级贡论、次内相、决断大事”等并排，因为文职人员是不授虎皮告身的。

这个排列错误表格的原由，是武内绍人将首行ཪོ་འཕྲད། 误录作སའི་འཕྲད།。《考释》删节此词未译，造成他对ITJ370文献主题理解的偏差，不明白吐蕃时期的虎皮告身加金属告身，只能授与立战功的武官武将，误认为可授予政府文职官员，真是一字之惑，影响全文。

7. 《考释》第263页载：1. “首先是虎符（སྟག་ཡིག）一词，在敦煌、西域出土的古藏文文献中是首次发现。”2.“……再就是黄牛皮（སྔང་གི་ལྤགས།）授带在敦煌、新疆出土的文书中是首次出现，其含义应与虎皮授带（སྟག་གི་སྟོད་བཞག）相同而级别较低。”翻译文献时，对“首次”所见之词应该多问几个“是否抄错?”“是否录错?”“是否为异体字?”贸然翻译，则会出现不合逻辑的译语。

六、结束语

通过《考释》一文的学习，我有两点体会。一是解读敦煌古藏文文献，必须看原图过录，不能拿别人的录文来翻译，ITJ370 号就出现了连环错，武内绍人录错，《考释》跟着译错，难免不引人误读。二是对“首次发现”一类的判断性用词解读，尤其应慎之又慎，以免被学界引用而出现以讹传讹的严重后果。故书此抛砖小文《再读 ITJ 370 号虎皮告身残卷》，与大家共勉！

若干典型古藏文语词疏释之五①

——《百慈藏卷吐蕃兵律》新译

一、解题

百慈古藏文兵律②（简称兵律）是一份内容十分丰富的长文。

我们来分析一下吐蕃兵律产生的年代：

唐高宗咸亨元年（670 年），吐蕃占领安西四镇；八月，大非川之战，论钦陵大败唐军，灭吐谷浑。唐高宗上元三年（676 年），吐蕃建青海行军大衙。唐高宗仪凤三年（678 年），吐蕃于青海大败唐将李敬玄。武则天垂拱二年（686 年），唐弃安西四镇，安西都护府移至西州。吐蕃连年累月的战争，侵占唐域，必然要制定自己的兵律，估计在 7 世纪攻打西域时已经有了早期的兵律，后来又攻打河陇，兵律逐步完善。到公元 745 年，赤德祖赞外甥འདོན། 吐谷浑小王亲自出征汉域，出于对他的特殊关照，吐蕃兵律后段从 475—507 行，量身定制了对他

① 本文为国家社科基金重大项目“敦煌吐蕃文献分类整理与研究”（12ZD139）成果之一。

② 巴桑旺堆：《一份新发现的敦煌古藏文吐蕃兵律残卷解读》，《吐蕃历史文献研究论集》，上海：上海古籍出版社，2018 年。

的全面配备，有警卫员、服饰员、翻译师、书记员、后勤员共计 68 名；征战结束，其一半警卫员和全部后勤员要返回各自部落，并缴纳赋税。因此，吐蕃兵律 475—507 行可以说是兵律后续内涵，是吐谷浑小王时期 745 年出征汉域时加的。百慈藏卷吐蕃兵律形成于 745 年时期，但抄录时间，肯定在 745 年之后，与敦煌古藏文其他文献相同时期。

百慈藏卷吐蕃兵律产生的地点，应该是当年的西域、甘肃、青海一带的汉地，因其战利品中有锦缎、面子薄绫、丝绵这些汉地出产的标记物。

其主要内容有对战利品的分配，其中又可细分为对广大士兵掠夺战利品之分配；对战场士兵先后攻击敌人奖赏“兵器”之分配；对暗军（ཐུན་དམག）① 的单独奖赏。

其次，进攻敌占区，对掠夺为主的城池，凡无法带走之物，如庄稼、房屋、水磨、农具、马车等等一烧了之；对要占住的敌占区，则不得焚烧庄稼，等等。

对各种军情兵，如快马使（མགྱོགས་པོ།）、侦察兵（བྱ་ར།）、骑哨（རྟ་ར།）、昂如巴（ངམ་རུ་པག）要求甚严，遇敌攻击、必殊死战斗，若无望取胜，则要自尽；如被敌捕获，也要自尽，因为他们都掌握己方的军事情报。

对马匹的饲养、收场十分关注，对收场过迟造成马匹损失，惩罚很严。在敌占区辽阔地带，可以“散养”；在狭窄地带应设三道木栏或木桩阻挡，防敌抢马。马匹对战士来说，是克敌制胜之法宝，冲锋杀敌、追杀逃军，都离不了它。对军情兵系列来说，更是送情报人的“飞

① 派往域外作战和突击掳夺财物的特种兵。

腿”。因此，有一段就出现了“两人各有一匹良马，愚者要将马匹让给智者，去完成任务”。这是否就是《唐书》中所载吐蕃人骑一匹牵一匹马之反映。

对违背兵律惩罚方式很多，对大将领、大茹本、茹本等有官衔之人失职，多为罚坐骑一匹或两匹，罚其佣仆在城堡禁闭一年、两年、三年不等。对犯罪头目斩杀；对一般从犯流放，或挂懦夫狐皮，或鞭笞一百、二百、三百下。犯人之财产，包括奴户、库物、畜牛之一半，要赏与检举人（告发人），若无检举人，则上缴归公。

对寺庙、佛、壁画严令不得毁坏，尊重僧尼。

对投降之俘虏不得杀害。

…………

本人在翻译百慈兵律的过程，也遇到一些陌生的语词，经过反复阅读前后文，认真思考后，绝大部分找到了对应之汉译；个别罪行名称，仅出现一两次，采取了音译，留待后人解决。敦煌藏文文献中，有些语词在《藏汉大辞典》和其他辞典中是“缺席”的，也就是说未收入，要靠自己反复阅读文献，他们会悄悄开门出来与你对话的，特别要注意逻辑，在全篇能否讲通。但这是下苦功夫去走的一步，比起用“音译”难词绕着走费心费神许多。比如，兵律文献第 106—235 行，在长达 130 行中出现མནངས། 词系列达 90 余次，有译者全采取音译，对读者来说，也是一个麻烦。另，在以上行数中，有几个看似简单的词，不能靠用正字解读来翻译。（1）ཞིང་། 每（个）、每（头）、每（只）、每（件）。不是“田地”之意，更不能引申为田亩计算单位“突”。（2）ཁ⇌ག，是战利品价值折算单位名称，不是字典中“上面”之意。（3）ནོར། 最早是为“牛畜”之意，古代牛多就是财富多，于是又有了第二个义项“资财”，但文献中又引申为“细软”。（4）战利品系列语词：མནངས། 战利品，མནངས་ཞ། 战利品管理机构，མནངས་ཞ་པ། 战利品掠获者，མནངས་དཔོན། 战利品官员。

下面我们重点分析一下战利品折算单位名称ཁ。兵律中出现的战利品有：俘虏，大牲畜有马、骆驼、骡、驴、犏牛等，小牲畜有绵羊、山羊，细软有金、银（手饰）、锦缎、面子薄绫、丝绵、卡其丝绸、彩细线团、恰塔之金线、银线、“布帕”、坐褥等。这么多大小不一、种类不同的战利品如何来折算行赏？确实是道难题，但吐蕃人很有智慧，他们用ཁ།（喀）来作战利品的折算单位，具体来说：一名俘虏折算为5个“喀”；一头大牲畜折算1个“喀”；20头羊折算为1个“喀”；五件细软折算为1“喀”。这是本文的解读，也就是搞清楚以上几个特殊语词后的解读，否则，译文就大相径庭了。请看巴旺第146—148行之译文：

第146行：……其上再拨五名俘虏为“喀”。〔征收〕的骆驼、马、骡、家兔、

第147行：犏牛等，以及驯服之野牛价值等同，每十个拨赏一；

第148行：〔征收〕的绵羊和山羊价值等同，每二十拨赏一；征收的黑牛拨赏“喀”为每十头赏一。

本文译文，每名俘虏折算为5“喀”，他解读为“五名俘虏为一喀”，这就相差很远了。“家兔”怎能与大牲畜骡、马平起平坐？“犏牛每十头拨赏一”，本译文为

“每一头大牲畜折算一个喀”。巴旺他为什么这么译？本人分析，他未明白，原录文为“每十头折算十喀”，也就是每一头折算一“喀”，他误译为“每十头折算一喀”。他将ནོར། 细软译作“黑牛”，又为了与前第 147 行的误译取得一致，第 148 行再次误译：“〔征收〕的黑牛拨赏‘喀’为每十头赏一”。他为何不考虑这么多细软如何折算？这就是将ནོར། 误译“黑牛”惹的麻烦。

文献中和尚、尼姑采取汉语音译ཨ་ཤི།（阿西）、ཨ་ཤི་མོ།（阿西姆）。

兵律中某些典型语词与敦煌古藏文、吐蕃简牍、碑文中完全一致，如རྗེ་བློས། 王事、王差，ངོ་འཕྲད། 军功、战功，འདམ་པོ། 告发人、检举人，རིང་ལུགས། 头人、长老、长官，ཁོལ་ཡུལ། 奴户，སྐྱང་།—ཆང་།（1）粮食，（2）酒。

兵律中关于惩罚犯人的刑法，与 P. T. 1071 号“狩猎伤人赔偿律”多处几乎雷同。

兵律第 272 行：འདམ་པོ་སྐྱལད་པའི་སླད་ན།། ཁོལ་ཡུལ། ཆི་མཆིས་པ། གཞན་ནི

273. བུ་མཆིས་ན་བུ་སྐྱལད་ཏོ།། བུ་མ་མཆིས་ན།། ཕུ་ནུ་ཉྟང་མཆིས་ཀྱང་། སྤྱི་སྐྱལད་ཀྱིས། སུ་མངའ་སུ་དབང་།

274. བ་སོ་སོར་བཞེས་འཚོལད་ཅིག།

译文：赏完检举人后，若还剩有奴户，有子给子，无子不能给兄弟近亲，奴户愿意属谁归谁，各随己愿。

P. T. 1071 第 202 行：……འདམ་པོ་མ་མཆིས

203. ཁོལ་ཡུལ་ཀྱི་ཕྱེད་དང་། ཕྱུག་ནོར་ཀྱི་ཕྱེད་དང་བང་ཟ་ཀུན། ཡུས་བདག་དབཞ༔།། ཁོལ་ཡུལ་ཀྱི་ཕྱེད

204. དང་ཕྱུག་ནོར་ཀྱི་ཕྱེད་པོ༔། ནི་བུ་སྨད་སྐྱལདེ། མལ་ན་དགོད་དོ། བུ་པོ་མ་མཆིས་ན་ཕ་སྐྱལདོ།

205. ཕ་མ་མཆིས་ན། ཁོལ་ཡུལ་ཀྱི་ཕྱེད། ཕུ་ནུ་པོ་དྲུང་མཆིས་ཀྱང་མྱི་སྩལ་དོ། བུ་མོ་སྣད་དང་ཕྱུག (ཕྱུགས)

206. ནོར་གྱི་ཕྱེད་ནི། ཕུ་ནུ་པོ་སུ་འདུར་བ་སྩལ། ཧོ༔། ཁོལ་ཡུལ་ཀྱི་ཕྱེད་པོ་ནི། (མདའ་འཕོང་འཕོང་པ།) སུའི

207. འབངས། སིའི་བྲན་སོ་སོར་བཞིས་འཆོལ༔ཞིག།①

译文：……若无告发人（检举人），奴户、牲畜之一半和全部库物全归受害人，另一半奴户、牲畜，给伤人者之子、妻，就地对分。若无子，给其父。若无父，奴户亦不能给其兄弟近亲。女人和牲畜一半可给其亲近兄弟。另一半奴户，愿为谁之民，谁之奴可随其愿。②

以上两分法律文献反映出，当时的奴户，已经有一定的人身自由，可按己愿择主。

同时说明，百慈藏卷吐蕃兵律，也属于敦煌古藏文，只是后来通过某种渠道，流散到西藏阿里而已。

二、藏文正文③（删）

三、汉译文④（删）

---

① 陈践、王尧：《ཏུན་ཧོང་ནས་ཐོན་པའི་གནའ་བོའི་བོད་ཡིག་ཤོག་དྲིལ》（《敦煌本藏文文献》），北京：民族出版社，1983 年，第 28—29 页。

② 王尧、陈践：《敦煌吐蕃文献选》，成都：四川民族出版社，1983 年，第 19 页。

③ 限于篇幅，藏文正文删除，有兴趣的读者可参见巴桑旺堆《吐蕃历史文献研究集》，上海古籍出版社，2018 年。

④ 限于篇幅，汉译文亦删除。

四、对典型语词之解读

1. ཁ།—ག 喀(音译)，战利品折算或立战功大小的单位名称。

藏文录文：

146. ……བཙོན༔ལྔ༔ཁར༔སྐྱལད༔ཏོ།། རྔ༔མོ༔རྟ༔དྲེ༔ཝུ༔ཡོས༔

147. བུ༔མཛོ༔ལ༔སྩོགསྟེ།། གནག༔རྒོད༔གཡུང༔ངོ༔འཚལད༔དང།། འདི༔རྣམས༔ཐང༔མཉམསྟེ།། བཅུ་ཞིང། བཅུ༔གར༔གཅིག་སྐྱལད

148. ཏོ།། ར༔ལུག༔གཉིས༔ནི༔ཐང་། མཉམ་སྟེ།། ཉི༔ཤུ༔ཞིང༔གཅིག༔སྐྱལད་ཏོ།། ནོར༔སྤྱད༔ངོ༔འཚལད༔ཀྱི༔ཁ༔ནི།། ལྔ༔ཞིང༔གཅིག༔སྐྱལད

149. ཏོ།།①

巴桑旺堆（以下称巴旺）译文：

146. ……其上再拨五名俘虏为“喀”。〔征收〕的骆驼、马、骡、家兔

147. 犏牛等，以及驯服之野牛价值等同，每十个拨赏一；

148. 〔征收〕的绵羊和山羊价值等同，每二十拨赏一；征收的黑牛拨赏“喀”为每十头赏一。②

本文译文：

146. ……抓到一名俘虏折算五“喀”奖赏；骆驼、马、骡、

147. 驴、犏牛等，一切所有公母牛畜，以上大牲畜

① 兵律藏文录文，引自巴桑旺堆：《吐蕃历史文献研究论集》，上海：上海古籍出版社，2018 年，第 127 页。

② 巴桑旺堆汉译文，引自巴桑旺堆：《吐蕃历史文献研究论集》，上海：上海古籍出版社，2018 年，第 160 页。

价值等同，每十头折算十“喀”奖赏（即每一头折算为一喀奖赏）。

148. 山羊、绵羊二者价值等同，每二十头折算为一“喀”奖赏。一切细软（指金、银手饰和绸、缎、丝绵等），每五件折算一“喀”奖赏。

巴旺译文之误：1. 该段是讲对所获战利品如何按照ཁ།（喀）来折算行赏，非“征收”之物，是掠夺之财。2. 大牲畜每一头折算一“喀”，非每十头折算一“喀”。3. ནོར། 非“黑牛”，是指“细软”，每五件折算一“喀”。这是吐蕃人极具智慧的计算题，比如，某名勇士抓到一名俘虏和一匹战马，按照本文计算奖赏：（一名俘虏）5 喀 +（一匹马）1 喀 =6 喀

按照巴旺计算奖赏：（一名俘虏）$\frac{1}{5}$喀 +（一匹马）$\frac{1}{10}$喀 = $\frac{3}{10}$喀。

两种悬殊答数，对错了然。

2. སོད་རྒལ་ད།（རྒལ་ད།）兵器

第 275—360 行主要阐述，与敌方交战时，不能忙于抢夺敌人兵器、收集敌人烈马，擒拿敌人马匹，而要拼死杀敌。

给英雄分配缴获兵器之标准：哪些人最先投入攻击，奖赏缴获兵器之三分之二；后继投入攻击者，奖赏缴获兵器之三分之一；最后投入攻击者，不予奖赏。

སོད་རྒལ་ད། 对我来说，也是新词，苦思冥想多日，后根据第 257 行和第 279—281 行的录文，我大胆地译作“兵器”。而巴旺在第 152 页注〔2〕中解读为“赏赐的马匹”。

第 257 行：དགྲའི་སོད་རུལད་འཐོག་དུ་མི་གནང་།

本文译：不得持缴获之兵器入（寺庙）。

第 279—281 行：སུ་ཡང་ཐོད་ཀྱིས་རྐོལད་ཅིག། སོད་རུལད་འཐོག་གི།། དགྲ་འི་ཧ་བན་སྤུད་དེ།། དགྲའི་ཧ་འཛིན་དད་ན། དགྲ་ལ་མི་རྒལ་བར། སོད་རུལད་སྤུད་སྤུད་པ་ནི། སྐར་མའི་བཀའ་གྲིམས་བཞིན་དུ་གཅོད།

本文译：“（战场上）人人皆应英勇杀敌，若有人只顾收缴敌方兵器，或集中敌方烈马，或擒拿敌方马匹，而不去奋勇杀敌，对只顾收缴敌方兵器者，依懦夫律例处置。”

战场上，只有敌兵、战马、兵器三者。杀死敌兵后，有的士兵急于去缴获兵器、战马，而兵律中要求，应继续杀敌，直至战斗结束。

སོད་རུལད། 作“兵器”解读，在相关段落都能讲通，本人考虑，此解读能站住脚。

3. སྲུངས། 与 ཁ་ལོང་པ། 警卫员与后勤员

《敦煌本吐蕃历史文书》I. O. 750 号第 192 行：……བཙན་པོ་དབྱར་ཆབ་སྲིད་ལ་འ་ཞ་ཡུལ་དུ་གཤེགསྟེ།……第 194 行：འདོན་འ་ཞ་རྗེ་དང་། ཞང་དབོན་གདན་ཚོམ། དབའས་སྟག་སྒྲ་ཁོང་ལོད་བློན་ཆེན་པོར་བཀའ་སྩལད།

（公元 727 年）夏，赞普以政务巡临吐谷浑……与坌・吐谷浑小王，舅甥二主相会。令韦・达扎恭禄大相对吐谷浑诸部之大部均颁与赏赐。

同上书 B. M. 8212（18）7 号第 5—6 行：

…… དབོན་ འ་ ཞ་ རྗེ་ རྫཿབློན་ མང་ པོ་ གཉིསཿཀྱིསཿམཁར་ རིང་ པར་ ལ་ བཀལདེ། རྒྱ་འི་རམ་འདལ་རིང་པར་དུ། ཕུན་རྐོན་མཁར་པོ་ཆེར་དྲངསྟེ། རྒྱ་ཐལ་ཅེར་བཀྀ།

（公元 745 年）王甥吐谷浑小王与论莽布支二人攻下计巴堡寨后，发兵将唐庭追兵大部歼灭于计巴和本昆大城堡，唐兵大部被歼。

兵律第 479 行中之འདོན།（坌），即 I. O. 750 号第 194 行和 B. M. 8212（18）7 号第 5 行中之འདོན་འ་ཞ་རྗེ། 坌 · 吐谷浑小王坌，他是ཁྲི་ལྡེ་གཙུག་བརྩན།（704—754 在位）之外甥。他出征时，为安全起见，必然要配备“警卫员”。出征前穿战袍、戴胄甲，挂长刀，也要有“服饰员”伺候。攻占唐朝城池时，也需要翻译师。战役之战报，也要有书记员书写，因此，本文暂时将བྱུངས། 译作警卫员，ན་བཟའ་པ། 译作服饰员，ཁུ་སོང་པ། 译作后勤员。

附藏文录文：

479. …… ཉཿམཿཉངསཿབའིཿཚེཿལ། །འདོནཿལ། བྱུངསཿསུམཿཅུ། ། ནཿབཟའཿཔཿདང། ཡིཿགེཿཔཿ ལསྟོགསྟེ། །སོཿཙཿཔཿདང།

480. དེཿརྣམས། ལའ། །མངགཿབཞུགཿཔཿཉིཿཤུ། །ཁུཿསོངཿབཅོཿབརྒྱད། །ཁུཿམངཿཔོཿརྗེཿལ། བྱུངསཿཉིཿཤུཿ དྲུག། །ནཿབཟའཿཔཿདངཿཡིཿགེཿཔ

481. དངཿཀོཿཚཿཔཿལསྟོགསྟེ། །མངགཿབཞུགཿཔཿཉིཿཤུཿཐམཿབའ། ། ཁུཿསོངཿཔཿབཅོཿབརྒྱད། །འདོནཿདང། ཁུཿགཉིསཿཀྱི། མངགཿཞུགཿཔ

482. ནི། །ནཿབཟའཿཔཿལསྟོགསྟེ། །སླདཿནཿམཆིསཿཔས། །མཿའཚལདཿ ནའ། །སྡེཿའིཿཐངཿཏུཿཔཿལས། །མཿབཀུཿབར། །སྡེཿའི་སྤྱིཿཕལ།

483. ལསཿའབྲིངཿདུཿཁུགཿཤིག། །རུཿདཔོནདཿཆེནཿཔོཿལཿབྱུངསཿབཅུཿ དྲུག། །ཁུཿསོངཿཔཿདགུ། རུཿདཔོནདཿའབྲིངཿཔོཿལཿབྱུངསཿབཅུ།

484. ཁུཿསོངཿབཞི། །རུཿདཔོནདཿཆུངཿངུཿལ། །བྱུངསཿབཞི། ཁུཿསོངཿཔཿ གཉིས། ། །མཆནཿསློནཿལཿབྱུངསཿགཉིས། །སྟོངཿཔོནད

485. ལ། །བྱུངསཿགཅིག། །ཁྲལདཿཔོནདཿལ། བྱུངསཿགཅིག། །ཁུཿསོངཿ

དྲུག། །①

巴旺译文：

479. ……征战时赏给“奔”“琼”三十，赏给“那萨巴”、书写者、译师

480. 等仆人二十、“库龙”十八。赏给库·芒布杰“琼”二十六，赏给“那萨巴”、书写者、

481. 译师等仆人二十、“库龙”十八。“奔”和库氏二者仆人

482. “那萨巴”等中，若日后缺人，不得从部落符合赏赐标准之人中挑选，可从部落普通人中

483. 挑选中等人。大茹本赏“琼”十六、“库龙”九，中茹本“琼”十、

484. “库龙”四，小茹本赏“琼”四、“库龙”二，监军赏“琼”二，千户长

485. 赏“琼”一，税官赏“琼”一、“库龙”六。②

本文译文：

479. 赏给大小将军之警卫员，当其出征时，赞普外甥吐谷浑小王，配备警卫员 30 名；服饰员和书记员、翻译师等随从

480. 共计 20 名；后勤员 18 名。库·芒波杰，配备警卫员 26 名，随从服饰员和书记员、

481. 翻译师共计 20 名，后勤员 18 名。随从

482. 服饰员等，若日后缺人，勿从部落符合奖赏标

① 藏文录文引自巴桑旺堆：《吐蕃历史文献研究论集》，上海：上海古籍出版社，2018 年，第 148—149 页。

② 同上，第 179 页。

准之人中挑选，可从部落普通人中

483. 挑选中等人。大茹本配备警卫员 16 名，后勤员 9 名。中茹本配备警卫员 10 名，

484. 后勤员 4 名。小茹本配备警卫员 4 名，后勤员 2 名。辅助论配备警卫员 2 名，千户长

485. 配备警卫员 1 名。税务官配备警卫员 1 名，后勤员 6 名。

军官出征配备随从表：

མིང་།	བྱུངས།	མངག་གཞུག་པ།	ཁུ་ལོང་པ།	བསྡོམ།
འདོན།	30 人	本文：20 人	18 人	本文：68 人
ཁུ་མང་པོ་རྗེ།	26 人	本文：20 人	18 人	本文：64 人
རུ་དཔོན་ཆེན་པོ།	16 人	无	9 人	25 人
རུ་དཔོན་འབྲིང་བ།	10 人	无	4 人	14 人
རུ་དཔོན་ཆུང་བ།	4 人	无	2 人	6 人
མཚན་སློན།	2 人	无	无	2 人
སྟོང་དཔོན།	1 人	无	无	1 人
ཁྲལ་དཔོན།	1 人	6 人	无	7 人

藏文录文：

497. དྲཿམཿསྣརཿའགོརཿན། །བྱུངསྱུཿའཚལཿབའིཿརྣམས། །སྲེཿའིཿཁྲལཿསྐལདཿམྱིཿསྐལདཿཀྱིཿཁྲིམས། །

498. ཛེཿདང། རུཿདཔོནདཿཆེནཿཔོཿདང། །རུཿདཔོནདཿའབྲིངཿཔོདང། །སྟོངཿཔོནད། །ཁྲལདཿདཔོནདཿདངཿ། དེཿའིཿཐབསྱུཿགརཿམཉམ། བའི།

499. བྱུངསཿཐང། །འདིཿརྣམསཿཀྱིཿབྱུངསྱུཿསྐལདཿཔཿནི། །བྱུངསཿམྱིཿགཅིགཿཐོབཿཔ། །དྲཿམཿལས་འགོརཿཀྱང། ཁྲལཿདུཿམྱིཿགཞུག།

500. པརཿསོ་ན་མཆིསཿཔརཿགནངཿངོ། །དེཿརྣམསཿལཿབྱུངསཿམྱིཿགཉིས། དབངཿབཿཡནཿཆདཿནི། །དྲཿམཿལསཿའཁོརཿམཿཐག་དུ། །མྱི།

501. གྲངསཿརྗེཿདབངཿབའིཿཕྱེདཿསྡེཿལཿཕྱུགསྟེ། །ཁྲལདཿའཚལཿདུཿསྟོལདཿཅིག། །ཕྱེདཿནི། །བྱུངསུཿསོཿསོརཿསྟོལདཿཅིག། །རུཿདཔོན

502. ཆུཿངུཿམཆནཿསློནཿགྱིཿབྱུངསཿནི། །དྲཿམཿལསཿསླརཿའཁོརཿམ། ཐགཿདུ། །བྱུངསུཿགཅིག། གྱུངཿམྱིཿགནངཿ གིས། །ཀུནཿསྡེ།

503. ལཿསློནདཿཏེ། །ཁྲལཿདུཿསྟོལདཿཅིག། །ཞངཿལོནཿཁོནཿའདའ། གཞིཿངནདཿཏེ། །ཟྲནཿལསཿ བྱུངསུ། །སུམཿཉིསཿ། །དབྱུངཿདུ།

504. མཿམཆིསཿནའ། །བདགཿགིཿའོགཿགིཿརུལད། །རྗེཿམ་ཚང། བཿལྷུཿ ཞིག། །ཆེཿའོསུཿ། རུཿདཔོནདཿ ཆེནཿཔོས། །ཐུསྟེ། བྱུངསུ།

505. སྟོལདཿཅིག། །དྲཿམཿལསཿསླརཿའཁོརཿམཿཐགཿདུ། །འབོནཿདང། ཁྱུཿམངཿཔོཿརྗེཿདང། རུཿདཔོནཿཆེནཿཔོཿདང། རུཿདཔོནད

506. འབྲིངཿཔོཿདང། རུཿཐུཿདཔོནདཿཆུཿངུཿདང། །དེཿརྣམསཿཀྱིཿཁྱུཿསོང། ནི། སྡེཿསྡེཿལ། སླརཿཕྱུགསྟེ། །ཁྲལདཿའཛལཿདུཿཆུགས།

507. ཤིག། །ཁྲལདཿདཔོནཿགྱིཿཁྱུཿསོང། །ཆེཿདབངཿབཿལྷུཿཞིགཿནི། །མཿདགུགཿཔར། །སོཿནཿཞོག། ཤིག། །

巴旺译文：

497. 征战回来被征用为“琼”的众人上不上部落差税之律例。“奔”、库·芒布杰、

498. 大茹本、中茹本、千户长、税官及等同于以上职衔者

499. 所拥有“琼”之标准。上述有领赏“琼”资格者中，若有一人已领赏过“琼”的话，其人征战回营后免其差税，

500. 可在哨卡驻守。上述领赏“琼”者中，有资格领取“琼”的两人以上者，则征战回营后即刻

501. 把人数中一半送给部落作为差役，一半人数作

为“琼”赏赐给各自。小茹本

502. 及监军之“琼”赏，一旦征战回营后不赐一个“琼”赏，而所有［赏赐］合拨给部落

503. 作为差税。若因尚论秉性粗暴，赏给徒役之“琼”未有二三之，

504. 如此即使当事人名下“瑞”有缺额，该赐赏物可由大茹本征收后［依旧］

505. 赏给。一旦从征战回营后，“奔”、库·论芒布杰、大茹本、中茹本

506. 小茹本等诸人的“库龙”应从各自部落征收后作为差税缴纳。

507. 税官之该享有的所有“库龙”不得调集，可留存在哨卡。

本文译文：

497. 征战返回时，凡拥有警卫员之众官，是否上部落差税律例。

498. 王、大茹本、中茹本、千户长、税官与以上职位相同者，

499. 上述有领赏警卫员资格者，但凡拥有一名警卫员，征战返回（部落）后不上差税。

500. 如同在哨卡一样。拥有 2 名以上警卫员者，征战返回后，立即将一半警卫员

501. 交回部落，（警卫员）他们要上差税；一半警卫员归自己拥有。小茹本和

502. 辅佐论之警卫员，征战返回后，所有警卫员，全部返回部落，

503. 他们要上差税。尚论脾气暴躁，做奴仆之警卫

员仅两三名

504. 其隶属兵缺多少兵器全要补够，由大茹本征集赏给警卫员。

505. 征战一结束返回后，奔（འབོན།）、库·芒波杰、大茹本、

506. 中茹本、小茹本等人，他们之后勤员返回各自部落，让他们交差税。

507. 税官之后勤员，无论拥有多少，不得调回，留存哨卡。

对巴桑旺堆译文小议：

以上藏文第 497—507 行原文是阐述警卫员、后勤员回部落后要上差税，不是表述相关官员将其去缴纳差税。

第 497—500 行："其人征战回营后免其差税，可在哨卡驻守。"本文认为：不是征战回营，而是征战后返回（部落）时，不上差税，如在哨卡服役一样。因为服役期间是不上差税的。

第 501 行：把人数中一半送给部落作为差役……

第 502 行：……而所有赏赐全拨给部落作为差税……

第 506 行：……应从各自部落征收后作为差税缴纳。

以上三行，中心思想相同，尤以第 506 行说得最为明确。琼与库龙返回部落后，作为上述不上差税官员的"差税缴纳"，这就前后矛盾了。第 497 行说相关官员返回部落后"免其差税"，到后面又说将交与部落的琼、库龙"作为差税缴纳"。本文认为，"回归部落的琼、库龙，他们要缴差税"，而非上述官员将其作为差税缴纳。

4. སྣང་（རྣང་།）（1）粮食，（2）酒。

第 202—203 行：……རུ་དཔོན་གྱིས། མནངས་ལ་བབསྟེ།། ཚལ་མར་སྩོལད་ཐང་ནི།། བཤན་ལུག་གི་ལྷུལ་ཆད་དུ། དུ་སྩལད་ཅིག།། སྣང་ནས་མཆིས་ན།། ལུག་གི་སུཾ་དུ་སྩལད་ཅིག

巴旺译文：

茹本在“囊”任职之时其俸食标准是要按只发给宰羊，且由“藏”发给三分之一羊肉。

本文译文：

茹本在战利品机构任职期间，伙食标准，发一整只菜羊。若有粮食青稞，发三分之一菜羊。

རྣང་། 作粮食解，在敦煌藏文寺庙借粮契中，频频出现。而巴旺在其书第 163 页注〔3〕中，认为རྣང་། 是“管理财物的一个机构”。

5. གཡར། 囚犯

437. ……མྱི་ཞིག་ཟིན་ཀྱང། རུང།། བྲ་ར་ཏ་ར་འི་སོ་ལས། ཕས་ཀྱི་བྲ་ར་ཏ་ར་ཞིག་ཟིནད་ན་གྱང་རུང།། ཆོག་དྲིསྟེ། ཁྲིམ་

438. ལ་ཕན་པ། ཆེན་པོ་ཞིག་བྱུང་ན།། བྱ་དགའ་ཆེན་པོར་སྩལད་ཏོ།། ཆོག་དྲིས་ཏེ་ཆུང་ཤས་ཞིག་དུ་ཕན་ན། མྱི་དུ་ཟུནད（ཟིནད）

439. པའི་རལད་དང། བསྟེངསྟེ། གཡུ་གསུམ་སྩལད་ཏོ། ཟིནད་པའི་གཡར་བཀུམ་འབམ་ཤོརད་ཏེ་མ་མཆིས་ན།། སླནས

440. གཡུ་གསུཾ་སྩལད་ཏོ།། མྱི་བཟུང། བ་ལ་སྤྲོ་ཡ་ཚིག་ཆེར་མ་མཆིས་ན། མྱི་དུས་བཟུང་ཡང་རུངསྟེ། རུལད་ཀྱི་ཐོག་དུ

441. བསྟེངསྟེ།། གཡུ་གཉིས་སྩལད་ཏོ།། དེ་ལ་མ་འགོད་ཅིག།། ཟིནད་པའི་གཡུ་བཀུམ་འཾ། ཐརད་ཏེ་མ་མཆིན་ན།། སླནས།

442. གཡུ་གཉིས་སྩལད་ཏོ།

本文译文：

437. ……抓到一个或从敌人哨卡中抓到一个探哨、骑哨，经审讯

438. 获得对军镇大有裨益之情报，则给重赏。经审讯，获一些有利之小信息，赏与抓“舌头”人

439. 兵器之外，再赏三名囚奴；若抓住之囚奴被杀或逃逸，则由上峰赏

440. 给三名囚奴。若抓住之“舌头”没提供重要情报，但因适时擒敌，奖赏兵器

441. 之外，再赏两名囚奴，若不属于此列所捕之囚奴被抓或逃逸，则由上峰

442. 赏两名囚奴。

གཡར། 一词在敦煌古藏文文献中也出现过，有两种含义：（1）脸、口（敬），（2）གཡར་ཁམས། 贵体。本文对此词作“囚犯”解，是经过反复思考的。该词共出现 6 次，有两次即第 439、441 行，明确说明，“被抓囚犯若被杀或逃逸”，这就断定 གཡར། 不是以前解读的上层人，而是被抓被杀逃逸之低层人，因此译作囚犯。供读者参考。

巴旺音译为“亚尔”。

6. བུར་བ་ལངས་པ། 内斗，内讧。

第 52—53 行：ཁྲམ་ བཏབསྟེ་ མཆིས་ པ་ ལ། བུར་ བ་ ཞིག་ ལངསྟེ། འདུམས་པ་ཞིག།། བྱུང་ན།། དམག་ཕོན་ཆེན་པོས་གཡར།། སྟོད་དེ།

本文译文：

正在修建军镇时，发生内斗，若调解平息，大将军亲驾前往表扬。

7. བྱང་རོ།—བྱང་ཁོག 指宰杀完后的整腔肉，如羊、猪。并非“羌若地名”。

录文：

204. ……ཚོང་དུ་གསུམ་ཞིང༑། བྱང་རོ་འདོར་ཞིང་མཆིས་ནའ། སུས་གྱང་ཟུང་ཤིག།

205. འཛིན་འཛིན་པའི།། བྱ་དགའར་ནི། དམ་པ་ཞིག་གིས་སྩལད་ཏོ།། ཚོད（ཚོང་）་དུ་འགུམས་ཞིང། བྱང་རོ་འདོར་འདོར།

206. པའི་བྲང་པོནད་མན་ཆད་ཉ་ཙ་བརྒྱ་བརྒྱར་སྩལད་ཏོ།། དངོས་པོ།། བྱང་རོ་འདོར་འདོར་བ་མ་ཟིནད་ན།། བྱང་རོ་བོར་བ་དང་། སུ།

207. འི་བྲང་ཧྲ་ཉེ་བ་རྣམས་བརྐུསྡེ།།……

巴旺译文：

204. ……若把在集市所宰杀之羊丢弃在“羌若”，任何人可以捉拿〔犯事人〕，

205. 其赏赐由一贤士亲自发给。把宰杀在集市中的羊丢弃于“羌若”的

206. 房主及以下则各鞭责一百。若丢弃于“羌若”的财货不能收回，却被与失物地方

207. 较近的房中人偷走……。

本文译文：

204. ……为出售而宰羊，将腔羊丢失，任何人皆要缉拿犯事人，

205. 对缉拿者，赏最上奖励。为出售而宰羊，对丢失腔羊

206. 之房长以下，各鞭笞一百下。若找不回腔羊，就是丢失腔羊者和

207. 房长、附近人们偷窃。……

两份译文相异之处：

语词	巴旺译文	本文译文
ཚོང་དུ།	在集市	为出售
བྱང་རོ།——བྱང་ཁོག	羌若(地名)	屠宰完后整腔(肉)
འདོར་བ།	丢弃(自主动词)	丢失(不自主动词)
དམ་པ།	贤士(颁发)	最上(奖励)

巴旺译文的中心思想："把在集市所宰杀之羊丢弃在羌若。"羊肉是上等美食，为何将其主动抛弃？从逻辑上难以讲通。

本文译文：为出售而宰羊，不慎将腔羊丢失。

8. ཟླ་བ་ཉེ་བ། 本意为"忠诚"，文中指敌方之"细作""间细"。巴旺译作"私通"。

9. རྐུན་དམག 本文仍译作"暗军"，这是一种"派往域外作战，或突击掳夺财物的特种兵"，其缴获之战利品，除奖赏与英雄、勇士外，还要适量上缴王室。巴旺译作"夜袭兵"。

10. རྟ་བན་རོལ། 烈马。善走良马。巴旺译作"马、骡马"。བན་རོལ། 为马中"烈马"的一种。

11. མདའ་གང་། 一箭远之距离。打仗时，均为"牛角弓"，射一箭约为 60—70 大步，按照一大步将近一米计算，折合为 60 米左右。

12. གཡོན། 音译"源"。意为因探哨、骑哨懈怠，军营遭敌攻击惩罚之名称。对犯罪人惩罚有杀头、流放等。

13. གདིངས་ཆད། 音译"丁且"。因到达缴储蓄物现场迟到十日以下之惩罚名称。迟到一日罚一只三岁公羊，或鞭笞一百下。

14. སྲིམས། **临时军驿。**

15. རྐྱ་བཀར།—སྐྱ་བཀར། **耕奴。**

16. དཀྱ་རེ། (དཀྱ་མཉེ།) ། **焚烧。**

17. ཨ་ཙི།—ཨ་ཅི། **和尚。**

18. ཨ་ཙི་མོ། **尼姑。**

19. ཏེ་འཐོབ་ག།—ཏབ་ཐོབ།—ཏབ་ག། **争抢。**

20. འདམ་པོ། **告发人，检举人，（缉拿者也包括其内）。**（第 272 行）

藏文录文：

271. ……བཀུམ་བ་དང་། སྤྱུག་པའི། ཁོལ་ཡུལ་ལས། ཁྱིམ་ཁོལ་ལྔ་སྐྱལད་ཏོ་ཁྱིམ།

272. ཁོལ་ལྔ་མ་མཆིས་ན་ཕམ་དུ་བསོ།། འདམ་པོ་སྐྱལད་པའི་སྣད་ན།། ཁོལ་ཡུལ་ཚེ་མཆིས་པ། གཞན་

273. བུ་མཆིས་ན་བུ་སྐྱལད་ཏོ།། བུ་མ་མཆིས་ན།། ཕུ་ནུ་བྱུང་མཆིས་ཀྱང་།། མྱི་སྐྱལད་ཀྱིས། སུ་མངའ་སུ་དབང་།

274. བ་སོ་སོར་བཞེས་འཚལད་ཅིག།།

巴旺译文：

271. ……其赏赐为被罚杀人或被逐人属地奴户中的五户奴隶。

272. 若不够五户之数，当“当普”所赏所有奴户中补其缺数，另，若有

273. 男儿则赏给男儿，无男儿，即使有兄弟，亦归不赏之列，若谁拥有［男儿］

274. 就由各自收纳。

以上录文是说犯罪人“杀和尚，与僧尼通奸”判杀头或流放罪后，其五户奴户赏与检举人，若不足五户，（检举人）吃亏算了（ཕམ་དུ་བསོ།）；若剩有奴户，有子归

子，无子，奴户愿意属谁归谁，各随其愿。巴旺不明འདམ་པོ། 和བས་པ། 含义，将举报人“获赏奴户”，译作“补缺奴户”，意思颠倒。原文本意为犯罪人之奴户赏与检举人五户之后，若有剩余，可给其子，无子随奴户自由择主。他译作“谁拥有［男儿］就由各自收纳”。其实这是前面的内容，他因不明后句含义，重复前句填补，把“无子”译作“有子”，再次意思颠倒。

以上相似惩罚，在兵律中出现多次；在 1983 年出版的 P. T. 1071 号狩猎赔偿律例中也频频出现，想不到，1983 年已有规范对译的འདམ་པོ།，到 2018 年又成为生词，无奈再次提出。

21. བྲོ་དཀར། 或 དཀར། 白誓，即清白之誓；也可作“发白誓的证人作证”解读。

录文：

288. ཐོག་མ་རྒལ་རྒལ་ཏེ།། གྱུ་འི་སླས་ཏེ། ཕྱི་ན་ལུས་ན།། ཐོག་མར་བྱུང་མདོ་ཞེས། ཞང་།

289. ལོན་ཅུ་དཔོན་གྱིས་མཆིད་གྱིས་ཕྱེ་འམ།། སྨྲི་ལྷས་དཀར་དང་། ཐོག་མ་དང་། མཉམ་དུ་སོད་ཅུ་ལད་སྩལད་ཏོ། གཏོད

290. འོག་དུ་བྱུངསྟེ་གུམ་འི།། སླས་ཏེ་ཕྱི་ན་ལུས་དང་།། གཏོད་འོག་དུ་བྱུང་མད་དོ་ཞེས།། ཞང་ལོན་ཅུ་དཔོནད་གྱིས་མཆིད་གྱིས

291. ཕྱེ་འམ། སྨྲི་ལྷས་དཀརད་དང་།། སོད་ཅུ་ལད་གཏོད་འོག་དུ་ཕྱིནད་པ་དང་མཉམ་དུ་སྩལད་ཏོ།

巴旺译文：

288. “……最先投入战斗者中有毙命或负伤遗留在外者，［众人身份］指认若被缺漏的话，则由

289. 尚论、茹本详察考证，证明其为最先赴战者。五人发誓者和最先赴战者将一同赏给‘绥瑞’（སོད་

ཙལད།)。

290. 后继者中有毙命或负伤者遗留在外的话，［众人身份］一经由尚论、茹本明言确认，［又有五人发誓指认，］

291. 则五人发誓者之‘绥瑞’与后来之［毙命或负伤者］的赏物一同赐予。”

兵律中多处写作བོ་དཀར། P. T. 1071 号“狩猎赔偿律例”中写作བོ།，该文书载：射箭人与十二名担保人共同起誓，非挟仇故意射杀受害人，射箭人可以免死。兵律因情况特殊，减为五名发白誓证人作证，某些遗留战场阵亡和受伤士兵，系首批向敌进攻者，要获首批回来的战士相同数量战利品兵器奖赏；第二批向敌进攻者阵亡和受伤的战士，奖赏与上相同；第三批一律无赏。说明战利品兵器（སོད་ཙལད།）荣耀而珍贵，也是吐蕃将领激励士兵冲锋陷阵的“法宝”。兵律中“五名发白誓证人作证”的句子，有“འམ”（或）与前句相连，意即：尚论、茹本不在场，或由五名发白誓证人作证，也可以颁奖。巴旺将此句（289 行和 291 行）与后句相连，译作“五人发誓者和最先赴战者将一同赏给‘绥瑞’（སོད་ཙལད།）”。试想，第三批杀敌士兵都不赏给兵器，怎么会给“发誓证明人”赏兵器，兵法不容。

22. བཙན་པོ་རྗེས་འཕྲུལ་གྱི་རྒྱལ་པོ་ཆབ་སྲིད་ལ་གཞེགས་པའི་ལན་ལའ།། ཞ་ཀྱུ་ཉིང་སུམ་གོལ་ན། 这是一个让人绞尽脑汁思索的语句。

巴旺译文：“报赞普先祖圣神君王亲掌政权之恩，所敬献‘夏库宁’三若有差错……”读者能懂该句吗？

首先，语词搭配有误，他把ཞ་ཀྱུ་ཉིང། 译作一个词，音译为“夏库宁”，把སུམ།与ཀོལ།相连，译作正字“三错”；而与前边的动词连接为：“敬献‘夏库宁’三若有差错”。其实，ཤ་གུ་ཉིང་སུམ། 是“霞、枯、宁三地”之意，ཀོལ 同ཁོལ།，为派使做事，ཤ་གུ་ཉིང་སུམ་ཀོལ་（ཁོལ）ན། 与前句相连，即“亲征霞、枯、宁三地”。此事在《敦煌本吐蕃历史文书》中曾有记载：大事记年 IO750 第 81 行载：བྱི་བའི་ལོ་ལ་བབ་སྟེ། བཙན་པོ：དབུནད་མོང་ཀར་ནས་ཆབ་སྲིད་ལ：ཤ་གུ：ཉིང：སུམ：ཁོལ་དུ་གཤེགས་ཤིང།……སྟོན་བཙན་པོ་གཤེགསྟེ：ག་ཆུར་དྲངས། 及至鼠年（中宗嗣圣十七年，太后久视元年，庚子，公元 700 年），夏，赞普为拓展社稷，从蒙噶尔亲征霞、枯、宁三地，……秋，赞普发兵河州。可以验证。

藏文录文：

第 475—477 行：བཙན：པོ：ཁྲིས：འཕྲུལ：གྱི：རྒྱལ：པོ：ཆབ：སྲིད：ལ་གཤེགས་པའི་ལན་ལའ།། ཤ་གུ་ཉིང་སུམ་ཀོལ：ན།། དཔོན། རྒྱལ：ལསྙུགས：པའི།། བྱུངས：གྱི：ཐང：བཀའ：བཅད：པ།། སླན：ཆད：ཞང：ལོན：གྱི：མཆན：ཁབ(ཁེབ)། ལས：སྐོགས：པའ：ཐང：འདི：ལས：འདྲའ：ཞིང：སྣལད：པའི：དཔེར：བཞག：པའ།།

本文译文：

神变之王先祖赞普赤都松为拓展社稷，亲征霞、枯、宁三地之际，下令对王官等配备警卫员（བྱུངས། 拟为警卫员）之规定，日后尚论辅佐等可依此规定行事。

从 IO750 号第 81 行记载与《吐蕃兵律》两份文献相互印证分析，王官诸位出征时配备警卫员及后勤员等之规定，是公元 700 年，即赤都松攻打河陇之霞、枯、宁三地时颁定。

23. བྱ་མ་འཐེངས།—ཞ་མ་འཐེང་། 步履蹒跚，跛。

兵律藏文录文第 413—418 行བྱ་མ་འཐེངས།共出现四次，

可以说，这是一条关于“步履蹒跚抵达军镇”而受斥责的兵律条文，由于行文十分简洁，令人难以理解，需要加以说明。首先，这是针对快马使、探哨、骑哨、昂如巴等特殊兵种的兵律条文，这些人是专门刺探敌方军情和传递己方军情之“军情兵”，其执行任务时，必备坐骑，若被敌方抓住，丢盔卸甲，抛弃马匹，徒步跛回军镇，说明其败北而归，自然要受斥责。

在敦煌古藏文文献中，བྱ། 与 ཞ། 因读音相同，有替换现象。因此，བྱ་མ་འཐེངས། 为 ཞ་མ་འཐེང་། 之异体字，汉译为：步履蹒跚，跛。

巴旺将 བྱ་མ་འཐེངས། 译作“派信使”。录文第 417 行：“……派信使抵达军镇行为也将视为不当而应受斥责。”其余三处，他所译雷同。

本人译作：“……（军情兵若败北弃马）哪怕蹒跚抵达军镇，也算犯错要受斥责。”

五、结语

巴桑旺堆的《一份新发现的敦煌古藏文吐蕃兵律残卷解读》曾先后发表在 2014 年和 2015 年的《中国藏学》杂志上，后收入其专著《吐蕃历史文献研究论集》。这是近年来吐蕃文献新发现的一件大事，他过录、翻译全文，作出很大贡献，可谓功德无量。2015 年，“敦煌吐蕃文献整理与研究”国家社科基金重大项目负责人黄维忠博士曾组织过该文的专题讨论，由此可见社会的关注度很大。本人再次拜读他的大作，收获不小，很有启发，愿意将自己的新译，提供给同行们比较研究，也算是本人对

《百慈藏卷吐蕃兵律》的敬礼!

本人有幸较早涉入敦煌古藏文解读，积累了一些藏汉对译的典型语词，对翻译“兵律”有所裨益；对兵律中某些新词，也结合前后文认真反复推敲，作出了可信的译释，给读者奉上一份及格的译文。但对文献两处内涵，尚未弄清。一处是第 41—44 行：

41. ……律例，凡与敌交战，

42. 兄弟亲人同时上阵被杀，死则罢矣!

43. 若分别上阵被杀，不得要求复仇，由赞普作主报仇，

44. 不得私下复仇。

在其他文献中，凡报血仇，多为亲人被对方杀后所采取的复仇行为，但在战场上被杀，赞普怎知何人所为?如何报仇?本人不明其意。

另一处是第 454—465 行：指特定人（非普通士兵），如探哨、骑哨、千户长、小百户长等人到达“缴储蓄物现场”迟到之惩罚，骑哨长官延误一日至十日，重返服役；千户长罚一日交一只三岁公羊；税官罚一百鞭。本人不明“储蓄物”具体指何物?兵律总不会指缴“农业税”和“牧业税”吧，那是缴纳什么?值得探讨。欢迎读者指出拙文中错误，我将十分感谢!

藏汉语词对照表

ཀ

ཀར་པོ།——དཀར་པོ། 白色。

ཀལ།——ཁལ། 蕃斗。

ཀི་ཙེ། 箕子（纣王王叔）。

ཀིམ་ཙི་ཀྭང་ལོག་དའི་ཧྥུ། 金紫光禄大夫，正三品。

ཀེ་ཀེ་རུའི་ཡི་གེ། 猫眼水晶告身（瑟瑟告身）。

ཀེང་ཅིའུ་ཡུན། 京兆尹，碑文中指都城长安长官。

ཀེང་ལུང་། 景龙，唐中宗年号。

ཀེང་ཤི། 京师，即唐朝长安，今西安一带。

ཀེམ་ཀེའུ། 检校。唐初尚有摄理之意，后期则仅为虚衔，以示荣宠。

ཀོག་ཙེ། 网罟，陷阱。

ཀོང་ཧྥུ། 工部。

ཀོང་ཙེ། 孔子。

ཀོན། 推迟，推延。

ཀོམ་ཙེ། 皮口袋。

ཀོར།——སྐོར། 旋转。

ཀོར།——ཁོར། 连续不断。

ཀྱམ། 兼（音译）。

ཀྱི་ཧུད།——ཀྱེ་ཧུད། 悲伤时的叹息。

ཀྱིབ་ཀྱིབ་པོ། 小坑。

ཀྱུ་ཧུད། 随便，随意。

ཀྱེའུ།——ཁྱེའུ། 儿童。

ཀྲང་།——ཀྲང་། 表反问（疑问语气词），“不是吗?”。

ཀླག་ཆེན།——ཀླགས་ཆེན། 十分卓越。

ཀླས་ཕ——ཀླས་པ། 无边，阔宽。

ཀླིང་པ།——བརྙིང་བ། 结实。

ཀླུ།——གླུ། 歌。

དཀན་གཡའ། 上颚发痒。

དཀའ་མགོ།——ཀ་མགོ 渠口，水渠之上部。

དཀར་མར།——ཐོ་དཀར་དམར་ལ། 文献中指（发）白誓。

དཀུ་རྒྱལ། 盟誓(君臣盟誓)(敬)。

དཀུ་སྒྱུ། 狡诈，阴谋。

དཀུ་པོ་ཆེ། 本领大。

དཀུད།——བརྐུས། 偷。

དཀུའ་འགེལ། 按照约定。

དཀུའ་ཆེད་པོ། 十分狡猾。

དཀུའ་བེལ།——དཀུ་བལ། 揭发阴谋。

དཀུའ།——དཀུ་སྒྱུ། 阴谋，狡诈。

དཀུ་རེ།（དཀུ་མཉེ།）焚烧。

དཀུས།——བརྐུས། 偷。

དཀོ་བ།——ཀོ་བ། 皮革。

དཀོག་དཔྱས། 背后讥毁。

དཀོད་དུ།——འཇལ་དུ། 偿付。

དཀྱིལ་འཁོར་ལ་འཛོགས་ནས། 登坛会盟。

དཀྱུས། 驰骋。

དགྲ།——དགྲ། 敌人。

ཀྲ་ནནད།——བཀའ་ནན། 谴责。

བཀ་པོ།——དཀའ་པོ། 难的。

བཀ་བོ——དཀའ་བོ། 困难的。

བཀན་བཏབ། 扦入管子。

བཀའ་ཐུབ།——དཀའ་ཐུབ། 毅力。

བཀའ་ནོན།——བཀའ་གནོན། 后盾，后援。

བཀའི་ཕྲིན་བློན། 承旨官，即给事中。

བཀའི་ས།——བཀའ་འི་ས། 库（藏）。

བཀས་བཅད། 惩处。

བཀུག་གོ།། 征服，制服。

བཀོང་།——བསྐོང་། 做成圆团。

བཀྱེ་བ།——རྩོད་པ། 争执。

བཀྱེད་པ། 扩张，扩散。

བསྐྱོན་པབ།——བསྐྱོན་ཕབ། 获罪谴。

བསྐྱོན་བབ། 处罚，判决。

བཀྲངས་པ།——དྲངས་པ། 带领。

བཀྲི་བཀྲི་སྟེ། 带（路）。

རྐང་ཏོན་བགྱིས། 依岗顿户数征兵差。

རྐང་པ་འཁུམ། 双腿蜷缩，即“死亡”。

རྐང་འདྲེན་པ།（1）拖后腿；（2）败坏声誉。

རྐང་ཐན། 奴仆。

རྐང་སྨ། 后肢。

རྐུང་།——དཀུང་། 天，天空。

རྐུད་གསུམ། 盗窃财物惩罚三倍（之价）。

རྐུབ་བཅད་བ། 结案。

རྐོག——སྐོག 默默地。

རྐ་ཆུ།——རྐ་ཆུ། 渠水。

རྐྱ་ཞིང་།——ཞིང་། 新开荒地。

རྐྱ།——སྐྱ་ཤི། 骑士。

རྐྱལ་ཀ——ཀྱལ་ཀ 嬉戏，戏谑。

རྐྱལ། རྐྱལ་བ། 胜利。

རྐྱེད།——སྐེད་པ། 腰。

རྐྱེན་རིང་། 顺缘，可动产，为寺庙僧侣生活所依，包括奴隶、农田、牧场、供品、信财、牲畜等。

རྐྱེན།——བདག་རྐྱེན། 主人。

སྐྱེས་པོ།——སྐྱེས་པ། 男子，丈夫。

སྐ་ཆིག——སྐད་ཅིག 刹那。
སྐད།——སྐེད། 腰。
སྐིགས་བུ།——སྐྱིགས་བུ། 呃逆。
སྐུ་གཉེན་པོ། 贵体安康。
སྐུ་ལྷ་ཆེན་པོ། 大神灵。
སྐུ་ལྷ་རིང་རྫི། 守魂神。
སྐུ་མཚལ་གཉེར། 报仇。
སྐུ་འི་ཉི་རིང་སྟོད། 上半身。
སྐུ་འི་ཉི་རིང་སྨད། 下半身。
སྐུ་རིམ་གྲོ་ལ། 长寿仪轨。
སྐུགས། 躲。
སྐུགས།——སྐུང་། 藏匿。
སྐུར་པ་འདེབས། 凌辱，诽谤。
སྐུར་པ་ཟན། 起诉，上诉。
སྐོ་སྐོ། 下巴。
སྐོལ། 我们。
སྐོས་ཐག——ཉམ་ཐག་པ། 弱小。
ཀྱུ་བཤར། 耕奴。
སྐྱུ་བ་རིང་། 单独。
སྐྱུ་བ།——ཀྱུ་བ།（1）户。（2）骑士。
སྐྱུ་བོར་བབས་པ། 还俗。
སྐྱུ་མོ། 孤单。
སྐྱུམས།——སྐྱེམས། 酒。
སྐྱེ་འི་ཉི་ཕུར་ཐབསུ། 于险峻悬崖处葬尸。
སྐྱེ་བསེར།——སྐྱེ་སེར། 风，凉风。
སྐྱིད་ཏག 彝泰，赤祖德赞之年号。
སྐྱིད།——དཔྱིད། 春天。
སྐྱེན།——སྐྱིད། 快乐。
སྐྱུས།——དཀྱུས། 奔驰。
སྐྱེ་བའ།——སྐྱེ་བ། 生支（十二缘起占卜用词）。
སྐྱེན། 疾速。
སྐྱེམས། 酒。
སྐྱེས་པ་ཆེན་པོ། 卫人巨子。
སྐྱེལ་མ་རྟ་པ། 护送骑士。
སྐྱེས་བུ་ངོ་མཐོ། 男士昂首。
སྐྱེས།——སྐྱེལ།——གནོད་སྐྱེལ། 加害，损害。
སྐྱོར་ཀ——སྐྱོར་ཁ། 弧形叉口，即“虎口穴”处。
སྐྲིས་ཤིག 派出。
སྐུས་མར། 碗面酥油。
སྐྲོན།——སྐྲོད། 驱逐。
བསྐར།——བཀར། 分开，隔离。
བསྐུད་པ།——སྐུད་པ། 线。
བསྐྱུད།——བསྐྱོད། 去，走。
བསྐྱོགས། 避开。
བསྐྱུངས་པ།——བསྐྱུངས་པ། 抛弃。

ཁ

ཁ།——ཀ 音译“喀”，战利品折算或立战功大小之单位名称，如：抓到一名俘虏折算 5 喀；掳获一头大牲畜牛、马、骆驼折算 1 喀；20 头羊折算 1

喀；5 件细软折算为 1 喀。依照喀数奖赏。

ཁ་ངན། 恶言。

ཁ་ཆབ། 第三遍酒。

ཁ་བཏག——ཁ་བཏགས་པ། 大肆杀戮。

ཁ་བཏོག 亲嘴。

ཁ་བསྣན་པ།——ཁ་བསྣོན་པ། 增添。

ཁ་དོར། 辩论。

ཁ་དྲག 强横。

ཁ་མར།——ཁ་དམར། （1）户册。（2）最终议定书。

ཁ་ཚས། （1）当面指出缺点；（2）健谈。

ཁ་རལ། 短缺。

ཁབ་བདག 丈夫。

ཁབ་སོ་འོ་ཆོག་གི་བླ། 内政总管。

ཁབ་སོའི་སྦྱིའུ་ཀ། 内政粮库官。

ཁབ་སོའི་མངན་ཆུང་། 内政副算使。

ཁབ་བསོ——ཁབ་སོ། 内政管理。

ཁམ་སྐྱུན།——ཁམ་རྒྱུན། 桃干和葡萄干。

ཁམ་དུ་བཀོང་། 切成块块。

ཁའི་འགྭན་ཤེང་བུན་ཤིན་བུ་ཧྭང་ཏེ། 开元圣文神武皇帝，唐玄宗尊号。

ཁར་སླན། 放入口中。

ཁར་ཉེན།——ཁ་ཉེན། 前天。

ཁར་པོར།——ཁམ་ཕོར། 陶碗。

ཁར་ཚང་།——ཁར་ཛང་། 昨天。

ཁལ་མ། 驮畜。

ཁལ། 蕃斗，其容量和重量可能与后来藏斗（ཏུའི་ཁལ།）相当，1 藏斗约为 28 市斤，即 14000 克。

ཁས་བརྒྱའ་བ།——ཁས་བརྒྱལ་བ། 空话，大话。

ཁུ་སོང་པ། 《百慈藏卷吐蕃兵律》中拟是“后勤员”。

ཁུ་ཀེའི་སྣང་། 钜桥（地名）之粟。

ཁུད་པ།——ཟུར་དང་སྦྲེར། 单独。

ཁུར་སྐྱི།——འཁུར་སྐྱི། 薄面饼。

ཁུད་པ་ཆེན་པོ། 单独（结盟）。

ཁུལ་ཡུལ། 奴户（双音节语词，ཡུལ། 为词素）。

ཁུས་འདེབས་པ།——གིས་འདེབས་པ། 高声呐喊。

ཁོག་ཁོག་པོ། 坚硬。

ཁོང་རྒྱུ་ཆེན་པོ། （马）肠胃好。

ཁོང་ཏ།——ཁོང་ཏྭ། 他们。

ཁོང་ཡངས་པ། 心胸开阔。

ཁོན་གཙུགས།——འཁོན་གཙུགས། 嗔恨。

ཁོར་པ། 凶手。

ཁོར་མོ། 连绵。

ཁོར།——འཁོར། 回旋。

ཁོལ་ཚབ། 代理。

ཁྱ། 供养粮。

ཁྱ་ཁྲིན——ཁྱ་ཁྲིམས། 供养粮粮法。

ཁྱ་མངན། 供养粮粮官。

ཁ་སྣང་། 向寺院缴纳的供养粮，亦即“寺粮”。

ཁ་ཟངས། 寺院煮供养粮铜釜。

ཁྱི་ལེ།——ཁྲ། 翼宿。

ཁྱིམ་སྦྱ།——ཁྱིམ་སྦྱུ། 家宅占。

ཁྱིམ་ཡིག 户册，户籍。

ཁྱུ་ཁྱད། 随便，随意。

ཁྱིན།——ཆེན། 大。

ཁྱེའུ་བཙའ་སྦྱའ།——ཁྱེའུ་བཙའ་སྦྱུ། 生子占。

ཁྱོ་འདའས། 像你这样。

ཁྱོ་མོ། 妾媵。

ཁྱོ་ཤུག 夫妇。

ཁྱོན་འདའ་མ་རན་པ་མྱེད།——ཁྱོད་བདའ་མ་རན་པ་མེད། （他）奴役你无甚不妥。

ཁྱོར་བ།——སྐྱོར་པ། 支撑。

ཁྱོར། 蕃掬，1 蕃合为 2 蕃掬，1 蕃掬重：116. 66 克（蕃合）÷2（蕃掬）=58. 33 克。

ཁ་ཁྲུག 内讧。

ཁྲ། 实物。

ཁྲག་ཁྲུག 叛乱，纷乱。

ཁྲམ་དམར་པོ། 红册木牍。

ཁྲམ། （1）将军衙署。（2）木牍。

ཁྲལ་ཐུད་སྐུངས་པ།——ཁྲལ་ཐུད་སྐྱུངས་པ། 减轻赋税。

ཁྲལ་པོན། 税吏。

ཁྲི་དཔོན། 乞利本；万户长。

ཁྲི་ཞིག 万一。

ཁྲི་ཡིག 押衙。

ཁྲི་ལན། 刑罚。

ཁྲི།——ཁྲུ། 肘。

ཁྲིན།——ཁྲིམས། 法律。

ཁྲི་སྙས་ཚུང་།——ཁྲེལ་བསྙས་ཚུང་། 寡廉鲜耻。

ཁྲི་དྲུས་རྒྱུ། 未去麸之小米。

ཁྲོམ་ཆེན་པོ་ནས་བཀའ་རྟགས་སུ་བཀྱི། 大将军勒令之印。

ཁྲོམ་པོན།——ཁྲོམ་དཔོན། 军官。

ཁྲོམ། 军营。

དགུ་གྲི།——དགུ་གྲི། 万恶仇敌。

མཁར་ཚུད། 城堡。

མཁོན་པོ། 怙主。

མཁོན་ལྷ།——འཁོན་ལྷ། 挟嫌鬼。

ཡཁོན།——འཁོན། 仇恨。

མཁོས་ཆེན་པོ། 大料集。大料集是为战争、打仗征发户丁、粮草、马匹、劳役等之战事筹备。因此，670 年吐蕃吞灭吐谷浑后，于 696 年、742 年，两次就近征吐谷浑大料集是顺理成章的。但有学者将 མཁོས་ཆེན་པོ། 藏译为 བཀའ་ཁྲིམས་ཆེན་པོ།（法律条文），译文为：吐蕃为吐谷浑两次“写定法律条文”，这就不合逻辑了。

མཁྲྀད་གང་།——མཁྲིད་གང་། 五指拳（宽度）。

མཁྲིད།——མཁྲུད། 隐匿。

མཁྲུད།——འཁྲུད། 围抱。

འཁུ་བ། 背叛，反对。

འཁོད་འཀོད་པ།——འཁོན་བཀོན་པ། 仇恨。

འཁྲིག་ཕྱང་། 冷泡（调练马匹的一种方式）。

འཁྲིམས་པ། 恶果。

འཁྲིམས། 扩散。

འཁྲོ་ལྡིང་།——འཕྱོ་ལྡིང་། 翱翔。

ག

ག་ག——གང་ག 全部。

ག་ཞོར།——ག་ཕུར། 冰片。

ག་སྨི་ནི་གྱི་གོ་ལྟ། 谁也无法将其相连。

ག་ལ་ལྟ། 怎么行。

ག་ཤེད། 某处。

གད།——གར་མ། 文献中指纯（金）。

གན། 仰，指铜钱正面，即“文”；其背面为“曼”。

གར་འདོང་བའི་རིགས་ཤེས། 去何处为佳？往何处出走为好？

གལ་གྲིས་གཙུས། 再三。

གུ་དུ་སྤགས།——གུད་དུ་སྤགས། 迁移，迁徙。

གུ་རིབ།——གུ་ཙབ། 马。

གུང་བཀྲས། 草豹皮。

གུདུ་སྨི་སྤོའ།——གུད་དུ་མི་སྤོ། 不另迁他处。

གུན།——ཀུན། 一切，全部。

གུམ་ཆད། 死活（也要完成）。

གུམ། 死亡。有时作“损害”解。

གོ་བྱེ་སྟེ།——གོ་བྱས་ཏེ། 代替。

གོ་ཟ་མ། 母马。

གོང་།——གོང་མོ། 松鸡。

གོད་ཀ 损失（牲畜）。

གོད་ལན། 银河。

གོད། 短少，消耗。

གོད།——གོད་མ། 剩余。

གོལ།——ཁོལ། 派使做事。

གོར་མ། 盟誓时手握之圆形白石。

གོར་མ་བཀུམ་པ། 无疑，毫无疑问。

གྭ་སྐྱུའ། （马）白额。

གྭ་ཅུ། 瓜州，即今甘肃省瓜州县。

གྱུ་ཚོམ།——གྱུ་ཙོམ། 草率。

གྱི་གདང་།——གྱི་ལིང་། 麒麟。

གྱི་ཕུབ།——གྲི་ཕུབ། 刀、盾。

གྱྀ་ལིང་།——གྱི་ལིང་། 麒麟。

གྱི།——གྱི་ན། 普通，寻常。

གྱིམ་པོ། 斥候。

གྱུར་གྱིས།——ཁྱུར་གྱིས། 完全，整个。

གྱུར་སྲམ། 水獭。

གྱོད། 官司，诉讼。

གྱོས་པ། 公公，岳父。

གྲམ་མོ།——བཀྲམ་མོ། 散布，蔓延。

གྲུས——དྲུས་མ། 乳牛。

གྲེས།——བྲེས། 马槽。

གྲོ་སྙུལ། 麦穗。

གྲོག་ཕྱ།——གྲོག་ཕྱྭ། 财运占。

གྲོས་མྱི་དྲི།——གྲོས་མི་དྲི། 不善议。

གླ། 场所，区域。

གླ་ཐུད། 饷银。

གླགས་བལྟ་བ། 窥探。

གླང་ར། 给乏马灌酥油的牛角。

གླངས་ལྷང་བ། （1）盲肠疼。(2)腹绞痛。

གླད།——གླད་པ། (1)头脑。(2)顶上。

གླན། 贴近。

གླན་འཚལ། 争吵。

གླུ་ཡིག 大写的数字。

གླེའུ་ཞིང་། 水域中之小块田地。

གླིས། 小岛。引申为小看、轻视。

གླིས། 逃过。

གློ་བ་འདྲིང་།——གློ་བ་རིངས། 背叛，不忠。

གློ་བ་ཉེ་བ། （1）本意为“忠诚”，兵律文献中指敌方之“细作”“间细”。(2)忠贞不二。

གློ་བུར་དུ་སྟང་བ། 突然袭击。

གློངས། 山谷。

གློདས།——གློད་པ། 放松。

དགའ་ཡལ་ཡལ། 喜洋洋。

དགའར་ཆས། 喜食之料（马）。

དགུ་གྲི། 凶狠之敌。

དགུ་ཆག——དགུ་ཚིགས། 天河，银河。

དགུ་ལ་ཇོ། 众人占卜皆利。

དགུང་སླ་ཉའི་དུས། 望日。

དགུང་སླ།——དགུང་ཟླ། （每）月。

དགུན་འབྲུམ།——རྒུན་འབྲུམ། 葡萄。

དགུའ་དུད་དུད།——སྒུ་དུད་དུད། 深深鞠躬（致礼）。

དགེ་འདུན་ལས་བབས་པ། 还俗。

དགོང་ཙེ། 孔子。

དགོངས་དཀོངས། 符合心意。

དགོད།——རྒོད། 厉害。

དགོས།——དགོ་བ། 黄羊。

དགྱེས་སྟང་།——དགྱེས་གནང་། 聘礼。

དགྱེས་སྐྱེམས་སྟོན་མོ། 欢庆酒宴。

དགྲ།——འདྲ་བ། 截，割。

དགྲ་ཚོལ་གྱི་ཐབས། 兵法。

དགྲ་ཕྱ།——དགྲ་ཕྱྭ། 怨敌占。

དགྲ་སླ།——དགྲ་ཟླ། 对手，敌人。

དགྲ་སློན། 镇将。

དགྲའ་ངོ་མཐོ། 敌人嚣张。

དགྲོ་ཞིན།——གྲོ་བཞིན། 牛宿。

དགླུད།——གླུད། （1）替身品。（2）赎命物。

བགབ་ཁུང་། 腋下。

བགབ་དུ་ཞུགས——གཤམ་དུ་བཏབ། 在下方耕种。

བགབ་ཟུང་།——འགབ་ཟུང་། 说一半，藏一半。

བགམས།——བགམ། 试探，测验。

བགྱེགས།——བགེགས། 魔。

བགྲའ་ཤིས།——བཀྲ་ཤིས། 吉祥。

བགྲུ།——བཀྲུ། 洗濯，沐浴。

མགལ་པ། 余烬。

མགྱོགས་ཆེན། 飞马使。

མགྱོགས་པོ། 快马使。

མགྲིམ་ཕྲ་མོ།——མགྲིན་ཕྲ་མོ། 细喉咙。

འགལ་པ།——མགལ་པ། 余烬。

འགུ་ཤི་ཙུང་ཤིང་། 御史中丞，御史台次官。

འགུ་ཤི་དའི་ཕུ། 御史大夫，御史台长官。

འགུའི་རྒྱལ་པོ་ཀ། 魏王假（魏王名假）。

འགུལ་ལུང་།——མགུལ་ལུང་། 戴在犯人颈上的木质刑具。

འགེད། 穿戴。

འགོང་།——གོང་། 上部，高处。

འགོང་ཐོད། 邪魔，厉鬼。

འགོང་པོ། 邪魔。

འགོན།——འགོང་པོ། 邪魔，厉鬼。

འགྭེས་ཚེ་དང་ཚུ། 魏、齐、楚（三国音译）。

འགྱེན།——འགྱེད། 拼斗。

འགྲིབས། 减少，退下。

འགྲེང་ཏུད།——འགྲེང་དུད། 人畜。

འགྲེང་ནི་བཙན། 直立行走之人入狱。

འགྲེང་བ།——བསྒྲེངས་པ། 竖立，文献中指“倒立”。

འགྲོས། 指马行走时平稳的细碎步。

ཀ་ཤི། 老死支（十二缘起占卜用词）。

ཀང་།——ཁང་། 根本与本色。

རྒུན་ཟླ།——དགུན་ཟླ། 冬季月份。

རྒོད་ཀྱི་བརྒྱའ་རྗེ། 武士小百官。

རྒོད་སྣང་ཚོགས་པའི་སྣང་། 军粮。

རྒོད། “桂”。是对属民中充当兵丁的称号。

རྒོས།——དགོས། 需要。

རྒྱ་སྐྱགས། 内地货物，唐朝货物。

རྒྱ་སྐྱེགས། 火漆。

རྒྱ་བསྐྱེད། 范围扩大。

རྒྱ་དགས།——རྒྱ་ཐགས། 汉地纺织物。

རྒྱ་རྒྱ། 用骰子赌输赢的赌法名称。

རྒྱ་ཚེསུ། 在背部。

རྒྱ་རྗེ་ཧེའུ་འགི་ཧྭང་ཏེ། 唐王孝感皇帝，即唐肃宗。

རྒྱ་བ།——རྒྱལ་བ། 胜利。

རྒྱ་སྲུངས། 东突厥笼区。

རྒྱ། 木牍中此字解读为རྒྱ་དྲུ་གུ།，即东突厥。

རྒྱ།——བརྒྱ། 百。

རྒྱངས། 全部，完全。

རྒྱད།——བརྒྱད། 八。

རྒྱལ་པོ་སྤྱི་འཛང་ནོངས། 襄王薨。

རྒྱལ་བ། 加哇鬼。

རྒྱལ་བ།——རྐྱལ་བ། 浮水。

རྒྱལ་བྱིན།——རྒྱལ་བྱིན། 帝释天。

རྒྱལ་འབངས་རྒོད་དོ་འཙལད། 王室民户所有“武士”。

རྒྱལ་འབངས་གཡུངོ་འཚལད། 王室民户所有“庸”。

རྒྱུས་མ་འཚལ། 不相识。

རྐྱེན་ མ་ གཡེངས་ པ།——རྐྱེ་ མ་ གཡེངས་ པ། 妓女。

ཀ——ཀལ། 攻打。

ཀླི་ཙ།——ཀིཙ། 黄羊崽。

ཀློ།——ཀོ། 黄羊。

ཀླང་དྭས། 属地。

ཀླམ་དཀྱིལ་ཆེན་པོ། 心思深远。

ཀླུ་ཚེ་རིང་།——སྐུ་ཚེ་རིང་། 寿命长。

ཀློ་མོ། 指母畜母牦牛。

ཀློའི་ཡག་ཤི།——ཀློའི་གཡག་ཤིང་། 门杠。

ཀླུ་ལོ།——སྐྱུ་ལོ། 庄稼。

ཀླུ་ཆེ།——རྐྱུ་ཆེ། 办事拖拉。

ཀླུག་མོ། 婆婆，岳母。

ཀླིངས།——བསྡམས། 拴（住）。

ཀླིད་པོ། 三块支锅石（制作之灶）。

ཀླིའུ་ཀ 粮仓保管员。

ཀྲ་སེབ།——ཀྲ་གསེབ། 头发之间。

ཀྲ།——དགྲ། 敌人。

སྒྲིན།——སྒྲིན་པོ། 伶俐。

སྒྲིབ——སྒྲིབ། 障碍。

སྒྲི་བར་སྐྱུག 只身逐出，单身一人逐出。

སྒྲོགས་པ། 朗诵。

བརྒྱགས་ཆད་ལྷམ་ཐུག 食粮殆尽，鞋底磨穿。

བརྒྱད་པ། 面责。

བརྒྱའ་ལ།——རྒྱ་ལ། 万一，如果。

བརྒྱའ།——བརྒྱ། 百。

བརྒྱའི་སྤྱིད་ཟིན། 赛过上百亲人。

བརྒྱའུ་རྗེ། 小百户；小百官。

བརྐྱོས——རྐྱོ་བ། 性交。

བཀངས་པ།——བཀྲུངས་པ། 澄清。

བརྐྱང་།——བརྐྱང་། 拖延。

བསྒྲན་བང་། 竞争，较量。

བསྒྲེ་བསྒྲེ། 无能装能，不行装行。

འསྒྲེང་།——སྒྲེང་། 竖立。

ང

ངག་རྗེས། 传说，典故，历史。

ངང་དཀར། “白鹅”，马之昵称。

ངན་པ། （1）小（人）、鄙（人）、愚（人）；（2）恶人、次、旧。

ངན་སོམ།——ངན་གསོམ། 阴谋。

ངམ་གྲོག 深谷。

ངར་གླིབས་བྲི།——ངར་ གླིབས་ བྲི། 野性

减。

ངར་ཛང་། 射箭时套在左腕之护腕。

ངས་པོ། 南日伦赞时吐蕃自称为“埃波”。

ངོ་ཚྭ།——ངོ་ཚ། 面子，体面。

ངོ་འདྲེ་ཆེན་པོ། 大脸鬼。

ངོ་འཕྲད་ཀྱི་ཡི་གེ་སྟག་ཟར་ཅན་གནང་བ་ཙཾ་ཞིག 立军功之奖赏仅褒以虎皮鞍鞯告身。

ངོ་འཕྲལ། 战功，军功。

ངོ་མ་ཆོད། 情面难却，碍于情面。

ངོ་ཟ་རི། 巴结。

ངོ་ཡོགས་གི་ཆོ་ག 俄约之仪轨。

ངོ་ལོན་བྱེས། 招待。

ངོ་སོ། 面子，体面。

ངོག་ཕ།——ངོག་པ། 压服。

ངོན་འཐོན།——ངོ་ཐོན། 突出，竭力。

ངོར། 当面。

དངན་ཆན།——དངན་ཅན། 欺凌。

དངན་དུས། 定时供品。

དངན་བྱམས། 过分溺爱。

དངུལ་གྱི་ཡི་གེ་ཆེད་པོ་དང་སྟག་གི་ཟར…… 大银字告身和虎皮鞍鞯告身。

དངུལ་གྱི་ཡི་གེ། 银字告身。

དངོ་། 边缘。

དངོ་སིལ་སིལ། （泉水）清澈（迎候）。

དངོའ།——དངོ། 源头，水岸。

མངན་（དཔོན）། 财务官员，音译为“岸本”。

མངན་གླ་ཟ་འོག 上下管家。

མངན་ལག 助理岸本。

རྔབ་ཙུ།——རྔབས་རུ། 角吸管，吸出脓血黄水的黄牛角医疗器具。

རྔམས། 文献中指“真实”。

རྔུ་བཏོག——རྔུལ（དངུལ）་བཏོག 夺银。

རྔུལ་གྱི་ཕྱག་དུ་ཆུང་།——དངུལ་གྱི་སྤུག་དུ་ཆུང་། 如小手掌大小之银字告身。

རྔོ་ཐོགས་པ། 能胜任。

རྔོ་མི་ཏོག——རྔོ་མི་ཐོགས་པ། 不能胜任。

རྔོག་ཆག——རྔོག་ཆགས། 指有鬃毛之骡马牲畜。

ལྔ་ཀང་། 五岗，即十户交税者。

ལྔ་བཆུ་ཀང་།——ལྔ་བཅུ་ཀང་། 五十岗头人，为吐蕃部落制体系内一职务。按照“一岗为二户”计，相当于后来的“百户”。

ལྔ་ཚིགས། 五更。

སྔ་རྫེད།——རྔ་རྫེད། 牛马尾毛。

སྔར་ཕྲིམ། 验看。

སྔོ། 草，青草。

སྔོན་སྐུས།——སྔོན་སྐུད། 事前，预先。

བསྔས།——བསྔངས། 发怒，恐怖。

བསྔོས་ཡིག 回向功德文书。

ཙ

ཙང་ཀེང་། 长庆，唐穆宗之年号。

ཙབ།——ཆབ། 水。

ཙི་སྨན། 有何用处。

ཙིབས་ཏ།——ཆིབས་ཏ། 坐骑。

ཙིའུ། 随意。

ཙུ།——ཆུ། 水。

ཙུང་ཤུ་ཤིང་། 中书省。

ཙེང་ཀྭན། 贞观，唐太宗年号。

གཙམ་བུ་གསག 阿谀奉承。

གཙོང་རོང་། 深谷，狭谷。

གཙོད་དཔོན（དཔོན་）·གི་རིང་ལུགས། 大理法司，法官。

བཙགས།——བཙག 打破，砸碎。

བཙོམ་ལྡན་འདས་ཀྱི་རིང་ལུགས། 堪布。

བཙོས་བཙོས། 装作。

བཙོས་ཉེས། 管教不严。

འཙོངས།——འཚོངས——འཚྭོངས། 完成任务。

ལྕགས་ཀྱི་ཐུར་མ། 细铁棍。

ལྕགས་མོ་གླང་གི་ལོ། 阴铁牛年，辛丑。即 821 年。

ལྕམ་སྐྱོ་ལ་ཐུགས་གི་བར་དུ། 直到晚饭结束前。

ལྕིགས།——བཙིར། 压，摁。

ལྕིམ་བཙའ།——ལྕིམ་ཙ། 大黄（药）

ཙྭེ་ཆེ། 多口舌。

ཙྭོ་མ——ཙོ་མ། 孕妇。

ཙྭོང་ཙྭོང་པོ། 凹陷。

ཚ

ཚ་བརྟུལ། 把话讲清楚。

ཚ་མདོ། 包袱巾。

ཚ་ཕྲིང་། 回示，答复。

ཚ་ལུགས། 规矩。

ཚ། ཚ་ཤས། 部分。

ཚགས་རྒྱ། 借据。

ཚགས།——ཕྱགས། 鞋（敬）。

ཚང་རྒྱུ།——འཚང་རྒྱུ། 将掌握。

ཚང་ཚང་།——འཕྱང་འཕྱང་། 垂着。

ཚད་ཀ——ཚས་ཀ 财物，器物。

ཚད་ཀ་པཙད།——ཚས་ཀ་བཙད། 没收财物。

ཚད་ཀ——ཆེད་ཀ 故意，特意。

ཚད་པ།——འཚད་པ། 同意。

ཚབ་གང་། 同 ཚུ་གང་།（1）胆量；（2）情义。

ཚབ་ཏག——རང་འཐག 水磨。

ཚབ་ཐ།——ཚབ་མཐའ། 泉边，水边。

ཚབ་དམིག——ཚབ་མིག 泉水。

ཚབ་འཚོལད་པ། 饿死。

ཚབ་ལུམ། 泉水。

ཚབ་སྲིད། （1）社稷。（2）联姻。

ཚམ་ཕབ། 击败。

ཆལ་མ།——འཚལ་མ། 食物。

ཆིབ་པོ། 磨成粉。

ཆིབ། 磨成粉。

ཆིའ་བ།——འཆི་བ། 死亡（未来时）。

ཆིས་འཇམ།——མཆིད་འཇམ། 政和。

ཆིས།——ཚིས། 生计；计策。

ཆུ་གང་། （1）情义；（2）胆量。

ཆུ་གང་ཆེ། 气量宽宏。

ཆུ་དགུམ་སྲི་དགུམ། 短命夭亡。

ཆུ་ཆུན། 取水。

ཆུ་སྦྱུག——ཆུ་སྦྲུག 膀胱。

ཆུ་ཕོ་སྟག་གི་ལོ། 阳水虎年，壬寅。即822年。

ཆུ་བཆད——ཆུ་བཅད། 截流。

ཆུ་མོ་ཡོས་བུ་ལོ། 阴水兔年，癸卯。即823年。

ཆུ་གཞའ་གསང་། 大江大河。

ཆུ་སྲན།——ཆུ་སྐྲན། 水症瘕。

ཆུ་སྲིད།——ཆུ་སྲིད། 社稷。

ཆུ།——མཆུ། 长度。

ཆུང་ལ་རྗེ། 幼儿占卜利。

ཆུང་གསུམ། 下旬三日，指二十一、二十五、三十。

ཆེ་བཞི། 证明真假之证人。

ཆེ་གསུམ། 上旬三日，指初一、初八、初十。

ཆེག "尺"，借词。

ཆེས་ཞུང་སྐད་དོ།——ཅེས་ཞུང་སྐད་དོ། 如上所述。

ཚ་ལོ། 骰子，正方形赌具。

ཚ་ལོ་མིག་དགུ། 用黑白羊毛线搓成之“羊毛戒指”，戴上会走好运。

ཚོག་ཚོག་པོ།——ཙོག་ཙོག་པོ། 端端儿坐。

ཚོས་འཁོར། 佛经。

ལྩག——ལྕག 鞭。

གཆག་པ།——གཅག་པ། 打破，砸碎。

གཆན་ཟན།——གཅན་གཟན། 食肉兽。

གཆེས་ཕྲ།——གཅེས་ཕྲ། 大小。

གཆོད་པ།——གཅོད་པ། 割，砍伐。

མཆད་པ། 坟。

མཆད་ཕྱུགས་དར། 亲手修墓。

མཆི་སྦྲ །——མཆི་སྲེ། 去，走。

མཆིང་།——མཆིང་བུ། 碱砆宝石。

མཆིང་།——མཆིང་། 中部。

མཆིང་པ།——མཇིང་པ། 脖颈。

མཆིད་ཕྱག——ཕྱི་ཕྱག 告别礼。

མཆིམས་ཕུ། 秦浦，古地名。

མཆིའི་བྱིའུ་པ། 飞鸟使。

མཆིལ་པ། 铁钩。

མཆིས་བྲང་། （1）家舍。（2）妻。

མཆོང་། 青白玛瑙。

འཆན་པ།——ཆན་པ། 弯刀。

འཆན།——ཆན་གྲི། 钺刀。

འཆེ——མཆེ། 皈依。

འཆིབ།——འཇིབ་པ། 吸吮。

འཚོ།——འཚོ། 医治。

འཚོལ། 超过。

ཛ

ཛའུ་འགི་ལང་། 朝议郎，正六品上。

ཛེའུ་སན་ལང་། 朝散郎，从七品上。

ཛོ་མོ་མཆེད། 王后戚族。

མཛལ་དུམ་ཆེན་པོ། 大和盟约。

འཛིག་རྟེན་གྱི་ལྷ། 世间神，指寺庙中之四大王及其属内之神鬼、护法。

འཛིག་རྟེན་ལས་འདས་པ། 出世天神。发誓时作“三宝”解。

འཛིངས། 正中。

འཛིལ། 排除。

འཛུག་མ།——མཛུག་མ། 尾巴。

འཛུམས།——འཛུངས་པ། 悭吝，贪著。

འཛོན་མོ། 画眉鸟。

འཛོའ།——འགྱོ།——འགྲོ། 去，走。

ཛྲེ་གོལ།——ཛེ་ཁོལ། 主与奴，主仆。

ཛྲེ་ལྷས། 王差、王事、王业。

ཛྲེ་བཙན་པ། 强主。

ཛྲེད་ང་བ།——བཛེད་སླ་བ། 健忘。

ཛྲེད་གཤིན། 融洽。

ཛྲེའུ་བང་།——ཛེའུ་བང་། 牧区帐篷。

ཛྲེས（ཡོད）། 报恩。

ལྗང་།——ལྕང་། 杨柳。

ལྗང་ཏོག——ལྕང་ཐོག 杨柳上。

ལྗོ། 背小孩之竹篓。

ལྗོང་།——ལྕོང་མོ། 蝌蚪。

ལྗོངས་རྒྱུ། 游方，云游。

ལྗོད་མོ།——ལྗོངས། 区域，地方。

བརྗིད་བྱང་།——བརྗེད་བྱང་། 备忘录，登记簿。

ཉ

ཉ་ཚ། 鞭笞。

ཉ་རའི་ས། 调练马场。

ཉ་གསུམ། 中旬三日，指十一、十五、十八。

ཉམ་རྡོད་རྟག——ཉམས་རྡོད་རྟག 试探。

ཉི་ག——གཉིས་ཀ 双。

ཉེ་རོག——ཉེ་འཁོར། 周边。

ཉི་མ་འདེ། 晒太阳。

ཉི་ཚེ། 单独。

ཉིང་རིམ།——ཕུག་རུམ་པ། 宦官。

ཉིད་མི་འཛོ། 绝对不能形成。

ཉིན་མཙན།——ཉིན་མཚན། 日夜。

ཉིན་ཙོད་མཛན་ཙོད།——ཉིན་ཚོད་མཚན་ཚོད། 白天黑夜。

ཉིན་ར། 白天放哨。

ཉིན་སྒྲུངས་ལྔ། 日行五笼（驿程）。

ཉེ་ཞོ། 灾难。

ཉེའུ་སིང་།——ནེའུ་གསིང་། 草坪。

ཉེའུ།——ནེའུ། 岁数。

ཉེས་ཉོངས། 生命危险。

ཉོད་པའ། 食物。

ཉོན་མོགས།——ཉོན་མོངས། 烦恼。

གཉན་ཀླུ། 妖龙。

གཉན་རྡོ། 墓石。

གཉན། 年，厉妖。

གཉན།——ཉན། 成为。

གཉན།——གཉེན། 联姻。

གཉན་ཆེན་ཐང་ལྷ། 年钦汤拉山，系森波杰之魂山。

གཉའ། 证人。

གཉི་ཀཱ། 二（人）。

གཉི་ཟླ།——ཉི་ཟླ། 日月。

གཉི་ཟླས་སྐྱབས་སོ་ཚོག 日、月之光所照之处。

གཉུག་མ། 真实。

གཉེ་པོ། 迎婚使。

གཉེན་གྱིས་གསུངས།——གཉན་གྱིས་གསུང་། 所言灵验。

གཉེན་བྱ།——གཉན་བྱ། 灵鸟。

གཉེན་བྱད།——གཉེན་བྱེད། 联姻。

གཉེན་ལྷ།——གཉན་ལྷ། 凶神。

གཉེན།——ཉེན། 危险。

གཉེན།——གཉན། 凶恶，严厉。

གཉེམས་པ། 奋力。

གཉེར་འགྲུམས། 完成任务。

གཉེརད་འགྲུམས། 完成任务。

མཉནད——མཉན། 听从。

བཉལ་བཆད།——བསྙལ་བཅད། 斩尽杀绝。

བཉེན་བྱད།——གཉེན་བྱེད། 联姻。

མཉེད་ཁྱུང་ཁྱུང་།——མཉེན་ཕྱུམ་ཕྱུམ། 弯腰（作礼）。

མཉེན་གྱི་ཡང་དོ།——གཉེན་གྱི་ཡང་དོ། 联姻般配。

མཉེན་གཞིན།——གཉེན་གཤིན། 亲切、亲密。

རྙང་པ།——རྙིང་པ། 旧。

རྙིངེ་།——སྙིང་ཉེ། 妻室。

རྙིལ།——སྙིལ། 粉碎，摧毁。

སྙི།——སྙེད། 后鞦。

སྙག་པ།——སྙེག་པ། 追赶。

སྙན་སྙུངས་པ། 有扰清听。

སྙིང་ཀུང་རུབ།——སྙིང་ཁུང་རུབ། 心头憋闷。

སྙིང་ནར་རུང་། 从心底感到悲痛。

སྙིང་རེ། 满意，满足。

སྙི——རྙི། 网罟。

བསྙུངས་བ། 生病（敬）

སྙུན་རྙིང་མ་འབྲེད།——སྙུན་རྙིང་མ་འབྲེང་། 未犯旧病。

སྙེད། 约有。

སྙེན་ཆེན།——ཉེན་ཁ་ཆེན། 很大危险。

སྙེམས་པ། 傲慢。

སྙོན་སྙོན་པ། 抵赖。

བརྙས་སྲིན་ཟའ།——བརྙས་སྲིན་ཟ། 能忍侮。

བརྙེས་པ། 证得。

མཉེས——བཉེས། 得到。

བསྙལ། 放倒。

བསྙིས། 休养。

བསྙིངས། 畏惧，惊慌。

བསྙིལ་བ། 遗忘（敬）。

བསྙོགས། 追索。

ཏ

ཏ་ཆིག——ཏ་ཟིག 波斯，即今之伊朗。

ཏང་བཏང་པ།——སྟངས་བཏབ་པ། 颁布奖、惩方式。

ཏབ་སྲི།——ཐབ་སྲི། 灶魔。

ཏི་རི་རི། 迪哩哩，象声词。

ཏིང་ངེ་འཛིན། 三摩地。

ཏིང་ཤགས།——གཏིང་ཤགས། 暗中相好。

ཏུབ།——ཐུབ། 能够。

ཏེང་།——འཐེང་བ། 跛（动词）。

ཚུར་ནི་སྐྱི་འཛུ།——ཚུན་ནི་མི་འཛུལ། （敌）无法来攻。

ཏེའུ་རང་། 独脚鬼（台吾朗）。

ཏོ་གང་།——མཐོ་གང་། 一拃；一卡。

ཏོག་ཅེས་གླངས། 全都听懂了。

གཏང་རག 酬谢神灵和报答恩德。

གཏན་གཙོགས། 决定。

གཏན་ཞིང་།——གཏན་ཞིང་། 永业田。

གཏུར། 网兜。

བཏུས།——བསྡུས། 集，招收。

འཏོ།——བདོ། 昌盛。

རྟ་ཉི་ཚུང་བ། 驽马。

རྟ་རྟུག 马粪。

རྟ་རྨད་རོ། 受伤马。

རྟ་བན་རོལ།——རྟ་བན། 马中“烈马”之名称。

རྟ་བང་ཀམ་པོ།——རྟ་ལྦངས་སྐམ་པོ། 马粪干燥。

རྟ་ར། （1）探马。（2）马厩。

རྟིབ།——རྡིབ་པ། 坍塌。

རྟུལ་བ། （1）有胆气，引申为“拼杀”。（2）调教，引申为“拼杀”。

རྟོག་དག——རྟོག་ཐག 拴牧绳。

རྟོལ་བུ། 小犏犊。

རྟོས།——ལྟོས་པ། 依赖。

ལྟ་ཞིག——（ཁོང）ལྟ་ཞིག（他）本人。

ལྟག་ཚོད། 答非所问。

ལྟག་བརྟན། 意志坚定。

ལྟས། 征兆。

ལྟས།——ངོ་བལྟས། 投降。

ལྟོ་བསྐྱིམས། 耍阴谋，搞阴谋。

ལྟོ་རོར། 厌食。

ལྟོ་མདུན་ཅན། 吝啬人。

ལྟོ་ན་བུ་ཕྱིར་ཏེ། 怀孕。

ལྟོ་ཕོ། 狡猾。

ལྟོ་སྦྱོར། 交合。

སྟེ་བཟེ། 进食。

སྟེང་།——གདེས། 体积。

སྟེམ།——སྡེམ། 选择。

སྟེར་བཙུག་པ། 行狡诈。

སྟ་ཤ་རྨད་པ།——རྟ་ཤ་རྨད་པ། 马背受伤。

སྟག་དང་གུང་དང་དོམ་དང་དྲེད་དང་འདྲ་བ། 如虎、豹、熊、罴。

སྟངས་བྱལ།——སྟངས་དཔྱལ། 伉俪。

སྟངས་དབྱལ།——སྟངས་དཔྱལ། 伉俪。

སྟབས་གཉིས། （锻炼马匹）快步两次。

སྟམས་ལས་བཅད་པ། 暴虐（百姓）；残虐（百姓）。

སྟི་སྟང་། 供养。

སྟེམ།——སྟེམས། 恶咒。

སྟོང་། （1）空间；（2）千；（3）命价。

སྟོང་།——སྟོད། 上部。

སྟོང་།——སྟོངས། 结伴。

སྟོང་ཆུང་། 小东本；小千户长。

སྟོང་དཔོན། 东本；千户长。

སྟོངས་མོ། 助益。

སྟོད་ཀོར། 短披肩。

སྟོད་སྣམ། 上衣。

སྟོད་རིམ།——སྟོད་རིམ། 高士。

བརྟེ་བུ།——ལྟ་བུ། 如，似。

བརྟོད། 拴牧。

བསྟབས། 呈献。

བསྟིང་བ། 讥诮，讽刺。

བསྟུང་།——བསྡུང་། 缩短（减少锻炼次数）。

བསྟིགས།——བཏེག་པ། 去。

ཐ

ཐ་ཚིག——ཐ་ཚིག 誓言，誓词。

ཐང་ཁྲམ། 写有属民和士兵名字之木牍。

ཐང་པོན།——ཐང་དཔོན། 关卡长官。

ཐང་འཕྲོམ——ཐང་ཕྲོམ། 白鹫，大雕。

ཐང་བཉམ།——ཐོབ་ཐང་མཉམ་པ། 伙食相同。

ཐང་ཙེ། 唐且，人名（魏之贤者）。

ཐང་ལ་ཐས། 散失平坝上。

ཐང་ལ།——གཉན་ཆེན་ཐང་ལྷ། 年钦唐拉为森波杰达加吾之魂山。

ཐན་ཕྲིན། 捎信。

ཐན།——དན། 定准。

ཐབ་མོ་བགྱི།——འཐབ་མོ་བགྱི། 战斗。

ཐབ་ལྷ། 灶神。

ཐབ།——འཐབ། 斗殴。

ཐམ——འཐམས། 商议。

ཐམ་ལགས་པ——འཐམས་ལགས་པ། 商议一致。

ཐམ་ཤད།——ཐམས་ཅད། 全部。

ཐའི་ཤང་ཀེང་། 太常卿，太常寺长官。

ཐར་པ་བཏང་། 出家。

ཐར་པར་གཟུད་པའི་སྒོ་མི་བཀག་པ། 其入解脱之门径永不阻塞。

ཐིལད།——མཐིལ། 中央。

ཐུ་བོ། 厉害，凶猛。

ཐུ་ཙོ——ཐུ་བོ། 长兄。

ཐུ་ལུ་ལུ། 吐噜噜，象声词。

ཐུག་ཆེས།——དུག་ཅེས། 大吼大叫。

ཐུགས་གླུད།——ཐུགས་གླུད། 替身物。

ཐུགས་གོང་མཛད།——ཐུགས་དགོངས་མཛད། 考虑。

ཐུགས་བརྟནད།——ཐུགས་བརྟན། 坚定，刚毅。

ཐུགས་ཐུབ་ཆེ། 任性。

ཐུགས་ནོངས། 怨隙。

ཐུགས་ནོངས། 碑文中作“谢世、升遐”解。

ཐུགས་ཕེབས་ཀྱི་ཡམས། 迎宾酒。

ཐུགས་བཉེསྟེ།——ཐུགས་མཉེས་ཏེ། 喜悦（敬）。

ཐུགས་མྱི་ཁུར། 勿发怒，勿生气。

ཐུགས་བསེལ། 担心。

ཐུད་མྱི་འཛོ། 绝不能形成。

ཐུད་དབབ་པ།——མཐུད་དབབ་པ། 规定备件、备份。

ཐུན།——མཐུན། 相和。

ཐུབ་ལྡན་གང་ཆེ་བ། 严守戒律。

ཐུར་ཐུར། （1）下半身。（2）下垂。文献中指牛心。

ཐུལ་ཀ “土”牧区牛羊计算单位名，六只羊皮可制一件老羊皮袄，为“一土”。一头牦牛相同于“一土”。

ཐུལ། 比“方蕃升”大的“圆蕃升”。

ཐུལ། 三十瓢头遍酒为一“土”，约需半蕃斗粮食酿制。

ཐུལ་གྱི་རབ། 头遍酒。

ཐུལ་གྱི་འབྲིང་། 二遍酒。

ཐུས།——དུས། 时。

ཐེངས།——འཐེང་པོ། 跛子。

ཐེན་སུ། 田需（魏之相臣）。

ཐེབ་འདི།——ཐེབས་འདི། 此次。

ཋེབ། “帖”，借词，纸张单位名称。

ཐོ་གང་།——མཐོ་གང་། 一拃，虎口尺。

ཐོ་རས།——ཐོ་རངས། 黎明。

ཐོག་ཆེས། 立即。

ཐོང་།——ཐང་། 平地。

ཐོང་ཁྱབ།——འཐོང་ཁྱབ། 通颊。吐蕃占领唐廷属地后，在蕃汉杂居地区设置的新机构，相当于一个千夫长，一个千户（东岱）。音译为通颊。俗体字缩写成མཐོང་།。

ཐོང་བྲོས། 不耕而种。

ཐོང་ཀྱི། 仇敌。

ཐོང་ཀྱིག 瘰疬，肿核。（见《白史》木刻版第40页）

ཐོང་ཚེར། 两岁公、母羊羔。

ཐོད།——ཐོན། 出现。

ཐྲེ་ཙོམ།——ཐེ་ཚོམ། 犹豫。

གཐང་རག——གཏང་རག 酬谢。

གཐད——གཏད། 交付。

གཐན།——གཏན། 经常。

གཐའ་འཐལ།——གཏལ་གཏལ། 揍得死去活来。

གཐུགས་པ།——གཏུགས་པ། 抵达。

གཐུབ་གཐུབ།——གཏུབ་གཏུབ། 切碎。

གཐུབ།——ཐུབ། 能够。

གཐུམ།——གཏུམ། 愤怒。

གཐོགས་ འདོད།——གཏོགས་ འདོད། 图谋劫夺。

གཐོར་མ།——གཏོར་མ། 朵玛。

གཐོལ་མྱེད།——གཏོལ་མེད། 不熟悉。

གཐྲ།——གཏར——གཏའ་ མ། 抵押品。

བཐུང་།——འཐུང་། 喝。

བཐུངས།——བརྟུངས་པ། 杀。

བཐུབ།——ཐུབ། 能够。

མཐང་གྲང་།——མཐའ་གྲང་། 丢脸。

མཐིང་།——ཐང་ཤིང་། 松树。

མཐིང་།——མཐིང་། 深蓝。

མཐིང་ཐྲང་། 泉水。

མཐིང་སོ། 青石。

མཐིང་ ཤིན།——མཐིང་ ཤིང་། 丹青木，靛树。

མཐུར་ཀྱི་གཐང་།——མཐུར་མི་གཏང་། 不戴笼头。

མཐོ་འཚམ་པ། 嘲弄，讥诮。

མཐོན་ ཏིང་།——མཐོན་ མཐིང་། 乌墨色。

འཐབ་ཀྱི་ཡང་དོ། 战斗相敌。

འཐམ་འཐམ། 散布，分离。

འཐམས་པ། 和睦，慈爱。

འཐུར་མ།——ཐུར་མ། 筷子，小棍。

འཐུལ། 冒起，喷出。

འཐོལ་ བ།——མཐོལ་ བ། 坦白（罪行）。

ད

ད་ཀོ 从此。

ད་ཤུལ་ཡོགས་སུ། 在原地。

དག——ཐགས། 织物。

དགས་ར།——ཐགས་ར། 织院。

དང་སེམས།——དད་སེམས། 信念。

དད་པའི་ཤུགས་ཆེ། 极度虔诚。

དརྟུལ་བ།——བརྟུལ་བ། 中（箭）。

དམ་ཚིག 誓言，誓。

དའི་ལི་ཀིང་། 大理卿，大理寺长官。

དར་ཀར།——དར་དཀར། 白绸。

དརད། 陷害。

དུག་ལྷང་བ།——དུག་ལྡང་བ། 毒性发作。

དུག་མ། 进毒者。

དུང་གདུབ་ཅན། 戴海螺手镯（妇女）。

དུད་ཀྱལ།——དུད་ཁལ། 户差。

དུད་རྡུལ། 碑文中指烽燧及来敌兵马所扬尘土。

དུད་ཉི་མནངས། 俯首行走牲畜被掠。

དུད་སྣ། 人家。

དུར་སྒོ——དུར་སྒོ། 墓门。

དུར་ཆད།——དུར་མཆོད། 上坟，扫墓。

དུར་གཤེན། 都辛，苯教中专为死者推算吉凶的祭司。

དེ་ལྟ་བས་ན། 由此，所以。

དེ་མོ། 最初为苯教一女神，后被莲花生吸收为佛教护法神。

དེད་སྣ། 交接牌。

དེད་དཔོན། 掌柜，老板。

དེན་པོ། 登保鬼。

དེའུ། 小丘。

དེས་པ། 和蔼。

དོ་ཅིག （1）一次。（2）瞬间。

དོ་ནོ།——དོ་ནུབ། 今夜。

དོག་ཆེད་པོ།——དོགས་ཆེད་པོ། 大妒忌。

དོག་སྣངས།——དོགས་སྣངས། 起疑心。

དོག——དོག་པོ། 狭小。

དོག——ས་དོག་མོ། 大地。

དོང་། （箭）筒。

དོང་ཆེན། 后藏和阿里地区竹编之升。

དོང་ཚེ།——དོང་ཙེ། 铜子，旧时钱币（借）。

དོན་ཕྱ།——དོན་ཕྱྭ། 事功占。

དོར་ཀ་ཡངས་པ། 宽阔平地。

དོར། 突。即二牛耦耕一日的土地面积单位。唐时，一突约为十亩。

དྭ། 孤儿。

དྲངས།——དྲི་ང་བ། 臭气。

དྲ་མ། 劲旅。

དྲ་ལ། 路。

དྲང་ཀན་ཆེ། 性耿自。

དྲང་མཐང་། 秉直踏实。

དྲལ།——དྲལ་མ། 兄。

དྲལ།——འདྲལ། 犁。

དྲལ།——སྦྲེལ། 接续，连合。

དྲས། 分割。

དྲེ་མོ།——དྲི་མོ། 阋墙女鬼。

དྲེ་མཚུན།——དྲི་མཚུན། 祖宗，祖神。

དྲེ།——དྲི་བོ། 阋墙男鬼。

དྲིད་ཐུབ།——དྲིན་ཐུབ། 报恩。

དྲུ་གི་འདུ་མཆེད།——དྲུག་གི་འདུ་མཆེད། 六入支（十二缘起占卜用词）。

དྲུ་མ།——དྲི་མེད། 干净。

དྲུབས། 缝缀。

དྲུལ་ཚབས།——བྲེལ་ཚབས། 紧急。

དྲེགས་བཀུར། 霸道。

དྲོད་མི་ཐུབ་པ། 不能保守秘密。

དྲོམ་ཆུང་། （锻炼马匹）“跑小跨步”。

དྲོམ་ཆེན་བརྒྱུག་པ། （锻炼马匹）跑“大跨步”。

གདག་ངན་པ།——བདག་ངན་པ། 卑人。

གདའ།——མདའ། 山沟尾。

གདངས།——བྱ་གདང་། 鸡架，（鸡夜间栖息的横木架）。

གདིང་པོ་ཆེ། 定力大。

གདུ་གདུ་བ། 长时间炖。

གདུག་གཅིག——གདུགས་གཅིག 一天。

གདུགས་ཚོད། 中午；午斋。

གདུང་ཕྱམ། 梁椽。

གདེངས།——སྡེང་། 小部落，村寨。

གདོན་མི་ཟ་བ། 无疑，必然。

གདོན་སྟོན་པ། 陷害。

གདོན་ཟོས། 误解，误会。

གདོན། 魔，魑魅。

གདོས། 网罟。

བདའ་སྟེ།——འདས་ཏེ། 越境。

བདག་ འདྲེན་ ཆན།——བདག་ འདྲེན་ ཅན། 败家子。

བདར། 说。

བདག——ལྡག 舔。

བདགི་པ་ཁྲི་སྨུག་ལ་ཡང་ཕྲ་མེན་སྒྱལ་ཏེ། 又赐我父且杜金饰银告身。

བདུན་དཀྱུས། 七步度。（步度即马在行走时的速度，步度配合是指在锻炼马匹时，慢步和快步的比例，通常是用速度的时间和总时间相比来表示之。慢步一分钟 100 米，快步一分钟 200 米）。

བདུར།——དུར། 尸体。

མདད་གཏོང་། 上供，祭祀。

མདངས་མ་ཆགས། 容颜无色泽。

མདའ་གང་། 一箭远之距离。打仗时，多为“牛角弓”，射一箭约为 60——70 大步，按照一大步将近一米计算，约为 60 米左右。

མདུར་ གཉིས།——འདུར་ གཉིས། （锻炼马匹）小跑两次。

མདུར།——འདུར། 指马行走时平稳的跑步。

མདེ།——མད་དེ། 真实。

མདོ་རིས། 马之毛色纹理。

མདོང་སྨོལ། （1）宣扬；（2）面谀。

མདོམ་གང་།——འདོམ་གང་། 一庹。

འདབ་དུ། 效劳。

འདམ་པོ། 举报人；检举人；告发人。

འདུ་བྱེད། 行支（十二缘起占卜用

词）。

འདུ་འཛི།——འདུ་འཛེ། 嘈杂。

འདུན་མ། 集会议盟，盟会。

འདོང་བ། 走，行，去。

འདོད་རིས། 自愿。

འདོམ་བདུན་ལས་འདར་ཀྱི་རུང་། 进攻不能超过七寻。

འདྲངས་པ།——འགྲངས། 饱足，果腹。

འདྲན་པོ། 出行人。

འདྲིམ།——འགྲིམ། 走动，出行。

འདྲུབ་པ། 伤口愈合，引申为“弥补损失”。

འདྲུལ་བ།——འགྲུལ། 往来，来去。

འདྲུལ།——རུལ། 腐烂。

འདྲེ་བུད་མོ། 女鬼。

འདྲེ། 鬼。

འདྲོལ། 获得。

རྡུད་ཆེས།——སྡུང་ཆེས། 惨打。

རྡུལ་མགོ 烟尘方向。

རྡུལ། 稍许，小的。

རྡུལ། 过失。文中作“注意力分散”解。

རྡེག་བརྫོགས་བགྱིས་པ།——རྡེག་བརྡོགས་བགྱིས་པ། 鞭打。

རྡོ་སྒྲེ། 装石袋。

རྫོལ།——རྡོལ་བ། 穿洞。

ལྡམ།——ལྡན། 有。

ལྟེང་།——སྟེང་། 上面，上部。

ལྡེམ་མེ་ལྡེམ།——ལྡེམ་མེ་བ། 飘摇动荡。

སྡོང་སྤྲམ།——སྡོང་སྤྲོམ། 董绰木，地名，位于今四川白玉县，盛产锋利刀具。702 年，多麦集会议盟在此举行。

སྡམས་ལ་མ་ཆད་པ།——གཏམ་ལ་མ་མཆེད་པ། 密不与闻。

སྡལ་མ།——སྡར་མ། 懦夫。

སྡིག་བཏོ།——སྡིག་ཏོ། 罪人。

སྡིངས། 高台。

སྡུག་པ། 心意合。

སྡུམ་པ་མ་ཐུབ་པ། 尚未成家。

སྡུམ་པ། 家。

སྡུམས་བགྱིས་ནས། 彼此讲和。

བརྡུང་།——སྟེར། 给。

བསྡབ།——གདབ། 作，施。

བསྡོངས། 纠合。

ན

ན་ཀ། 野草。

ན་བུན། 雾。

ན་མོ། （1）大概。（2）很快。

ནང་ཀོར།——ནང་འཁོར། 内府。

ནང་པོ། 夫子。

ནང་རོལ། 内脏。

ནན་ཕུར——ནན་ཏུར། （1）惩罚；（2）认真。

ནབ་ཟ།——ན་བཟའ། 衣。

ནམ་ནངས——ནམ་ལངས། 破晓。

ནམ་ནམ་ནམ་ནམ། ཞ་ཞ་ཞ་ཞར། 永远永远，永远永远。

ནལད་ཀྱི་བུ། 近亲结合所生之子女。

ནས་ཡུལ།——ནས་ཡོས། 炒熟的青稞。

ནོག 死。

ནུ་བྲུགས་ངན་པ། 小子幼弟。

ནུ་མ།——ཉུ་མ།——ཉེ་མ།——སྙེ་མ། 穗。

ནུ་མེན།——མུ་མེན། 青金石。

ནུག་ཆིག——ཉུག་ཅིག 试探。

ནེམ་ནུར། 犹豫。

ནེའུ་སྲིང་།——ནེའུ་གསིང་། 草坪。

ནོང་བུ། 有时作“兽类”解。

ནོངས་ཁྲིལ་ན——ནོངས་འཁྲུལ་ན། 若有过错。

ནོངས་སྨིག——ནོངས་དམིགས། 过失，罪孽。

ནོད་ཅིང་མཆིས། 接受。

ནོར། （1）牛畜。（2）财富。（3）细软。

ནོལ་ཐབས་བགྱི་བ། 交战。

ནོལད་པ། 交战。

ནོས། 获得。

ནྲིང་ཐེབས།——ན་རིང་ཐེབས། 形成草地。

གནམ་ཀོལ་དུ་གནང་བ།——གནམ་གྱིས་ཁོལ་དུ་གནང་བ། 天赐奴婢。

གནག་གྲུས། 乳牛。

གནང་ཅེན་འཚལ་ཞིང་། 宠爱。

གནམ་མཐོ་མཐའ་ཚོགས་བགོས། 以多闻子神证盟。

གནཾ་སྨན། 天女。

གནས་ལྷབ།——གནམ་ལྷ་བབས། 天神降世。

གནག་ཤིངས：བཏབ། 征牛腿税（每头牛征一条腿）。

གནོང་བཀུར།——གནོང་འཁུར་བ། 认错。

བནབས་ཐོག 水果。

བནའ།——མནའ་མ། 媳妇。

མནངས། 货物，引申为“战利品”。

མནངས་ཞ། 管理战利品机构。

མནངས་ཞ་པ། 战利品掠获者。

མནངས་དཔོན། 战利品长官。

མནངས་ཕལ།——མནངས་ཕྲལ། 掠夺人财。

མནབས།——བསྣམས་པ། 拿走。

མནས་བསྐགསྟེ།——མནའ་བསྐགས་ཏེ། 使其参与盟誓。

མནའ་བཆད་མཐོའ་བཆད།——མནའ་ཆད་མཐོ་ཆད། 发重誓。

མནའ་བསལ། 背盟。

མནའ། 咒，誓。

དམེའ།——དམེ་བོ། 阋墙（亲人相互残杀者）。

རྣམ་པར་ཤེས་པ། 识支（十二缘起占

卜用词）。
ནལ་ཏུ། 继续。
ནལ།——ནལ་མ། 正确；安静。
ནྀ། 占卜时为“顺、利”之意。
སྣ་མ——མནའ་མ། 媳妇。
སྣ་ཞོ། 牦牛坐骑。
སྣང་། 太阳。
སྣང་།——སྣུམ། 油脂。
སྣང་མ་ཧྟོམ། 不经心，迷惘。
སྣམ་ཕྲག 怀中。
སྣམ་ཕྱི་པ། 内侍官。
སྣར་མ།——སྤར་མ། 懦夫。
སྣར་མོ།——དར་མ། 壮年。
སྣར།——ཞང་། 田地，土地。
སྣར།——སྣར་མ། 毕宿。
སྣ་ཐོན།——མནའ་ཐོན། 结婚证人。
སྣོན་གོད་བརྩིས། 统计盈亏。
སྣོམ་བུ་པ། 暗探，侦探。
སྣོར།——སྣོར་མ། 茂盛之草原。
མནམ། 掠夺。
བནན།——བསྣན། 增添。

པ

པགས་སྙེད་པ།——བག་མེད་པ། 放荡。
པབས་རྐུ་གཅིག——ཕབས་རྐུ་གཅིག 一粒酒曲。
པུས།——ཕུས། 叫。
པུགས།——ཕུག 凿穿。
པུད། 单独。
པུར་པ།——ཕུར་པ། 小桩，橛。
པེང་སྡེ། 兵部。
པེའུ།——བེའུ། 褐子。
པེའུ།——སེའུ། 警惕。
པོ་ཉ་རིངས་པ། 紧急信使。
པོ་ཉ་ལྷགས་བྱ་ཐོགས་པ། 配戴银鹘信使。《新唐书》卷216吐蕃传：百里一驿，有急兵，驿人臆前加银鹘，甚急，鹘益多。
པོ།——འཕོ། 转移。
པོ་རེང་།——ཕོ་རེང་། 单身汉子。
པོག 香，薰。
པོག་སྦེ།——སྤོས། 香。
པྱག་ལྕག——ཕྱག་ལྕག 手执鞭子。
པྱག་དར།——ཕྱག་དར། 亲手（修建）。
པྱག་ཏུ་པུལ།——ཕྱག་ཏུ་ཕུལ། 献上。
པྱེད།——ཕྱེད། 一半。
པྱི་བང་གི་རྒྱུད།——ཕྱི་འབྲང་གི་རྒྱུད། 母系血统。
པྱི་མ།——ཕྱི་མ། 外人。
པྱིར——ཕྱིར། 向外。
པྱུག་ནོར།——ཕྱུགས་ནོར། 牲畜。
པྱུང་། ཕྱུང་། 拨，抽。
པྱོད།——དཔྱོད་པ། 用心领会。
པྱོལ་པྱོལ།——ཕྱོལ་ཕྱོལ། 逃走。
པྲ་མོ། 圆光镜面占卜。

ཕྱྀད།——ཕྲིད། 欺骗。

ཕྱྀས།——ཕྱིས། 后来。

ཕྱྀགས་པ།——བཀླགས་པ། 诵读。

ཕྱྀགས། 落地，落下。

དཔའ་བའི་ཕུལ་ཕྱྀན་ན།——དཔའ་བའི་ཕུལ་ཕྱིན་ན། 若是殊胜豪杰。

དཔང་ཞག་དུ་ཚུགས་ཤིག 晚间住宿有定（即不得延误）。

དཔེན་པ། 禆益。

དཔེན། 美丽。

དཔེནད་པ།——དཔེན་པ། 利益，禆益。

དཔོན་ཁ་སློག་པ། 另投官主。

དཔྱ་དར་མ། 岁输之绢缯。

དཔྱ་དར་མོ།（输）帛绢。

དཔྱྀད་སླ།——དཔྱིད་ཟླ། 春季月份。

སྤ་བཀོང་། 慑服。

སྤ་གོང་། 恐惧。

སྤ་བ། 装饰。

སྤད་སྤུན། 父子，父系子侄。

སྤད་མཚན། 父系子侄。

སྤད། 儿子。

སྤན་སྤུན།——ཕན་ཕུན། 密密麻麻（多）。

སྤལ་བཏགས། 彼此相连。

སྤུ་སྐྱ་བོ།——ལྦུ་སྐྱ་བོ། 白泡沫。

སྤུ་ཏུ་ཏུ། 风声。

སྤུ་ལ་འབབ་པ། 中意。

སྤུ་ནོལ་ནོལ་པོ། 茸毛。

སྤུག 冰宝石。

སྤུད——ཐུད། 排挤。

སྤོ་བླག 晋升。

སྤོགས་པ།——སྤོབས་པ། 把握。

སྤོས་ཐོབ།——སྤོ་མཐོ། 高丘。

སྤྱུག 流放。

སྤྱུངས་ཤིང་གསལད།——སྤྱུངས་ཤིང་བསལད། 消除。

སྤྱན་（པ）། 观察使。

སྤྱན་ཟ་བྲིམས། 检阅。

སྤྱན་ཏུ་ཐུང་།——སྤྱན་ཏུ་ཆུང་། 眼光短浅。

སྤྱན་དབྱེའ། 开光。

སྤྱན་ཟིགས། 礼物。

སྤྱན་ཡང་ཡས། 一望无际。

སྤྱན་རས་ཀྱི་བཙའ། 照看。

སྤྱན་གསལ་དུ་གྱུར། 称心合意。

སྤྱམ་པ། 赔偿品。

སྤྱར་མ།——སྦྱར་མ། 妓女。

སྤྱར།——སྦྱར།（行）房事。

སྤྱོ་བ། 责骂。

སྤྱོན་པ།——འབྱོན་པ། 降临。

སྤྱོམ་པ། 自吹。

སྤྲ་བ། 艾绒。

སྤྲང་ཡང་།——བང་ཡངས། 步履轻盈。

ཕ

ཕ་སོས་བཀུག་པ། 征集人差，即征集

人之劳役差。

ཕ་གཤེན་རབས་མྱི་བོ། 祖师辛绕米沃，苯教创始神师。

ཕག་ཚལ། 藏于林中。

ཕགས་པ།——པགས་པ། 皮。

ཕང་ཕུང་།——ཕང་ཕུང་། 重叠、成堆、成团。

ཕང་ཕུང་།——ཕང་ངེ་ཕུང་ངེ། 成堆，成团。

ཕན་ཕུན། 骚乱。

ཕན་ཕུན།——ཟང་ངེ་ཟིང་ངེ། 烦冗。

ཕམ་བབས།——ཕམ་ཕབ། 物品（指食物）。

ཕལ་ཆེར། 基本上，大体上。

ཕུ་དུད། 礼节。

ཕུང་སྲིད། 破败魔障。

ཕིར།——པུར།——པིར། 笔（借词）。

ཕུལ། 蕃合，1 蕃升为 6 蕃合，1 蕃合重：700 克（蕃升）÷6（蕃合）=116. 66 克。

ཕུས་མོ།——པུས་མོ། 膝盖。

ཕེའུ་པ། 讲情面者。

ཕོ་དགོག——ཕོ་གོག 老汉。

ཕོ་ཆེ་བ། （1）贪婪。（2）傲慢。

ཕོ་ཉ་རིང་ལུགས། 首席使者。

ཕོ་སྐྱིད་མོ་སྐྱིད། 公、母绵羊。

ཕོ་བྲང་ལྷན་ཀར།——ལྷན་དཀར། 登迦宫。

ཕོ་མ། 种牛。

ཕོ་སྨོས། 男女。

ཕོ་རེང་། 单身汉子。

ཕོ་སོ། 能干。

ཕོག་རྨ། 疮疤。

ཕྱ།——ཕྱྭ། （1）福神。（2）卦。（3）运气。

ཕྱག་བརྙན། 仆从。

ཕྱག་ཐབ་ཙམ་ཞིག་གསོལ། 驾临筵宴片刻。

ཕྱག་ཐབ། 筵宴。

ཕྱག་སྦལ། （1）王库。（2）地牢。

ཕྱི་ཕྱིགས་ཤེ་དག་ཏུ་གྱུར་ནས། 一再延迟。

ཕྱི་ནང་གྱི་འཁོར། 徒众；眷属。

ཕྱི་ཤ་བཀྱིད། 报外仇。

ཕྱི།——ཕྱི། 祖母。

ཕྱུག་ནོར།——ཕྱུགས་ནོར། 牲畜。

ཕྱི།——འཕྱི་བ། 雪猪，旱獭。

ཕྱིས་འབྲང་།——ཕྱེས་བྲང་། 旅客住地。

ཕྱི་མཁར། （马）骰点斑纹。

ཕྱོགས་སྐྱོང་། 护方神。

ཕྱོང་ཕྱོང་པོ། （肛门）翻出，突出。

ཕྱྭ། （1）福神。（2）卦。（3）运气。

ཕྲ་མེན་གྱི་ཡི་གེ། 金饰银告身，颇罗弥告身。

ཕྲག——ཕྲ། 镶嵌。

ཕྲུ——ཕྲུམ། 军营。

ཕྲུམ་ཀུ།——ཕྲུམ་ཁུ། 酪浆。

ཕྱུར་བྱེ། 干酪。

ཕྱུར་ཕྱུར། 郁郁葱葱。

ཕྲུལ།——འཕྲུལ། 幻化，变化。

ཕྲེག——ཕྲག 群。

ཕྲེང་ཕྲེང་པོ། 绷紧。

ཕྲོ།——འཕྲོ། 剩（余）。

དཕང་རྒྱ།——དཔང་རྒྱ། 契约，合同。

དཕང་འདི་འདྲི་བའི་ཚེ།——དཔང་འདི་འབྲི་བའི་ཚེ། 立此契约之时。

དཕྱད།——དཔྱད། 分析。

དཕྱའ།——དཔྱ་ཁྲལ། 赋税。

འཕགས་པ། 端好。

འཕང་ཐང་། 旁塘，古地名。

འཕན་ཡུལ། 南日伦赞下令将吐蕃“埃波”更名为“彭域”，非当今之“彭波”。

འཕན།——འཕན་པོ། 富裕。

འཕམས།——འཁྲམ། 蹓马。

འཕེན་པ།——འཕན་པ། 丰富。引申为“魁伟”。

འཕྱོན་མ། 妓女。

མཕྲོ——འཕྲོ། 发射。

འཕྲ་མ།——ཕྲ་མ། 谗言。

འཕྲའ་མ། 谗言。

འཕྲལ་དུ་དངུལ་ཆེན་པོ་ཕོ་ཉ་ལས་སྒོར་སྐྱལ། 立即派使者上门赐大银字告身。

འཕྲུས་དྲུག——འབྲས་དྲུག 六谷。

འཕྲིགས་པ། 怀疑。

འཕྲུགས།——ཕྲུགས། 双，对。

འཕྲུལ་དང་བྱིན་ཆེད་པོ། 变幻神通。

ཕུད་སྤུན།——ཕུན་སྤུན། 兄与弟。

བ

བ་དྲུལ་པ།——བ་དྲུས་མ། 奶牛。

བ་ཤད། 三岁母黄牛。

བག་ཚིག——བག་ཙམ། 些许，少许。

བག་ཡོད། 谨慎。

བགས།——བག་ཟོན། 提防，警惕。

བགུན།——དགུན། 冬。

བང་། 大跑，飞奔。

བང་ཐང་ཐང་། （树木）奔驰（迎接）。

བང་རྫོང་། 粮筒。

བང་དུལ། 走不快；飞不快。

བང་ཟ། 库物。

བང་རལ། 大跑。

བང་ལག་པའ།——སྦངས་ལྷུག་པ། 马粪稀软。

བན་ལང་།——བ་ལང་། 黄牛。

བར་ལངས་པ།——བད་ལངས་པ། 过敏。

བར།——བར་ཆད། 危难。

བལ་པོ། （1）泥婆罗。（2）跋布川。（3）乞黎拔布。

བལ་བ། 拔出，拔掉。

བས། 完毕；了事。

བུ་སློངས། 未成年男子。

བུ་བཟངས། 无耻之辈。

བུ་རམ་དཀར་པོ། 白糖。

བུ་སྲིང་། 妇女。

བུ་སྲིང་ཕྱོ་མ་མཆིས་པ། 未婚之妹。

བུད་མེད་དམེ་འཆན：མ། 阅墙女。

ཝུན་བུ་ཞིས་ཧྭང་ཏེ། 文武圣皇帝，唐太宗尊号。

བུན་——བུ་ལོན། 债务。

ཝུན་ཝུ་ཧེའུ་ཏིག་ཧྭང་ཏེ། 文武孝德皇帝，唐穆宗尊号。

བུར་བ་ལངས་པ། 内斗，内讧。

བུས་པ། 孩童。

བེ་བ། 池沼。

བེའུ། 牛犊。

བོག་བོག——ཛ་བོགས། 尾脊膘。

བོང་སྐོར། 驴推之碾磨。

བོང་པ།——བོང་བ། 土块。

བོམ་ལོང་། （家境）转好，富裕。

བྱ་གགི་སྒོ་ང་། 鸡蛋。

བྱ་གཚོད།——བྱ་གཙོད། 侦察。

བྱ་སྣ——བྱ་དགའ། 赏赐。

བྱ་མཆུ་སྐྱར།——བྱ་ཆུ་སྐྱར། 水鸥。

བྱ་མཐིང་ལིར།——བྱ་མཐིང་རིལ། 白水鸥。

བྱ་དགོད།——བྱ་གོད། 雕，鹫。

བྱ་དུར་བ།——དུར་བྱ། 鹫鸟。

བྱ་ནད་ཟང་། 信使。

བྱ་བང་། 大鸟。

བྱ་ཐྲན།——བྱ་ཕྲན། 小鸟。

བྱ་མ་འཐེངས།——ཞ་མ་འཐེང་། 步履蹒跚。

བྱ་མོ་ཟེར་ན་ནི་ཁྱིམ་ཐུང་། 牝鸡司晨，惟家之索。

བྱ་ར། 侦察兵。

བྱ་རེ་བ་བྲིང་ཆགས།——བྱ་རེ་བ་ཕྲེང་ཆགས་པ། 使者接二连三。

བྱ་རོ་རོ། 所有鸟族人。

བྱང་ཆུབ་སྤྱོད་པ།——བྱང་ཆུབ་སྤྱོད་པ། 菩提行，指六度和四摄。

བྱང་སྨན། 北方女神。

བྱང་རོ།——བྱང་ཕོག 指宰杀完后，整腔之肉，文献中指“羊腔”。

བྱད་ཀ——བྱ་དགའ། 奖赏。

བྱད།——བྱད་ཀ། 诅咒殃。

བྱད།——བྱེད། 做。

བྱན་མོ། 妻子。

བྱར་བུན། 稠红糖。

བྱི་བོ། 淫人妻女者。

བྱི་མ། 淫妇。

བྱི་ཞིན།——བྱི་བཞིན། 女宿。

བྱིད་དཀན། 比干（纣王王叔）。

བྱིན་གྱི་རླབས། 神力，感力。

བྱིན། 灵验，灵应。

བྱིས་བ། 婴儿。

བྱུང་རྒྱལ། 任意，轻率。

བྱུངས། 在《百慈藏卷吐蕃兵律》文书中，拟是“警卫员”。

བྱུར། 灾难，不幸。

བྱུརད།——བྱུར། 灾难。

བྱེ་དཔལ།——ཕྱྭ་དཔལ། 福神。

བྱེ་མ་ལ་ཕྲི་ཙ། 《དོན་ཡོད་ཞགས་པའི་མདོ།》《不空羂索经》。

བྱེར་བ། 各自离开。

བྱེས་སྨི།——བྱེས་མི། 外出者。

བྱེས།——བྱས། 做，作。

བྲ།——བྲ་བོ། 荞麦。

བྲ།——སྦྲ། 帐篷。

བྲག་སྨན། 山岩女神。

བྲག——དབྲག 交界，中间。

བྲང་། 驻地。

བྲང་རྡལ་ལྔ། 五个灶膛。

བྲན་རྒྱ་ལ་གཏོགས་པ——བྲན་སྐྱ་ལ་གཏོགས་པ། 耕奴。

བྲན་ཕོ་རེང་། 单身男奴。

བྲན་བཙོམ་བ།——བྲན་འཚོལ་བ། 当佣人。

བྲན་མོ་རེང་། 单身女奴。

བྲམ་ཟེ——བྲམ་ཟི། 婆罗门。

བྲིན་ཕྱུད། 摆架子。

བྲིམ་པོ།——གྲིམ་པོ། 边防兵，斥候。

བྲུག་པ། 涨满。

བྲུང་པ།——དྲུང་པ། 身旁，近前。引申为“近侍”。

བྲུན།——བྲུད། 微小。

བྲུས། 揭发，探索。

བྲེ་བ།——གྲེ་བ། 喉。

བྲེ་བྲེ། 用骰子赌输赢之赌法名称。

བྲེ་ལེགས། 非常好，极佳。

བྲེ། 蕃升，1 蕃斗为 20 蕃升，1 蕃升重：14000 克（蕃斗）÷20（蕃升）=700 克。

བྲེལ་ཕོངས། 贫穷。

བྲོ་འདོར་འདོར་བ། 一再发誓。

བྲོ་མ་ཚལ་པ།——བྲོ་མ་འཚལ་པ། 无病痛。

བྲོ་སྙ་ཏེ།——བྲོ་སྙལ་ཏེ། 发誓。

བྲོ་འཚལ་བ། 患病。

བྲོ་གཟུངས། 发誓。

བྲོ། 咒，誓（君臣共同盟誓时，君方用敬语དབུ་སྙུང་།，臣方用非敬语བྲོ།）。

བྲོ་དཀར། 或 དཀར། 白誓，即清白之誓。

བྲོའ་བསྐྱེད།——སྙུན་སྨེད་པ། 问候，问安。

བླ་སྐར། 命星。

བླ་སྐྱེས། 岁贡。

བླ་ཁད་བྱེད། 骄傲。

བླ་གྲང་། 丢脸。

བླ་རེ——བླ་བྲེ། 华盖。

བླས།——བླ་ཡི།——སླ་ཡི། 情愿。

བློ་གདབ། 献计。

བློ་བ་རིངས། 不忠，叛变。

བློད་བློད།——བློན་བློན། 计议，商议。

བློད། 沆瀣一气。

སྙན་བཏབ་པ། （1）进谏，下对上之劝告。（2）计议。

སྙོན་མི་ཚུགས་པ།——སྙོན་མི་ཚུགས་པ། 不许申辩。

སྙས་འཚའ་འཚལ། 心情急躁。

དབའ་རྒྱལ། 波涛，洪水。

དབང་བཏང་།——དབང་ཐང་། 权势、官禄。

དབང་པོ་རྣོ། 五官敏锐。

དབུ་སྙུང་གནང་། 赐誓。

དབུ་སྙུང་ཁུད་པ་ཙམ་གསོལ། 请予单独会盟。

དབུའ་སྐས།——དབུ་སྐེ། 护颈。

དབུ་རྨོག 地位，权势。

དབུགས་འབྱིན་དད། 安慰。

དབུང་། 中部，中央部分。

དབུང་མཐའ། 中心和边缘。

དབུད་པ། 相违。

དབུའ་སྐས།——དབུའ་སྐེ། 护颈。

དབུའ་འབྲིང་། 头胄上之皮条带子。

དབུས་ནས་ནི་འཕེན（འཕན）་པ་འདི། 队伍中身材魁梧者。

དབྱམ་ཕྱིང་།——བཞམས་ཕྱིང་། 软毡垫。

དབྱམ་ཕྱིང་།——བཞམས་ཕྱིང་། 软毡垫。

དབྱི།——དབྱམ།——བཞམས་པ། 柔软。

དབྱར་མོ་ཐང་། 野姆川，在青海湖一带。

དབྱེན་བའ། 挑拨者。

དཔྱོངས།——དཔྱོངས། 悬挂，吊挂。引申为判决、决断。

དཔྱོངས་དཀྱིགས།——དཔྱོངས་དཀྱིགས། 严正决断（惩罚）。

དབྲིས། 水渠。

འབངས་སྟོད་རིམས། 布衣。

འབངས་དང་དཀོར་སྣང་ཐང་འདེབས་པའི་རིང་ལུགས། （登录）寺户、信财、粮食于清册之长官。

འབའ་ཤིག——འབའ་ཞིག 唯一。

འབོད་ཐོང་ཐོང་། 群兽吼啸。

འབོན། 坌（音译）。碑文中意译为“甥”。敦煌古藏文文献中专指赤德祖赞之外甥，吐谷浑小王。

འབོར།——འབོད། 召请。

འབྱེད་ཕ——འབྱེད་པ། 阐发。

འབྲ།——འབྲད། 抓，扒。

འབྲང་རྒྱས། 供神大食子。

འབྲས། 瘰疬，肿核。

འབྲི：སྐམ་ཀྱི：པོ：མུལ：མཐོ་གང：བཅད་ནའ་ཧོ་གང་སྐྱེ། 枯奶牝牦牛腹下之粗毛割下一拃复长一拃。

འབྲུམ་ནག 黑痘，天花。

འབྲུལ་བ། 坠地。

འབྲུས——བརྩོན་འགྲུས། 着力。

འབྲོག་སྒྲུངས། 牧区驿程。
འབྲོང་ཁྲུགས། 野牛步。
འབྲོང་བུ། 小野牛。
འབྲོས།——གྲོས། 议论。
ར་དཀར་པོ།——བལ་དཀར་པོ། 白羊毛。
ཤག——ཤགས། 皮。
ཟུགས་ཐུང་བ།——དབུགས་ཐུང་བ། 气促。
ཟུགས།——དབུགས། 气息。
སྦོ་ཡང་སྦོ།——སྦོས་ཀྱང་སྦོས། 又肿又胀。
སྦོ་ནོག 内脏。
སྦམ།——སྦྲམ། 长方块状物。
སྦུར་བུ། 蜣螂。
སྦོད་པ།——ཙོད་པ། 嗾（犬）。
སྤྱན།——སྤྱན་པ། 观察使。
སྦྲང་།——སྦྲམ་བུ། （金）条。
སྦྲིད་པ། （1）喷嚏。（2）发麻。
སྦྲུ། 怀胎。
སྦྲོན།——སྙན་སྒྲོན། 呈述。

མ

མ་ཐལ། （勿向左右）歪斜。
མ་ཐོ། 不行，不能。
མ་ན་དུག——མོན་དུག 门隅产之毒。
མ་ཐོར།——མ་འཐོར། 未收到。
མ་རྫོགས། 未死。
མ་ཡམས། 鬼女。
མ་ཡར་མ།——མ་གཡར། 继母。
མ་རིག་པའ།——མ་རིག་པ། 无明支（十二缘起占卜用词）。
མ་ལ།——ཀྱི་ཧུད། 哎呀。
མང་ཀུ་རྒྱ།——མང་དཀུ་སྒྱུ། 狡计多。
མང་སྨན།——མུ་སྨན། 穆曼女神。
མན་ངག་ཐུབ་པ། 保密。
མན་འདད།——མན་ཆད། 以下。
གམུ་སྨན།——མུ་སྨན། 穆曼女神。
མལ། 住地；就地。
མི་འཛོ། 绝对完不成。
མུ་དགས།——དམུ་ཐག 登天索。
མུ་སྨན་ཆེན་མོ། 大天女。
མུ་སུ། 乞丐。其他人。
མུན་དམག་བཏུས་པ། 征集“暗军”，（征集派往域外作战或掳夺财物的特种兵。）
མུན་ཏ་ཤིང་། 门下省。
མུར་ཟངས་ལྷ། 牲口槽神。
མུར་ཟངས།——བཟབ་ཟངས། 牲口槽。
མེན་དྲི།——མན་ཅི། 面子薄绫。
མོ་དགོག——མོ་གོག 老妪。
མོ་སྨོངས（སྨོངས）་མ་བྱུང་བ་སྨད། 成年女子以下。
མོ་ཤིང་འགྲིང་། 卦象名，其形状酷似牛，是个大吉卦，音译为“姆兴征”。

མོད་པ།——སྨོད་པ། 斥责。

མོན། 门隅（地名）。

སྨད་ཀར་པོ། 白蛮。

མྱི་ཁ།——མི་ཁ། 闲话。

མྱི་ཁོམས——མི་ཁོམས། 无暇。

མྱྀ་གསྟད་པ།——མི་གསན་པ། 不听从。

མྱི་གསྟན།——མི་གསན། 不听信。

མྱི་གའ་བྲ་མཆུ།——མི་ཁ་བྲ་མཆུ། 口角；闲言碎语。

མྱི་གི་རྫི་མ།——མིག་གི་རྫི་མ། 眼睫毛。

མྱི་བསྒྱུར། 不得变动。

མྱི་བཅོས། 不得修改。

མྱི་དཔྲོག——མི་དབྲོག 不得抢夺。

མྱྀ་ནོད། 不肯接受。

མྱི་འཕྱི། 年长。

མྱི་དབྲི།——མི་དབྲི། 不减少。

མྱི་འདོག 不舍弃，不抛弃。

མྱྀ་མ་ཡིན་པ། 非天。

མྱི་སྨོན། 心爱人。

མྱི་འཛོར། 不和睦。

མྱྀ་རུང་།——མི་རུང་། 不宜。

མྱི་སྟོང་།——མྱི་སྟོང་། 赔偿命价。

མྱི་ནྱ། 人鬼（经常加害神灵、人及其他鬼怪）。

མྱི།——མི། 人。

མྱིག་འདྲེན་པ། 榜样。

མྱིག་རྩེ། 机警。

མྱིག——མིག 孔洞。

མྱིག་བཞི། 鬣狗。

མྱིང་།——མིང་། 名。

མྱྀང་ དང་ གཟུགས།——མིང་ དང་ གཟུགས། 名色支（十二缘起占卜用词）。

མྱིང་བཏགས། 假名（非真名）。

མྱིད་པ།——མིད་པ། 咽喉。

མྱིའི་མྱིག་བྱ་མྱིག་ལྟར། 人眼如鸟目下眼皮可往上开合。

མྱིལ་ཙོ།——མེལ་ཚེ། 夜间巡逻。

མྱེ་བཙོ།——མེ་བཙའ། 火灸。

མྱེ་འི་ཞག——མེའི་ཞགས། 火焰。

མྱེ།——མེ། 火。

མྱེད།——མེད། 没有。

མྱེན་ཏོག——མེ་ཏོག 花朵。

མྱེན་ལིང་།——མན་ལིང་། 面子薄绫。

མྱེས་པོ་ ཨོ་ དོལ་ ཟུ་ ལ་ ཡང་ ཐབས་ གསེར་ སྒུལ། 又赐我祖父喔堆久金字告身之品位。

དམག་ཆད།——དམག་ཆས། 军需。

དམག་སྟོངས། 军事援助。

དམག་པ། མག་པ། 女婿。

དམག་ བརྩན་ པོ་ དག་ ཀྱང་ མྱྀ་ རྒྱལ་ དུ་ མ་ རུང་། 迫发重兵。

དམང་།——དམངས། 百姓。

དམར་སྲང་། 纯银。

དམེའ་བོ།——དམེ་བོ། 阋墙，亲人相互残杀者。

དམུ་ དག——དམུ་ ཐག （1）福气。（2）登天索。

དསུར་དསུར། 使劲噬断。

དམིག——མིག 眼。

དམེས་པ།——ཉེས་པ། 危难。

སྨ། 过失。

སྨ།——སྨྲ། 说。

སྨང་། 惟一，单独。

སྨང་།——སྨྲེང་། 呻吟。

སྨང་གི་བུ། 独子。

སྨད།——སྨས་པ། 受伤。

སྨད།——སྨེད་པ། 询问，叙说。

སྨན་ཟན།——སྨྲན་ཟན། 医药及食品（银）。

སྨུགས།——སྨྲུག་པ། 雾。

སྨིག་བཏའ། 消灭，摧毁。

སྨེད——སྨོས། 耕种。

སྨེའུ།——ནས། 青稞。

སྨེའུ།——སྨྲེའུ། 青稞。

སྨུ་བ། 精神萎靡。

སྨྱི་ལམ།——སྨི་ལམ། 梦。

སྨྱིག་པ།——སྨིག་པ། 蹄。

སྨྱིག་ཀོང་། 牛蹄灯（民间语词，与文献中之“རུ་ཀོང་། 牛角灯”用处相同，已经失传）。

སྨྱིད།——སྨིག 蹄。

སྨྲ་རྗེད།——སྨྲད་རྗེད། 再娶。

སྨྲང་ཀ 肛门。

སྨྲན་ཤར། 少女。

སྨྲན་བསྔོས། 神食。

སྨྲན།——ལྷ་སྨྲན། 女神。

སྨྱུ་སོ། 青草。

སྨྱུན། 需要。

སྨྱུན།——གཉན། 盘羊。

སྨྱི་གུ——སྨྱིག་གུ། 细竹。

སྨྱིག——སྨིག་པ། 蹄。

སྨྱིན་དྲུག——སྨིན་དྲུག 昴宿。

སྨྱིན།——སྨིན་པ། 成熟。

སྨྱུར།——མྱུར། 快。

སྨྱེ་བ།——སྨེ་བ། 痣。

སྨྱལ་ལེ།——སྨལ་ལེ། 觜宿。

སྨྱེ། 痛苦。

སྨྱེ་བདུན།——སྨེ་བདུན། 北斗七星。

ཙ

ཙ་གིམ་འགོ་ཉའི་དའི་ཙང་ཀུན། 右金吾卫大将军，即首都御林军大将军。

ཙན་ཤན་དེ་བུ། 赞善大夫。

ཙོག་མ།——ཚོག་མ། 炒焦。

གཙང་།——གསེང་། 草坪，草地。

གཙང་དཀར། 担保人。

གཙང་ཆེན། 大藏告身。其品位在红铜告身之下，在PT1071号《吐蕃律例文献》和PT1083号《吐蕃官员请求复职表》中曾多次出现，与《贤者喜宴》之“铁告身”地位等同。

གཙང་གཙང་རྟ། 骏马。

གཙིགས་བཅས་པ། 结盟。

གཙིགས་བདག 主盟者。

གཙིགས། 盟文，誓文。

གཙུག 头顶，引申为“最好”。

གཙུག 根本、始终。

གཙེ་ཝ།——མཛེས་པ། 美丽。

བཙན་དྲི་དམར་པོ། 红赞鬼。

བཙན་དྲི། 赞哲鬼。

བཙན་འདྲན་བདའ། 强令比武。

བཙའ། 饰羽之箭。

བཙས་པ། 出生，生育。

བཙས་པ། 注视，看守。

བཙས། 赏赐品。

ཙ་རེང་རེང་པོ། 僵硬之脈。

ཙང་ཆེན། 藏钦，地名，于今之后藏口喀则。按照翻译惯例，地名、人名采取音译。往昔曾与 གཙང་ཆེན།（大藏告身）混同，特此更正。

ཙང་ཕྱེད་ཕུབ།——ཙང་ཕྱེད་ཕུབ། 铺垫绸缦献酒。

ཙབས། 酸酒。

ཙི།——རྫི། 风。

ཙིས་པ་ཆེན་པོ། 财务长官。

ཙིས་གྲ།——རྩིས་ཁྲ། 账单。

ཙེ་རྗེ། 节儿。

ཙེ་རྗེ་ཚོད་ཅིག 节儿决断。

ཙེ་བཆད།——རྩེ་བཙད། 目标。

ཙོབ།——བཙོག 污秽。

སྩ།——རྩྭ། 草。

སྩང་།——ཙང་།（1）酒。（2）粮食。

སྩང་མངན། 粮食保管员。

སྩང་གནང་གུམ།——སང་གནངས་གུམ། 明后日（数日内）即将毙命。

སྩང་འགོགས་རིང་ལུགས། 收租粮长官。

སྩང་ཤ།——གཙང་ཤ། 鲜肉。

སྩལད་པ།——སྩལ་པ། 给。

སྩི་དོག——རྩི་ཐོག 草籽，穗。

སྩིང——རྩིང་། 粗鲁。

སྩོད་པ།——རྩོད་པ། 纠纷，争论。

སྩོན་བ། 给予，授予。

སྩྭ་སོ་མ།——རྩྭ་སོ་མ། 鲜草。

གསྩང་།——སྩང་། 粮食，酒。

གསྩུག་ནོར——བཙག་ནོར། 不义之财。

བརྩེད་བརྩེད།——བརྩིག་བརྩིག 建筑。

བསྩལད།——བསལ། 消除。

བསྩེ་བ།——བརྩེ་བ། 爱怜。

བསྩོགས——འཚོགས། 会集。

ཚ

ཚོ།——ཚ་བ། 食物。每日定时的饮食。

ཚོ།——ཚྭ། 晶盐。

ཚག——ཚགས་ལུག 肉畜羊；菜羊。

ཚད་པས་བཏབ།——ཚ་བ་བཏབ། 中暑。

ཚན། 其对音为“将”。吐蕃占领敦煌后，推行部落制，在部落内，又分为若干个“将”组。将设“将头”。

ཚམས།——མཚམས། 隅，角落。

ཚལ་མ།——འཚལ་མ། 食物。

ཚལ་མོ།——མཚན་མོ། 夜晚。

ཚལ་ཟ།——མཚེར་ས། 驻牧之地。

ཚས་ངན། 贪婪。

ཚེས། （1）生计。（2）管理。

ཚུགས་དཔོན། 驿丞。

ཚུགས། 驿站，为笼馆下属单位。

ཚུས། 食物。

ཚེག་ཅིག 一次。

ཚེའུ། 锉。

ཚེར། 山羊。

ཚེར།——འཚེ་བ། 伤害。

ཚེས་གཅལ། 余年。

ཚོ་ཚེས།——འཚོ་ཚེས། 生计。

ཚོ་ཚོ།——ཚོགས། 祀神用之大朵玛。

ཚོ་རོད།——ཚོ་རིད། 肥瘦。

ཚོགས་དགུ་ཚོགས། 具备众所之长。

ཚོར་བའ།——ཚོར་བ། 受支（十二缘起占卜用词）。

ཚོས་ཁུར།——བཙོས་འཁུར། 油炸饼。

གཚང་སྨེ།——གཙང་དམེ། 净与秽。

གཚབས།——ཚབས། 恶劣影响。

མཚད།——མཚེར། 驻地。

མཚན་ལྟར་སྟལད་པ། 让看相。

མཚན་སྒྲུངས་བཞི། 夜行四笼。

མཚམས་བརྡལ་བར་ཆད་པ། 准备谋害。

མཚལ་མོ། 饭。

མཚུལ་དུ་དཀྲུ། （由）口中突吟（此曲）。

མཚུལ། 唇。

མཚེ་གཟུགས།——མཚེ་ཟུགས། 双胎子。

མཚོ་དམ་ལེ་དཔལ་མཚོ། 当勒委湖为“悉补野”之魂湖。

མཚོ་སྨན། 碧湖女神。

མཚོགས་མ།——མཚོག་མ། 囟门。

མཚོན་ཀར་བཀྱེ་སྟེ། 拿起武器交锋。

མཚོའི་སྙིག 湖中心。

མཚོས་རྗེན——ཚོས་རྗེན། （食物）生熟。

བཚུན་དྲི།——བཙུན་དྲི། 尊哲鬼。

བཚེམས་པ། 仆人。

བཚོན་འཚོང་།——བཙན་ཚོང་། 强卖。

བཚོམས་པ། 仆人。

འཚེར་འཚེར། 马嘶鸣声。

འཚེར།——འཚེ། 伤害。

འཚོག 鞭打。

ཛ

ཛའ་ཅིང་དའི་ཕུ། 朝请大夫，从五品上。

ཛིན་གྱི་རྒྱལ་པོ་ཤི་ཧྭང་། 秦王始皇。

མཛོ་མ་ཞམ། 设圈套。

མཛུབ་ ཚད་ བཐབ།——མཛུབ་ ཚད་ བཏབ། 摁指印。

མཛུམ།——འཛུམ། 含笑。

འཛངས།——མཛངས། 智慧。

འཛའ་ན་པོ།——མཛའ་ན་པོ། 情夫。

འཛའ་ར།——མཛའ་ལ། 去亲近。

འཛུབ་ གང་།——མཛུབ་ གང་། 一食指（距离）。

འཛེ།——མཛེ། 麻风病。

རྫི་ཝུ།——རྫིའུ། 牧童。

རྫི་ཡངས་པ། 发情。

རྫི། （1）风。（2）发情。（3）警觉。

རྫེ་ཝུ། 小酒罐。

རྫོགས་སྒོ——རྫོགས་སོ། 完毕，结束。

འཛོངས་པའ།——བཛོངས་པ། （1）陪嫁物；（2）衣粮。

བརྫི་བ། 迫害，欺凌。

ཝ

ཝང་པེང་ཝང་། 广平王，即唐代宗。

ཞ

ཞ་སྔ་ནས།——ཞལ་སྔ་ནས། 陛下。

ཞ་འཕྲིང་སྣང་མ་པ། 贴身仆从。

ཞང་ལོན་ཡི་གེ་པའི་ཐང་། （封）具告身尚论之地位。

ཞང་ཤུ་ཛོ་སྲི་ལང་ཀྲུང་། 尚书左司郎中。

ཞང་ཤུ་ཤེང་། 尚书省。

ཞང་ཤུ། 《尚书》。

ཞབས་འཏེབབས།——ཞགས་འདེབས། 抛索。

ཞོ།——ཞ་པོ། 跛子。

ཞམ་འཕྲིང་།——ཞབས་འཕྲིང་། 内府家臣。

ཞལ་ཅེ་པ་ཆེན་པོ། 刑部尚书。

ཞལ་ ཅེ་ དབྱུངས།——ཞལ་ ལྕེ་ དཕྱུངས། 宣谕判决。

ཞིང་། （1）田地。（2）每（每日、每一代、每头）。

ཞིང་གྱི་ཁྱིད་རིལ།——ཞིང་གྱི་ཁྱིད་རིལ། 地亩赋税。

ཞིང་འགོད་ཀྱི་རིང་ལུགས།——ཞིང་བགོད་ཀྱི་རིང་ལུགས། 农田长官。

ཞིང་པའི་དབང་ཐང་། 采邑分封。

ཞིཝུ་འམ་ཕྱིཝུ། “守”（音译），散官低于职事官。

ཞུ——ཞུ་རྟེན། 礼物。

ཞུ་ཕུབ། 展翅飞。

ཞུ་ གཡག་ ཞུ་ གཆིག——ཞུ（ཞུ་ རྟེན）་གཡག་གཞུ་གཅིག 进贽妇女头饰“巴珠”。

ཞུགས་བསྣམ། 点火。

ཞུགས་བསྣུམ། 点火。

ཞུགས་མོང་དམར་པོ། 红册。全称为：“右侧穿有火洞用朱笔书写御林军人名之木牍”。

ཞུགས། 火。

ཞུད།——བཞུད་པ། 来，去（敬）。

ཞུབ། 铁铠甲。

ཞང་ཤིན་ཝུན་ཝུ་ཧྭང་ཏི། 圣神文武皇帝，唐德宗尊号。

ཞེར་འདེབས། 恶毒中伤。

ཞོ་ཤ་ཆེན་པོ། 尽心竭力效劳。

གཞམས་པ།——བཞམས་པ། 温和，委婉。

གཞའ་ཕྱྀ།——གཞའ་ཕྱི། 永远。

གཞའ་མ། 任何时候。

གཞར། 任何时候。

གཞི་བདུངས། 寻着足迹。

གཞུང་བཟང་། 重义气。

གཞི་ཉིང་།——གཞི་ཉིང་། 前日。

གཞེན་གདབ། 促使，提醒。

གཞོག་སྙེགས། 搂颈（媚态）。

བཞི——མ་གཞི། 本来。

བཞུམས།——བཤུམས། 哭泣。

བཞིངས་དཔལ། 扩大地界。

བཞོ། 缓缓。

མཞུག་མ།——མཇུག་མ། 尾巴。

ཟ

ཟ་སྐལ་ཆུ།——ཟ་སྐལ་ཆུང་། 口福浅。

ཟ་སྐལ། 口福，所得食物的一份。

ཟ་དུར།——དུར་རྒྱགས། 坟场饭食。

ཟ་བོག——ཟ་འོག 缎子。

ཟ་མ་བཅུ་གསུམ། 十三天。

ཟངས་ཀྱི་ཡི་གེ། 红铜告身。

ཟལ་མོ། 花白母牛。

ཟས་ངན། （投）毒。

ཟྀལ་པ།——ཟིལ་པ། 露水。

ཟུག་ཟུག་བགྱིད་པ། 吠言。

ཟུག——ཟུང་། 擒着。

ཟེང་འགི་དའི་སྤུ། 正议大夫，正四品下。

ཟེམ།——ཟོན། 小心，谨慎。

ཟོལ། 欺诈。

ཟླ་དཔེ།——ཟླ་དཔེ། 正本。

ཟླ་བཞི། 四肢。

ཟླ——ཟླ་གྲོགས། 好友。

ཟླུག་པ། 探询。

ཟློག་པ——རྫོགས་པ། （1）圆满。（2）结束。

གཟ།——གཟའ། 曜。

གཟའ་བྲན།——བཟའ་ཕྲན། 夫妇。

གཟུགས་བརྙན། 肖像。

གཟུང་ཆེ། 持重。

གཟུངས་སུ་འཛིན། 视如核心。

གཟུངས། 碑文中作“栋梁、核心”解。

གཟུངས། 默记，记忆。

གཟུས། 名字（敬）。

གཟོང་། 凿子。

འ

འ་བ། 父亲。

འ་བོ། 英雄。

འུང་ནས། 于是。

འུའི་དུམ་བརྟན། 朗达玛。

འུར་བྱུ། 云雀。

འོ་བརྒྱལ། 辛苦。

འོ་དོམ་གདགས། 挂狐皮。

འོ་ཕེང་། 发面饼。

འོ་བྱུ། 我。

འོ་མའི་དར། 酪浆。

འོག་རྟ། 坐骑，马。

འོག་དཔེ། 副本。

འོད་མྱི་ཧྲོ། 容颜无光彩。

འོལ་པ། 拿。

འོན་བུ། 红柳。

འོན། 我们。

འོར་ཆེ་ཞེས། “谢谢!”，“辛苦了”!

ཡ

ཡ་སྨུགས། 疮伤。

ཡ་བདུད། 邪魔。

ཡ་ཐི། 上部。

ཡ་བྱི། 上方。

ཡ་ཡོག 君臣上下。

ཡང་པ། 任意，随意。

ཡང་བཤོར།——གཡང་ཤོར། 晦气。

ཡན་འཛད།——ཡན་ཆད། 以上。

ཡན་ ལག་ བཅུ་ གཉིས།——ཡན་ ལག་ བཅུ་ གཉིས། 十二支（十二缘起）。

ཡབ།——གཡབས། 棚。

ཡབ་འབངས་པ་ཚན་དགུ། 属于松赞干布之父系全部亲属氏族百姓，有：སྦོ། སྣགས། ཁྱུ། གཉུབས། སོ་དང་། སྤྱི། 六大氏族。词中之དགུ། 作“全部、所有”解，不作数字“九”解。

ཡབ།——གཡབ་མོ། 信号旗。

ཡམ་ཅན་ཅན།——ཡ་མཚན་ཅན། 奇特，古怪。

ཡམས་རེ། 一点，少许。

ཡམས། （1）满瓢。（2）蕃升。

ཡར་མོ། 雅鲁藏布江。

ཡར་མྱི་འགོ།——ཡར་མི་འགོ། 不朝上，引申为“不反上”。

ཡར། 散失。

ཡས་ངོ་གཟུང་། 实话说。

ཡས། （1）苯教禳灾送祟时的小型仪轨；（2）གཏོར་མ（朵玛）之原料。

ཡི་གེས་དབྱེས། 告身之区分。

ཡི་དམ། 誓。

ཡིག་ཚང་།——ཡིག་གཙང་། 告身。

ཡིད་ཀར།——ཡིད་དཀར། “心纯”，马之昵称。

ཡྀད་བཞུངས།——ཡིད་གཞུངས། 聪颖。

ཡུ་བུ། 我。

ཡུག 纸张和墨（一锭）之量词。如 PT977 号第 34 行：ཤོག་ཤོག་ཡུག་ལྔ་བརྒྱ་ལྔ་བཅུ།（纸 550 整张）；ITJ1359 号第 4 行：སྣག་ཙ་ཡུག་གཅིག（墨一锭）。

ཡུག་ས་མོ།——ཡུག་ཟ་མོ། 寡妇。

ཡུགས། 到处奔波。

ཡུགས།——ཡུག 动荡状。

ཡུམ་འབངས་ཚན་གསུམ། 属于松赞干布之母系亲属氏族百姓三，有：ཞུང་། གནུབས། གཉན།。

ཡུལ་ འཁམས་ བརྒྱུང་ ཞིང་ འགྲོ།——ཡུལ་ཁམས་བརྒྱུད་ཞིང་འགྲོ། 周游天下。

ཡུལ་བྱུང་ས་དོད། 形成聚落。

ཡུལ་ཚེས། 地方公众之事。

ཡུལ་ས། 山神。

ཡུལ་སྦྱུངས། 农区驿程。

ཡུལ་ལྷ། 土地神。

ཡུས་བཀྲོལ། 说理，诉说衷肠。

ཡུས་བདག 受害人。

ཡུས། 伤害。

ཡེ། 无论何时。

ཡེན་འདྲོགས།——ཡེ་འདྲོགས། 阴卓鬼。

ཡོ་ གལ་ འཚོས་ པ།——ཡོ་ འགལ་ འཚོས་ པ། 喻寒波掣逋，整事大相。

ཡོ་གལ། 偏袒。

ཡོ་ལང་། 铺张，阔绰。

ཡོགས་སུ། 遍满，引申为旁边。

ཡོང་། 例如。

ཡོན་ཕྱུར་བཅད་དེ།（分肉时）向左移一拃弧形切下。

ཡོན། 工资。

ཡོས་ངོ་གཟུང་། 讲实话。

ཡོས་རོ་རོ། 一切器物，一切财物。

གཡྭ་སྨན། 石山女神。

གཡག་ ཞུ།——གཞུ་ གཡག། སྤ་ སྤྲུག 头冠，巴珠，后藏妇女之头饰。

གཡང་། （1）悬崖。（2）绵羊。（3）好运。

གཡང་སྐྱོང་། 赐好运。

གཡང་མོ། 绵羊。

གཡབ་འདོར་བ། （1）招手。（2）挥动号旗。

གཡབ།——གཡང་། 福气，运气。

གཡའ། 痒。

གཡར་གཅིག 照顾脸面。

གཡར་ཚོགས། 中流矢。

གཡར་ཟིག——གཡར་གཟིགས། 食物。

གཡར།——དབྱར། 夏季。

གཡར། 在“百慈藏卷吐蕃兵律”中拟为“囚犯”。

གཡར་འཕངས། 舍身。

གཡྲ་སྔར།——གཡར་སྔར། 驾前。

གཡས་གཡོས།——གཡས་གཡོན། 左右。

གཡུ་སྨན་དྲུལ་མ། 玉曼珠玛（女神名）。

གཡུང་། "庸"。是对属民中服徭役者的称号。

གཡུང་དྲུང་། 永恒不变。

གཡུའི་ཡི་གེ། 瑟瑟告身，瑜石告身。

གཡུལ་བཤམས། 布置阵势。

གཡོ་ཆེ་ཞིང་མཁས། 聪明而狡黠。

གཡོ།——གཡོ་འགྱུལ། 摇摆。

གཡོན——ཡོན། 酬金。

ར

ར་སྐྱེས། 山羊。

ར་གན་གྱི་ཡི་གེ། 黄铜告身。

ར་གན་ཆུ་ངུ་དང་སྟག་གི་ཟར་（འབྲིང་）小黄铜告身和虎皮鞍鞯告身。

ར་གན་ཆེད་པོ་དང་སྟག་གི་སྟོད་བཞག 大黄铜告身和虎皮袦告身。

ར་མགོ་པ།（贼）老大；首恶。

ར་ཐོང་། 三岁山羊。

ར་མདའ། 追赶者。

ར་མ། 连续不断。

ར་རོ་བ། 大醉。

ར་ཤུལ།（1）畦田。（2）荒地。

ར་ས། 逻些，即今之拉萨。

རང་ཏག——རང་འཐག 水磨。

རད་པ། 衣。

རནད།——རན་པ། 茅草。

རབ་རབ།——རབ་བེ་རོབ་བེ། 粗疏。

རམ་འདའ།——ར་མདའ། 追兵，追赶者。

རལ་ག 大鳖。

རལ་གྱི་མདོར་ཅད། 带鞘长刀。

རལ་གྲུ་མ། 长刀。

རལ་གྲུ་ཙ། 长刀鞘。

རི་ཁྱི། 山狗。

རི་མགྲོ།——རིམ་གྲོ། 福寿法事。

རིའ་བ།——རི་བ། 值得。

རི་མོ་བསྐྱུངས། 减少俸禄。

རི་མོ་བསྐྱེད། 增加俸禄。

རི་མོར་བཀྱིའོ། 侍奉。

རི་ཟུག་པ། 山上坐哨，山上斥候。

རི་བསུལ།——རི་སུལ། 山槽。

རིང་།（1）身体。（2）尸体。

རིང་པོ་མ་རག་པར། 不久。

རིང་རེས། 严厉。

རིང་རེས།——རིང་རེས། 严厉。

རིང་ལུགས། 长老，头人，长官。

རིངས།（1）紧急。（2）长（度）。

རིད། 枯瘦，消瘦。

རོན་ཆེན་བྱིན། 太阳。

རིན་སྤུས་ཅི་དབབས། 要价多少。

རིམ་གྲོ། 恭敬。

རིམ་ལོག——རིམ་ལོག 见异思迁。

རིམས་བྱིངས་པ།——རིམས་བྱིངས་པ། 昏沉。

རིལ། 全部。

རུ་སྐོང་།——རུ་ཀོང་། 牛角灯。

རུ་རྩེག 角戏。

རུ་ཐུང་།——རུ་འཐུར། 粗暴。

རུ——རི། 山。

རུ་རིངས། 畜群。

རུལ་ཀོང་།——རུ་ཀོང་། 牛角灯。

རུས་ཆེ་བ། 度量大，气量大。

རེ། 发誓不（加在及物动词之后）。

རེ། 非常，极。

རེ།——རི། 山。

རེག་པ། 触支（十二缘起占卜用词）。

རེག་ཟིད།——རེག་ཟིན། 笔记。

རེག——ཟིག 记录。

རེབས། （1）枯萎。（2）冻死。

རེའུ་ཀར།——རེའུ་དཀར། 白山羊皮。

རེའུ། 山羊羔。

རོ་རོ། 所有，全部。

རོགསྲོ།——རོགས་བུ། 黄牛。

རོང་བུ།——རེངས་བུ། 孤单。

རྐེད་པ།——རྐྱེད་པ། 粗硬长毛。

རྭ་ལ་གྲི་འགྲམ་པ་བཏབ། 牛角上刻有刀痕标记。

རྷག་པ། 奖励。

རློད།——སློད། 松松地（捆住）。

བརླ།——བླ་ཁྱིམ། 神魂之舍。

བརླབས།——བརླེབས། 到达。

ལ

ལ་ཏེ། 值勤。

ལག་སྣ། 前肢。

ལང་ལིང་།——ལང་ངེ་ལིང་ངེ། 浮动。

ལསྟོགས་པ།——ལ་སོགས་པ། 等等。

ལར། 绝对。

ལི་ཙང་། 里正，（音译）。为唐朝“里社制”内之里长。与“五十岗头人”职能相似，地位相当。

ལི་བར།——ལེ་བར། 里（路）。

ལི་བྲོ། 吏部。

ལིང་ཀྱི་བརྒྱའ་རྗེ། 猎人百夫长。

ལུ་ཞེས། 容间（隐士贤者）。

ལུག་རྟུག 羊粪。

ལུས་ལ་ཐི་བཞགས། 在尸体上画线。

ལེང་། 绝对。

ལེན་པའ།——ལེན་པ། 取支（十二缘起占卜用词）。

ལྷའི་བྲོ། 礼部。

ལོ་ཀེག 年灾。

ལོ་ངམ་གྱིས་སྤྲེའུ་ཕྱུངས། 罗昂从右侧取出猴子（厌胜物——克星）。

ལོ་ཐང་བླ་སྐྱེས། 年贡礼品。

ལོ་བ། 可以。

ལོ་ཟན།——སློག་ཆ། 退赔。

ལོ་ཟླ་བདམས། 选择（吉利）年月。

ལོ་བཟངས།——ལོ་བཟང་། 丰收。

ལོག་ཐེའི་དཀར། 鹿台之财。

ལོང་། 环，如རྣ་ལོང་། 耳环。

ལོང་ཅུ། 陇州，即今陕西省宝鸡市

以及甘肃省华亭县一带。

སོད། 坏，恶劣。

ལྤ——ཀོ་བ། 皮革。

ལྤ——ཆ་རླབས། 浪涛。

ཁྱིན་བ།——ལེན་པ། 娶。

ཤ

ཤ་བཀའ།——ཤ་ཕྲུག 孩子。

ཤ་ཅུ། 沙州，即今甘肃省敦煌市。

ཤ་གུ་ཤིང་གསུམ་གོལ།——ཤ་ཁུ་སྣང་གསུམ་ཕོལ། 亲征霞、枯、宁三地。

ཤ་སྙི་ལྟོ་སྙི། 全身无力。

ཤ་དང་ལན། 报血仇。

ཤ་མྱེད་གངས་གར།——ཤ་མེད་གངས་དཀར། 夏美岗噶（女神名）。

ཤ་བཟན། 阉羊。

ཤ་རུས་ནི་བསྲིངས། 疏离骨肉之情。

ཤ་ཤིངས : ཆེན : པོ་བཏབ : ། （广泛地）征牛腿税。

ཤ་སྲའ་ལྟོ་སྲའ། 肌肉僵硬。

ཤ།——ཤྭ། 鹿。

ཤག་པོ། 盟友，好友。

ཤག་རག་པོ། 盟友。

ཤམ་འདྲུལ། 腐蚀。

ཤམ་པོ།——ཡར་ལྷ་ཤམ་པོ། 雅拉香波雪山为赞普之魂山。

ཤམས་པོ།——ཡར་ལྷ་ཤམ་པོ། 雅拉香波雪山。

ཤི་འདྲུར། 亡灵。

ཤིང་རྩི། 果木。

ཤིད་བྱད།——ཤིད་བྱེད། 行超度。

ཤིབ་ཤེས་ཀྱི་ཡི་གེ་པ།——ཤུབས་ཤེས་ཀྱི་ཡི་གེ་པ། 机密文书。

ཤིས་བྱ།——ཤིས་བྱྭ། 吉祥占。

ཤུར་ཤུར་པོ། （疼痛）不止。

ཤུལ་འཁྱམས། 迷路。

ཤུལ་ཡོགས། （1）顺路。（2）故地。

ཤེ་ཝ།——ཤྭ་ཝ། 小鹿。

ཤེག 石（硕），量词，汉语借词。

ཤེལ་སྨིག——ཤེལ་མིག 泉水。

ཤོ་འཛོན་པ། 税吏。

ཤོ་ཕེ། 瞎说。

ཤོ་བེ།——ཤོབ་བེ། 假话，谎言。

ཤོ་ཚིགས། 关税；税例。

ཤོ་རེ་ཁ། 缺口。

ཤོང་ཤོང་པོ། 凹陷。

ཤོར།——གཤོར། 逐猎。

ཤོལ་ཁལ། 一种圆形大蕃斗。

ཤོལ་ དོར་ བའི་ ལོ།——བཤོལ་ དོར་ བའི་ ལོ། 闰年。

ཤྲུ་ཅུང་།——ཤེཝ་ཅུང་། 小鹿。

གཤང་།——གཤོང་། 平原。

གཤིན་བཀྲེན། 贫穷鬼。

གཤུལ།——བཤུལ་ཤ། 脊梁肉。

གཤེགས་པའི་ཡོ་བྱད་བཀལ། 准备迎亲之物事。

གཤེའ——གཤེ་བ། 恶詈。

བཤགས་མནའ།——ཤགས་མནའ། 相互起誓。

བཤེགས།——གཤེགས། 逝世。

བཤིད་ཏོང་།——ཤིད་གཏོང་། 超度。

བཤུགས་པ།——བཤུག་པ། 乞求。

བཤུགས། 有时作“迁移”解。

བཤོས་པ། 交媾。

ས

ས་དུར། 地下尸鬼。

ས་གཡོས། 地动；地震。

ས་རིས། 地区，地段。

ས་ས་མལ་མལ། （各自安居）本土各地。

སང་ཕོད། 明年。

སམ་ལང་། 三郎，对唐玄宗李隆基的昵称。

སལ།——གསལ། 明亮。

སི།——སུ། 谁。

སི་ནོང་ཀིང་། 司农卿，司农寺长官。

སི་མོ།——སྲི་མོ། 女鬼。

སི་སི་ལི། 咝咝呖，象声词。

སིང་བྲོ། 刑部。

སིན་ལིང་ཀུན། 信陵君（魏之大臣）。

སུ།——སི།——སྲི་བ། 节约。

སུག་རྒྱ། 印章。

སུག་རྒྱས་བཏབ། 盖印章。

སུག་ཅུ། 肃州，即今甘肃省酒泉市。

སུག་ཆེ། 大手大脚，出手阔气。

སུག་སྨུག——སུག་སྨྱུག 竹笔。

སུག་མཛུག——ལག་མཛུབ། 手印。

སུག་ཡིག་ཚད། 签名。

སུན་དབྱུང་བ། 反驳，批驳。

སུབ། 消除。

སུའི་འབངས་སེའི་བྲན། （愿为）谁之民谁之奴。

སེ་དྲི། 色哲鬼。

སེ་སྨན།——ས་སྨན། 大地女神。

སེ་བཙན། 色赞鬼。

སེག 明显。

སེག་ཅང་།——གསེག་ཤང་། 禅杖。

སེང་འགེ།——སེང་གེ། 狮子。

སེམས་གསལ། 心明。

སོ་ན་གཞག་པ། 依旧留下。

སོ་ནམ། （1）农事；（2）敦伦，交合。

སོ་མང་།——སོ་མ། 大麻。

སོ་ཚོར་སྤྱལད། 各处搜捕（逃逸斥候）。

སོ་ཤི་ཅན།——སྲོ་ཤི་ཅན། 丧胆者。

སོ་བློན། 镇守官。

སོ་སླུངས།——གསོ་སླུངས། 病愈。

སོག 粟特（民族名）。

སོག་དག 粟特人。

སོག་རིལད།——ཟོག་རིལ། 牲畜税。

སོགས་བུ་ནི་ཡུ་བ་ཐུང་ས།——སོག་བུ་ནི་ཡུ་བ་ཐུང་། 双臂过短。

སོགས་ལེ——སོག་ལེ། 锯子。

སོ——སྲོ——སྲོག 寿命。

སོང་ཛས།——སོང་བདས། 追蹑。

སོད་ཙུལད།——ཙུལད། 兵器。

སུ་དྷ་རྨ་པུན་ཌའ་རི་ཀ——《དམ་པའི་ཆོས་པདྨ་དཀར་པོ།》《圣妙莲花经》。

སྲག——སྲེག 鹧鸪。

སྲང་། 蕃两。1 蕃斤重量可能与 1 藏斤（འདེགས་ཁལ།）相当，1 藏斤约为 7 市斤，即 3500 克，则 1 蕃两为 7 市斤 ×500 克 ÷20ཉ་ག ÷4སྲང་（སྲོར）= 43. 75 克。

སྲང་།——གསེང་། 青草坪，草地。

སྲས་ཅེའུ་འཐང་རྒྱལ་པོར་ཞུགས་ཏེ། 子昭王继立。

སྲས་ཨེ་འཐང་རྒྱལ་པོར་ཞུགས་པ། 子哀王继立。

སྲི་ཞུ།——སྲི་ཞུ། 孝敬。

སྲི་ཞུའི་ལུགས་རྣམ་ལྔ། 五常。

སྲི།——སྲི། 厉鬼。

སྲིད་པའ།——སྲིད་པ། 有支（十二缘起占卜用词）。

སྲིད་ཕྱ།——སྲིད་ཕྱྭ། 子息占。

སྲིད（སྲེ）། 亲族。

སྲིད་བརླག་པ།——སྲིད་བརླགས་པ། 亡国。

སྲིན་བྱ། 枭鸟。

སྲིན་ཟའ།——སྲིན་ཟ། 能忍。

སྲུ་སྲུ།——སོ་བ། 大麦。

སྲུང་གཏམ——གསུང་གཏམ། 语言（敬）。

སྲུབས་སུ་མ་བབ་པ། 不合时机。

སྲེད་པའ།——སྲེད་པ། 爱支（十二缘起占卜用词）。

སྲོག་ཆགས་བསད་དེ་མནའ་ཡང་བོར་ནས། 刑牲为盟。

སྲོག་ཕྱ།——སྲོག་ཕྱྭ། 寿元占。

སྲོག་སྲིད་ལ་དམའ་པ། 自己与眷属生命遭到危险。

སྣ་ཡོ། 内脏。

སྣད་ཛས།——སྣད་ཛེས། 今后，后来。

སྣས།——ཕྱིས་སྣས། 后妃之仆从。

སླུངས་ཀྱི་རྟ་གཞན་གཅིག་ཀྱང་མ་མཆིས། 笼区无其他马匹。

སླུངས་སྟོད་སྨད། 文中指：雅鲁藏布江上下。

སླུངས་དཔོན། 笼官。吐蕃时期封给所征服地区，因驿传、军需供应而设置的笼区武官官衔。《唐书》中的“笼官”，就是古藏文 སླུངས་དཔོན། 一词的音译加义译。

སླུངས་པོན་གཡུལ་ཐོག 笼官之打禾场。

སླུངས་རྨ་ཁྲོམ་པ། 黄河大行军衙笼

区。

སྒྲུང་ས་ཚུགས། 笼区之驿站。

སྒྲུམས། （敌方）临时军驿。

སྒྲུམ་པོ།——ཟླུམ་པོ། 圆形。

སྒྲོ། 炭疽。

གསབ་གསོབ། 羽毛。

གསེར།——གསིང་། 草坪。

གསུ་བ།——སོབ། 疏松。

གསེར་གད། 纯金。

གསེར་ གྱི་ ཡི་ གེ་ ཆེད་ པོ་ དང་ སྟག་ གི་ སྟོད་ （པཞག） 大金字告身和虎皮褂（告身）。

གསེར་གྱི་ཡི་གེ། 金字告身。

གསེར་ཆུང་སུམ་རྒྱུད་དུ་གནང་། 小金字告身传三代。

གསོལ་འདྲ་མེད་པ། 无法挽回。

གསོལ་ཤགས་བྱས། 起诉。

གསོ་ སྦྱིན་ མཛད་ པ།——གསོ་ སྦྱོང་ མཛད་ པ། 行长净戒。

གསྲ།——བསྲ། 结实。

བསར་བཀྲ་བ། 英俊青年。

བསར་ང་བ། 傲慢。

བསལ།——སུལ། 皱褶。

བསེང་བསེང་མོ། 羸弱。

བསེན།——བསེན་མོ། 女鬼。

བསེ་རིགས།——བསེ་རག 损耗鬼。

བསེའ།——བསེ་རག 损耗鬼。

བསོ།——བས་སོ། 完毕，了事。

བསོབས——གསོབ། 空壳。

བསིགས།——བསིགས། 耸动。

བསྲིས།——བསྲིང་། 送出。

བསྲི།——བསྲི། 节约，减少。

བསྲུག——འཇྲོག 惊惧。

བསྲུགས། 挑衅。

ཧ

ཧེ་ འཐབ་ ཤ།——ཧབ་ ཐབ——ཧབ་ ཤ། 争抢。

ཧོ་བྷོ། 户部。

ཧོ——ཕོ། 胃。

ལྷ་གང་རིང་པོ།——ལྷ་ཁང་རིང་པོ། 长神殿。

ལྷ་གོར། 肉瘤。

ལྷ་རྒྱལ་པོ་ལི་བསམ་ལྦང་། 国王李三郎，即唐玄宗李隆基。

ལྷ་ངེ་།——སྟང་ངེ། 厄难。

ལྷ་ཆ། 供物。

ལྷ་མེ་ལྷམ།——ལྷམ་མེར། 光辉灿烂。

ལྷ་མཚུན། 祖先。

ལྷ་ཡི་སྤུབས། 神之衣。

ལྷ་རི་གྱང་དོ། 天山墙垛，位于贡布的苯教神山。

ལྷ་རིས་ཀྱི་ཁྱིམ་ཡིག 寺产户籍。

ལྷ་རིས་ཀྱི་བང་། 寺仓。

ལྷ་རིས་ཀྱི་སྣང་། 寺粮。

ལྷ་རིས་ཐང་རྩིས་མཛད་པའི་རིང་ལུགས། 制定庙产清册之长官。

ལྷ་རིས། 寺产，不动产，为臣民奉献和赞普赏赐，包括寺户（百姓）、三宝财物、供养粮、公共财物。

ལྷ་ཨི་ཤི་མྱི་ཤི་ཧ། 夷施弥施柯，古汉文译为“移鼠迷师诃”，即耶稣。

ལྷ། （1）天。（2）六道轮回中之神，有生有死，有善有恶，如དགྲ་ལྷ།战神，护佑人。འགོན་ལྷ།挟嫌鬼，即复仇鬼。与汉语中之神有区别。（3）对皇族的尊称，如ལྷ་བླ་མ་ཡེ་ཤེས་འོད།，因他是舍弃王位而出家的喇嘛。ལྷ་བོན་པོ།王族巫师；王族道士。ལྷ་འི་ཡི་གེ天书，圣书。

ལྷགས་པ་ལ་དཔའ། 行路有力。

ལྷངས་ཤེས། 听得很清楚。

ལྷད་པལ་བཟང་པོ།——ལྷ་དཔལ་བཟང་པོ། 大保佑神。

ལྷན་ལྷན། 难爬（沙丘）。

ལྷས་བཙའ། 羊圈生，即分娩于羊圈。

ལྷུབ་པེ་ལྷུབ།——ལྷབ་ལྷུབ། 飘摇，摇曳。

ལྷེའུ། 心窝。

ལྷོ་བལ། 蛮貊，边鄙。

གལྷོད།——ལྷོད། 松松（地）。

ཨ

ཨ་ཤེ།——ཨ་ཤི། 和尚。

ཨ་ཤེ་མོ།——ཨ་ཤི་མོ། 尼姑。

ཨོན་ལིང་ཀུན། 安陵君。

ཨེག 厄，年灾月难。

(ཨང)་ང་རྫི། 蚊子。

（对照表使用“扎西次仁藏文排序软件”编排）

后记：金滴

——陈践先生的古藏文语词研究

任小波

古藏文文献（写本、碑铭、简牍）之中，存在众多现已废弃不用或义项转移的古词，蕴涵许多今人已不熟知的古代政治思维、宗教仪轨和民间习俗。通观古藏文世俗文献研究的学术史，托玛斯（F. W. Thomas，1867—1956 年）和乌瑞（G. Uray，1921—1991 年）堪称两座璀璨的灯塔。托玛斯数十年沉潜于敦煌西域藏文文献的编目、整理和释读，通过皓首穷经般的劳动和积累，解开了大量在他之前尚无定论甚至从未得见的语词之谜。乌瑞以其极具原创性和概括力的语文学修养，通过一系列精彩的个案研究，唤起了大量沉寂千年的语词重返学术文化宝库。中国学者较成规模地译释和研究古藏文文献，始于 20 世纪 80 年代，盛于 90 年代。那是一个朝气蓬勃、催人奋进的时代！王尧、陈践先生合作译注的《敦煌本吐蕃历史文书》[①] 以及其他系列论著，对于此后中国的西藏学、敦煌学和西域史研究影响深远。

---

① 王尧、陈践译注：《敦煌本吐蕃历史文书》（增订本），北京：民族出版社，1992 年。

陈践先生以她丰富的藏地（牧区、农区）阅历和出色的藏语（安多方言、卫藏方言）能力，迄今完成了百余件敦煌藏文写本的通译和研究，形成了有效的研究路径和鲜明的学术风格。细心品读她的学术自叙①，即可理解她的人生阅历和学术经验，是在西藏等地“熟悉生活、培养感情”的苦乐所得。如磁石般吸引着她的古藏文文献，无疑是她亲近和探索西藏的另一个舞台。对于她的古藏文语词研究思路和方法，我曾简要概括如下：通检某一文献，通摄写本、碑铭、简牍三大文献，自觉运用安多方言和民俗资料，切忌将“古词”全然视作现代藏文的“正字”加以解读，尽量找到同一时代汉文文献之中与其对应的“古译”。言下之意，必须综合平衡地考虑和处理“古词与正字”“文法与语境”“写本学与语文学”三对范畴内部及其彼此之间的关系。有分寸地发挥考索之功和独断之思，规避将“古词”作“今词”解的流弊，正是陈践先生学术工作的基本旨趣。

重视安多方言和民俗资料的运用，强调探究词源、藏汉互训的理念，堪称古藏文语词研究的正途。以下略举数例，说明陈践先生的经验之谈和心得之论：

（1）**安多方言之例**。譬如，对于 P. T. 1047 + ITJ 763 号羊胛骨卜文书中的ཞོ一词，陈践先生基于安多方言中的ས་ནད、ས་སྙོན 等词，参照藏语历史音变规律，将其释作

① 陈践：《我与古藏文文献研究》，《中国藏学》2013 年第 4 期，第 65—74 页。

人畜共患的传染疾病“炭疽”（སྙི→ས）①；对于 P. T. 1287 号《吐蕃赞普传记》第 9 节中的ཟི་ཡངས一词，陈践先生基于她在安多牧区的亲耳听闻，将其释作牲畜“发情”②。经此巧思妙笔，文本之中令人犯难的细节和隐喻瞬时得以凸显。又如，Or 8212. 187 号《吐蕃大事纪年》记载，745 年吐蕃攻石堡城（ཧེད་པར），རྒྱའི་རམ་འདལ་ཧེད་པར་དུ། ཕུན་སྟོན་མཁར་པོ་ཆེར་དུང་སྟེ།，唐军大部被歼。就此中间一句中的རམ་འདལ一词，巴考（J. Bacot）等人释作一个地名③，多特森（B. Dotson）承续此说④。王尧、陈践先生基于安多、康区方言，将其释作ར་མདའ（＜རམ་འདལ），义为“追兵”“援军”⑤。白桂滋（Ch. I. Beckwith）释作“军队”（forces）⑥，似已接近此词本义。依照王、陈二

---

① 陈践：《P. T. 1047 号和 ITJ 763 号羊胛骨卜新探》，《中国藏学》2013 年第 S1 期，第 37 页。

② 王尧、陈践译注：《敦煌本吐蕃历史文书》（增订本），第 61、89、170 页；陈践：《若干典型古藏文语词疏译之一——重读〈敦煌本吐蕃历史文书〉之体会》，《中国藏学》2015 年第 S0 期，第 66—67 页。

③ J. Bacot，F. W. Thomas & Ch. Toussaint，*Documents de Touen-houang relatifs à l'histoire du Tibet*，Paris：Librairieorientaliste Paul Geuthner，1940，p. 62.

④ B. Dotson，*The Old Tibetan Annals*：*An Annotated Translation of Tibet's First History*，*with an Annotated Cartographical Documentation by G. Hazod*，Wien：Verlag der Österreichischen Akademie der Wissenschaften，2009，pp. 126-127.

⑤ 王尧、陈践译注：《敦煌本吐蕃历史文书》（增订本），第 29、78、154 页；陈践：《安多口语中古藏文语词的保留与变化》，《西北民族大学学报》2009 年第 2 期，第 33 页。

⑥ Ch. I. Beckwith，*The Tibetan Empire in Central Asia*：*A History of the Struggle for Great Power among Tibetans*，*Turks*，*Arabs*，*and Chinese during the Early Middle Ages*，Princeton：Princeton University Press，1987，pp. 128-129.

位先生的释读意见，前述中间一句可以译作“唐之援军赴石堡城之ཐུན་སྟོན大堡”，极其贴合史实和语境。

（2）**民俗资料之例**。譬如，ITJ 739 号骰卜文书中的གཡར་དུ་ནི་འཇུག་མ་བཅད་། སྤྱིད་ནས་ནི་ཞིང་རྨོས་པ། 一句，陈践先生释作དབྱར་དུ་ནི་མཇུག་མ་བཅད། དཔྱིད་ནས་ནི་ཞིང་རྨོས་པ།，译作“夏季修剪尾毛，春季耕耘田地”①；P. T. 1047 + ITJ 763 号中的འབྲི：སྐམ། ཀྱི：པོ：སྦུལ：མཐོ：གང：བཆད་ནའ། ཏོ：གང་སྐྱེ一句，陈践先生释作འབྲི་སྐམ། ཀྱི་པོ་སྦུལ་མཐོ：གང་བཅད་ན། མཐོ་གང་སྐྱེ，译作“枯奶牝牦腹下之毛，割下一拃复长一拃”②。前者蕴涵牧区牛畜年满两岁修剪尾毛一圈的民俗，后者则是牧业生产和生活的生动剪影。若无丰富的藏地阅历，断难理解得如此透彻。又如，对于 P. T. 1047 + ITJ 763 号中的ལྷས་བཙའ一词，陈践先生基于安多牧区调查经历，将其释作“羊圈生”③。这一释读意见，较之“神佑”“天护”之说更为允当。西藏著名译师管 · 库巴拉则（འགོས་ཁུག་པ་ལྷས་བཙས，11 世纪）即诞生于羊圈，故以ལྷས་བཙས为名。据称旧时甘青藏人，常有诞生于羊圈者。这一民俗现象，或有以羊为祥的寓意，更有因地制宜的因素。

（3）**探究词源之例**。譬如，对于 Or 15000. 326 号《卯年小罗布分田清册》中的ཞིང་འགོད་ཀྱི་རིང་ལུགས（> ཞིང་བགོད་ཀྱི་རིང་ལུགས，译言“分田官”）一词，托玛斯释作“营

① 陈践：《敦煌藏文 ITJ 739 号骰卜文书译释》，《中国藏学》2014 年第 S1 期，第 86、94、97 页。

② 陈践：《P. T. 1047 号和 ITJ 763 号羊胛骨卜新探》，第 18、30 页；《若干典型古藏文语词疏译之三》，《中国藏学》2016 年第 4 期，第 26 页。

③ 陈践：《P. T. 1047 号和 ITJ 763 号羊胛骨卜新探》，《中国藏学》2013 年第 S1 期，第 34 页。

田旧例”（*old usage of the land settlement*）①，王忠承续此说译作“田作惯例”②。将与དབང་པོ（府主）并举的རིང་ལུགས释作“旧例”“惯例”，显然无法令人信服。基于托玛斯的释读意见，黎吉生（H. E. Richardson）推测此词当有“行政长官”（commissioner）之义③。对于吐蕃《江浦寺碑》（815—838 年）中的བཅོམ་ལྡན་འདས་རིང་ལུགས一词，王尧先生释作“僧统”，指出此处རིང་ལུགས可以从俗译作“堪布”（མཁན་པོ）④。特就རིང་ལུགས（译言“身则”）一词，陈践先生举证不同时期的文本用例指出：作为指人名词，此词义为行政系统的头人、长官或寺院系统的宗师、僧统，这类义项常见诸于古藏文文献；作为抽象名词，此词则可释作“理论”“传规”，这类义项相对晚起⑤。尚可补充的是，羽田 62 号《酉年沙州纥骨萨部落贷布契》中的“令六”，似即可与རིང་ལུགས同定。又如，对于 P. T. 1288 + ITJ 750 号《吐蕃大事纪年》中的ཞུགས་སོང་དམར་པོ一词，巴考等人释作“火信军”（fire-tidings

---

① F. W. Thomas, *Tibetan Literary Texts and Documents concerning Chinese Turkestan*, Vol. 2, London: Luzac& Co. Ltd., 1951, p. 139.

② 王忠：《新唐书吐蕃传笺证》，北京：科学出版社，1958 年，第 37 页。译文收入范文澜：《中国通史简编》（修订本）第 3 编第 2 册，北京：人民出版社，1965 年，457—458 页。

③ H. E. Richardson, *A Corpus of Early Tibetan Inscriptions*, Hertford: Royal Asiatic Society, 1985, p. 53.

④ 王尧：《吐蕃金石录》，北京：文物出版社，1982 年，第 180—181 页。

⑤ 陈践：《藏语རིང་ལུགས一词演变考——敦煌藏文古词研究之一》，《中国藏学》1991 年第 3 期，第 134—140 页。

[troops])①、多特森释作“烽火台” (red fire-raising [station])②，止贡·嘉衮切仓（འབྲི་གུང་སྐྱབས་མགོན་ཆེ་ཚང）释作“红臂章”（དཔུང་རྟགས་དམར་པོ）③。陈践先生指出此词实与ཁྲམ་དམར་པོ同义，将其释作“穿有火洞且以朱笔书写之木牍”（御林军之名籍），简要译作“红册”④。较之其他诸家的望文生义，这一释读意见大道至简、最合语境，对于吐蕃简牍形制和功能的研究颇具启发意义。

（4）**藏汉互训之例**。对于 P. T. 986 号《尚书》藏文译文中的སྙམས་ལས་བཅད་པ、ངོ་འཕྲུལ二词，陈践先生结合《尚书》汉文原文将其分别释作“残虐”“战功”⑤。这为吐蕃《谐拉康甲碑》（800—810 年）中的སྙམས་ལས་ཆད།、P. T. 1283. 1 号《礼仪问答》中的ངོ་འཕྲུལ的所指，提供了最为直接且合乎语境的解答。据此看来，托玛斯将སྙམས་ལས་ཆད释作“严令”、将ངོ་ཕྲུལ（> ངོ་འཕྲུལ）释作“现今”的解读方案⑥，仍有必要依据更多的文本用例重新考量。

---

① J. Bacot, F. W. Thomas & Ch. Toussaint, *Documents de Touen-houang relatifs à l'histoire du Tibet*, p. 34.

② B. Dotson, *The Old Tibetan Annals: An Annotated Translation of Tibet's First History, with an Annotated Cartographical Documentation by G. Hazod*, pp. 56-57, 90-91, 106.

③ 止贡·嘉衮切仓：《敦煌藏文文献所见吐蕃历史》（ཏུན་ཧོང་བོད་ཀྱི་ཡིག་རྙིང་ལས་བྱུང་བ། བོད་བཙན་པོའི་རྒྱལ་རབས།），新德里：松赞图书馆印行，2010 年，第 270、387 页。

④ 王尧、陈践译注：《敦煌本吐蕃历史文书》（增订本），第 146、150 页；陈践：《敦煌古藏文ཞུགས་སོང་དམར་པོ疏译》，《民族翻译》2018 年第 2 期，32—33 页。

⑤ 陈践：《敦煌古藏文 P. T. 986 号文书〈尚书〉四古词译释》，《民族翻译》2014 年第 1 期，第 25—28 页。

⑥ F. W. Thomas, *Tibetan Literary Texts and Documents concerning Chinese Turkestan*, Vol. 2, pp. 79, 339-340.

对于《谐拉康甲碑》中的ཉིས་ལས་ཆད（>ཉམས་ལས་ཆད），李方桂和柯蔚南（W. South Coblin）释作“拘禁施刑”（bound up resulting in punishment）①，似已接近此词本义。对于 P. T. 986 号中的ངོ་འཕྲལ，柯蔚南释作“即刻前进”（forthwith advance）②，此说显然难以成立。此外，P. T. 1217 号、Or 15000. 269 号吐蕃告身文书之中，亦有ངོ་འཕྲལ一词。对于这一非常关键而又颇为陌生的语词，武内绍人误将后者中的ངོ་འཕྲལ录作［སའི］་འཕྲལ，以致于干扰到他对写本主题和内容的判定③。相比而言，陈践先生的释读意见最为允当通透。

较之佛教文献之中相对固定的译例和异写，世俗文献在语词释读上的难度更大、障碍更多。以下略举两例，说明陈践先生“一字之证”的缜密思路和深沉功力：

(1) **关于吐蕃驿传制度**。对于西域藏文写本和简牍中的སྦྲངས一词，托玛斯释作“护卫”（སྦྲངས，>*སྲུངས），推测其系常任“军警”（military police）之职的一个部族之名④。对于敦博0336. 10-336/10，074/74 号吐蕃驿传文

① Fang Kuei Li & W. South Coblin, *A Study of the Old Tibetan Inscriptions*, Taipei: Institute of History and Philology, Academia Sinica, 1987, pp. 278, 288.

② W. South Coblin, "A Study of the Old Tibetan Shangshu Paraphrase" (Part I), *Journal of the American Oriental Society*, Vol. 111, No. 2, 1991, p. 312.

③ Tsuguhito Takeuchi, *Old Tibetan Manuscripts from East Turkestan in the Stein Collection of the British Library*, Vol. 2, Tokyo: Toyo Bunko, London: British Library, 1998, p. 121.

④ F. W. Thomas, *Tibetan Literary Texts and Documents concerning Chinese Turkestan*, Vol. 2, p. 423.

书中的སླུངས། སླུངས་ཚང་། 二词，陈庆英和端智嘉（དོན་གྲུབ་རྒྱལ）分别释作“小站”“驿站”①。陈践先生基于东噶·洛桑赤列（དུང་དཀར་བློ་བཟང་འཕྲིན་ལས）活佛的亲述口碑，参照同一时代汉文文献，则将སླུངས（>ཀླུངས，译言“川原”“平坝”）释作“笼区”，认为其系吐蕃驿传里程单位②，或可简要译作“驿程”。她将སླུང་ཚད/སླུང་ཙད（>སླུངས་ཚད）一词，译作“笼馆”，认为其系管辖驿站（ཚུགས）的上一级军政单位。如此一来，同卷中的འབྲོག་སླུངས（牧区驿程）、ཡུལ་སླུངས（农区驿程），以及 ITN 2285 号、ITN 2053 号简牍中的རྒྱ་སླུངས（汉地驿程）、སོ་སླུངས（边地驿程）等词的内涵不言自明。循此思路，通过苏晋仁先生提示，她将 P. T. 1096 号《辰年马匹纠纷诉状》中的སླུངས་པོན（>སླུངས་དཔོན）一词，自信地同定为《旧唐书·吐蕃传》、《册府元龟》中的吐蕃“笼官”。尚可补充的是，P. T. 1096 号卷内同时出现སླུངས་ཀྱི་དཔོན་སྣ（>སླུངས་དཔོན，笼官）、ཚུགས་པོན（>ཚུགས་དཔོན，驿丞），亦可证明སླུངས不是ཚུགས。如上释读意见，对于吐蕃驿传制度的研究极具启发意义。

（2）**关于敦煌寺院经济**。查检一般藏文辞书，ཁ一词仅有“乌鸦”一个义项。对于吐蕃《江浦寺碑》中的

① 陈庆英、端智嘉：《一份敦煌吐蕃驿递文书》，《社会科学》1981 年第 3 期，第 79、81 页。译文收入张广达：《吐蕃飞鸟使与吐蕃驿传制度——兼论敦煌行人部落》，北京大学中国中古史研究中心编：《敦煌吐鲁番文献研究论集》第 1 辑，北京：中华书局，1982 年，第 167—178 页；此处参见《张广达文集：文书、典籍与西域史地》，桂林：广西师范大学出版社，2008 年，第 220—221 页。

② 陈践：《笼馆与笼官初探》，中央民族学院藏学研究所编：《藏学研究》，北京：中央民族学院出版社，1993 年，第 171—182 页。

与寺院“资具”（ཚད་ཀ，>ཚས་ཀ）并举的ཁ，黎吉生释作“租税”（ཁ་བ，=*དཔྱ་བ）①。陈践先生研究指出，ཁ系汉语“餽”的借词，可与S 10647+P. T. 1111号《申年沙州汉人所缴军粮、寺粮账册》（828年）中的ཁ་སྤྱང（>ཁ་ཚང）一词通用，实为“向寺院缴纳的供养粮”，亦即“寺粮”②。同卷之中，常以“军粮”（རྒོད་སྤྱང་ཚོགས་པའི་སྤྱང，译言“军户粮仓之粮”）、“寺粮”对举，亦颇合乎情理和语境。如此一来，敦煌藏文寺院经济文书中的ཁ་ཟངས（寺院铜釜）、ཁ་མངན（寺院粮官）、ཁ་ཁྲིན（>ཁ་ཁྲིམས，寺院粮法）等词的内涵迎刃而解。岩尾一史基于“租税”之说解释ཁ་སྤྱང③，显然落入了旧说的窠臼。此外，陈践先生关于རྐྱེན་རིས（顺缘）、ལྷ་རིས（寺产）二词的释读④，进一步确证了王尧先生《江浦寺碑》译文中的译法。尚可补充的是，S 7133号《榆林寺贷粮契》（820年以后）之中，即有ལྷ་རིས་ཀྱི་སྤྱང（寺粮）、ལྷ་རིས་ཀྱི་བང（寺仓）二词。根据语境推论，此处ལྷ་རིས་ཀྱི་སྤྱང正是ཁ་སྤྱང，证明陈践先生的释读意见深中肯綮。

有了细致严谨的语词释读，方有真正意义上的文本翻译和历史研究。以下再举两例，说明陈践先生释读相关语词的优胜之处：

---

① H. E. Richardson, *A Corpus of Early Tibetan Inscriptions*, pp. 99, 161.

② 陈践：《敦煌古藏文ཁ字考》，《民族翻译》2014年第2期，第20—24页。

③ 岩尾一史：《古代チベット帝国支配下の敦煌における穀物倉会計—S. 10647+Pelliot tibétain 1111の検討を中心に—》，《内陸アジア言語の研究》第26号，2011年，第60—61頁。

④ 陈践：《若干典型古藏文语词疏译之三》，第32—33页。

（1）**关于吐蕃历史文书**。P. T. 1288 + ITJ 750 号《吐蕃大事纪年》记载，692 年朵麦冬会（མདོ་སྨད་ཀྱི་དགུན་འདུན）以后，སུམ་པའི་ནོ་ཚིགས：བཟུང་བ……།。就此最末一句中的ནོ་ཚིགས一词，巴考等人释作一个地名①，白桂滋释作一个部族之名②，憾于并无切实依据。王尧、陈践先生则将ནོ་ཚིགས་བཟུང་བ释作“收税”③，当时似为一种推测之论。与此相关，对于 ITJ 740. 2 号《寅年税例告牒》中的ནོ་ཚིགས（>ནོ་ཚིག）一词，多特森释作“枭辞”（dice statutes）④，陈践先生释作“税例”⑤。前者认为ནོ即“骰子”之义，诉讼两造的辩词存在争议或真伪难辨之时，法官即可通过神判的方式“以枭为断”；后者认为ནོ即“赋税”之义，在此卷中别无他解。通览全卷，ITJ 740. 1 号骰卜文书与 ITJ 740. 2 号法律文书虽系一人所抄，然其内容之间实在无法建立关联，况且民政、军政事务处处“以枭为断”，着实令人费解。因此，ནོ་ཚིགས仍应释作“税例”为妥。依照王、陈二位先生的释读思路，前述最末一句可

---

① J. Bacot, F. W. Thomas & Ch. Toussaint, *Documents de Touen-houangrelatifs à l'histoire du Tibet*, p. 37.

② Ch. I. Beckwith, *The Tibetan Empire in Central Asia: A History of the Struggle for Great Power among Tibetans, Turks, Arabs, and Chinese during the Early Middle Ages*, pp. 53-54.

③ 王尧、陈践译注：《敦煌本吐蕃历史文书》（增订本），第 76、148 页。

④ B. Dotson, “Divination and Law in the Tibetan Empire: The Role of Dice in the Legislation of Loans, Interest, Marital Law and Troop Conscription”, M. T. Kapstein & B. Dotson eds., *Contributions to the Cultural History of Early Tibet*, Leiden-Boston: E. J. Brill, 2007, pp. 26-30.

⑤ 郑炳林、黄维忠主编：《敦煌吐蕃文献选辑·社会经济卷》，北京：民族出版社，2013 年，第 72—74 页。

以译作“核定苏毗之税例”，或许最合此句本义。

(2) **关于河西官府文书**。P. T. 1189 号《肃州府主致河西节度书状》（967 年）记载，达怛（ད་ཏར)、仲云(ཛུ་ངུལ)、回鹘（ཧོར）诸部，于肃州大云寺之大殿内，གནམ་མཐོ་མཐའ་ཚིགས་བགོས。就此最末一句，乌瑞释作“瓜分(བགོས，＝＊བགོས་པ）上天有限之地”（les zones limites de haut ciel furent partagées)①，山口瑞凤释作“共设(བགོས，＞＊བསྒོས་པ）永久之誓”②，赤木崇敏释作“领会(བགོས，＞＊གོ་བ）天空境界”③。囿于语词和语境上的疑窦，如上三家均未达成确诂。此处མཐའ་ཚིགས（＞ཐ་ཚིག，译言“誓词”）一词，古藏文文献又常写作ཐ་ཚིགས。王尧、陈践先生释作“以多闻子神起誓”④，虽未给出任何注释，然其最合史实背景。依照译文思路，前述最末一句可以释作རྣམ་ཐོས་ཐ་ཚིག་བསྒོས，译作“以多闻子证盟”。此处གནམ་མཐོ（＞རྣམ་ཐོས་［སྲས]，译言“多闻子”）一词，梵音“毗沙门”，亦即北方多闻天王。浙敦 114 号《肃州府主致沙州令公书状》（928—930 年)，亦于盟誓语境之下，将其称作“北方之主”（བྱང་ཕྱོ［གས་བདག］་པོ)，径直

---

① G. Uray, “L'emploi du tibétaindans les chancelleries des états du Kan-sou et de Khotanpostérieurs à la domination tibétaine”, *Journal Asiatique*, Vol. 269, Nos. 1-2, 1981, p. 83.

② 山口瑞鳳：《吐蕃支配期以後の諸文書》，山口瑞鳳編：《講座敦煌 6：敦煌胡語文献》，東京：大東出版社，1985 年，第 519 頁。

③ 赤木崇敏：《帰義軍時代チベット文手紙文書 P. T. 1189 訳註稿》，荒川正晴編：《東トルキスタン出土〈胡漢文書〉の総合調查》，大阪：平成 15－17 年度科学研究費補助金研究成果報告書，2006 年，第 79 頁。

④ 王尧、陈践：《敦煌吐蕃文书论文集》，成都：四川民族出版社，1988 年，第 192 页。

写作“毗沙门”（བཻ་ཤ་ར་མ་ཎེ，＜Vaiśramaṇa），进一步支撑了王、陈二位先生的观点。

近年以来，陈践先生年事渐高，仍旧手不停披、笔不停译，尤其专致敦煌藏文占卜文书的全面整理和研究。她总结道，敦煌藏文文献之中释读难度最大，自己印象最深、用力最勤的两件写本，皆是占卜文书：ITJ 739 号骰卜文书，P. T. 1047 + ITJ 763 号羊胛骨卜文书。值得重视的是，二者均系吐蕃王室卜辞：前者涉及囊日论赞（གནམ་རི་སློན་མཚན）与岩波（ངས་པོ）森波杰（ཟིང་པོ་རྗེ）的战争，后者涉及松赞干布（སྲོང་བཙན་སྒམ་པོ）与象雄（ཞང་ཞུང）李迷夏（ལིག་མྱི་རྷྱ）的战争。前者中的诗体繇辞，极富文学色彩和美学意趣。其中频繁跃入眼帘的难解语词，曾令托玛斯望洋兴叹、知难而退①。陈践先生运用安多方言和民俗资料之钥，成功地打开了这组令人称奇的“诗歌之锁”②。后者中的卦象问题，麦克唐纳（A. Macdonald）未能真正破解，留下诸多疑窦③。陈践先生借鉴纳西族“东巴经”中的类似文本，准确地释读了曾被疑为所谓

① F. W. Thomas, *Ancient Folk-Literature from North-Eastern Tibet*, Berlin: Academia-Verlag, 1957, Chap. 6, pp. 140-152.

② 陈践：《敦煌藏文 ITJ 739 号骰卜文书译释》，《中国藏学》2014 年第 S1 期，第 81—99 页。

③ A. Macdonald, “Une lecture des Pelliot Tibétain 1286, 1287, 1038, 1047 et 1290: Essai sur la formation et l’emploi des mythespolitiquesdan la religion royale de Sroṅ-bcansgam-po”, A. Macdonald ed., *Études Tibétaines dédiées à la mémoire de M. Lalou*, Paris: Librairied’ Amérique et d’Orient, 1971, pp. 190-391. 此处参见耿昇译：《敦煌吐蕃历史文书考释》，西宁：青海人民出版社，2010 年，第 138、141 页。

"象雄语"的卦象的所指（纹路、方向）①，疑云一朝涣然冰释。这项研究，可为重构或印证藏汉走廊地带藏缅语人群的文化生态关系提供文本依据。

目前在国际范围内，仍无一部比较理想的《古藏文辞典》。学界虽有两种"音节索引"（syllable index）可用，一是托玛斯的敦煌西域藏文文献语词索引②，一是李方桂和柯蔚南的吐蕃碑铭语词索引③，然其毕竟不能通摄写本、碑铭、简牍三大文献，且从词目到义项均有待扩充或修订。2005 年，陈践先生将长期积累的千余张古藏文语词卡片，慷慨地转让给西北民族大学，怀着"功成不必在我"的胸襟和愿心，热情支持敦煌西域藏文文献的整理和研究事业。近年来，她对古藏文语词和文献研究中的重复劳动和二次误译深感忧虑，多次呼吁推进《古藏文辞典》的编纂工作。中国学者释读古藏文语词的不少缜密见解，由于研究方法和撰述体例的局限，多被无形地湮没于汉文译文乃至个别注释之中。这些思考和积淀，常常出自一种无法复制或移植的经验，更难见诸任何一部通行的藏文辞书。真诚希望凝聚陈践先生心血的这批卡片早日整理出版，以藏汉双解的科学面貌奉献学界，不致留下"明珠暗投"之憾！

陈践先生是我十分尊敬的前辈学者。2008 年以来，

---

① 陈践：《P. T. 1047 号和 ITJ 763 号羊胛骨卜新探》，《中国藏学》2013 年第 S1 期，第 3—9 页。

② F. W. Thomas, *Tibetan Literary Texts and Documents concerning Chinese Turkestan*, Vols. 3-4, London: Luzac & Co. Ltd., 1955, 1963.

③ Fang Kuei Li & W. South Coblin, *A Study of the Old Tibetan Inscriptions*, pp. 367-472.

我协助她做一些敦煌藏文文献的电脑录文和转写工作，她手写的“颜体藏文”令我印象深刻，她娴熟地在安多方言、卫藏方言间切换的语言能力令我惊叹不已。正是从那时起，我开始直接地接触、阅读和翻译敦煌藏文写本，逐渐旁及碑铭、简牍文献。很多时候，她是我的“一字之师”。正是在她那里，在做写本录文和语词校订的非刻意状态之下，我学到了释读古藏文语词的基本思路和方法。于我而言，这是一生值得珍视的学术因缘和受用无穷的知识财富。此后，我协助她编辑、校订《敦煌吐蕃文献选辑》① 两种，以及《吐蕃卜辞新探》② 一书，又就不少细节问题尤其语词方面与她多有讨论。深感她的思路和方法，正可对治一般学院式的训练和研究的弊病。我常常想，若就该领域阅历和藏语能力而言，恐怕没有比她更具优势的古藏文学者了。她的古藏文语词研究，虽不讲求现代学术体例和规范的“包装”，但较之国际范围内为数不多的几位最优秀的古藏文学者亦毫不逊色。

那些令人困惑不解而又令人深深着迷的古藏文语词，恰是能够真切映照早期西藏历史的“灵异宝镜”（ITN 1954 号简牍：འཕྲུལ་གྱི་མྱེ་ལོང， > འཕྲུལ་གྱི་མེ་ལོང）。陈践先生释读古藏文语词的大量真知灼见，有的早已发表，有的运思虽成但却多年弃捐案头，有的直至近年方才形成定谳。

① 郑炳林、黄维忠主编：《敦煌吐蕃文献选辑·文化卷》《敦煌吐蕃文献选辑·文学卷》，北京：民族出版社，2011 年。

② 陈践：《吐蕃卜辞新探——敦煌 P. T. 1047 + ITJ 763 号羊胛骨卜研究》，上海：上海远东出版社，2014 年。

这些古藏文文献探索之路上的“金滴”（གསེར་ཐིགས），亟应得到系统的整理和会心的传承！而今，陈践先生这部《敦煌古藏文语词汇释》的出版，对于时下的古藏文语词研究正可起到匡正、示范之功，对于年轻一代的古藏文学者无疑是个鼓励和促动。她曾写道，希望听到相关批评意见，希望能与年轻同行相互切磋，共同浇灌这朵古老的“敦煌之花”，使其开得更加灿烂。借此机会，向陈老师的“语词之爱”致敬！恭祝陈老师身体健康、吉祥如意！

2018 年 12 月 17 日定稿，写于上海

图书在版编目（CIP）数据

敦煌古藏文语词汇释/陈践著．—北京：中国藏学出版社，2021.12

ISBN 978－7－5211－0255－0

Ⅰ．①敦…　Ⅱ．①陈…　Ⅲ．①古藏语－词汇－研究
Ⅳ．①H214.3

中国版本图书馆 CIP 数据核字（2020）第 182258 号

敦煌古藏文语词汇释

陈践　著

出版发行　中国藏学出版社
印　　刷　北京隆昌伟业印刷有限公司
印　　次　2021 年 12 月第 1 版第 1 次印刷
开　　本　850×1168 毫米　1/32
印　　张　9
印　　数　3000 册
字　　数　220 千
书　　号　ISBN 978－7－5211－0255－0
定　　价　45.00 元

图书若有印装质量问题，请与本社发行部联系
E-mail:dfhw64892902@126.com　电话:010－64892902